GENOCIDIO

RULA JEBREAL

GENOCIDIO

Quello che rimane di noi
nell’era neo-imperiale

PIEMME

Pubblicato per

PIEMME

da Mondadori Libri S.p.A.

ISBN 978-88-566-9993-7

I Edizione maggio 2025

Anno 2025-2026-2027 - Edizione 1 2 3 4 5 6 7 8 9 10

Prefazione

Ho iniziato a scrivere questo libro mentre assistevo, attonita e impotente, alla fase estrema e criminale di un progetto israeliano di rimozione del problema palestinese che dura da settant'anni: il genocidio del mio popolo nella Striscia di Gaza. Dopo una vita trascorsa a interrogarmi, personalmente e professionalmente, su come il mondo abbia potuto permettere catastrofi come l'Olocausto, ho trovato la risposta tra le macerie nella mia terra martoriata, a migliaia di chilometri di distanza dai campi di sterminio europei.

Scrivo mentre il governo israeliano sta facendo morire di fame decine di migliaia di civili palestinesi, migliaia di bambini; dichiarati in massa complici dei crimini commessi da Hamas, in realtà condannati a morte per il crimine di essere palestinesi. Negli ospedali – quei pochi rimasti in piedi – si vedono arrivare frammenti di corpi, organi smembrati che rendono impossibile un conteggio delle vittime basato sugli individui. Si va a peso: «Settanta chilogrammi di carne umana corrispondono a un corpo». Rimangono le ombre di esseri umani. L'ombra di un luogo. Mahmoud, un operatore umanitario, lo dice con voce strozzata: «Gaza è morta».

Scrivo mentre i cecchini uccidono abitualmente i bambini palestinesi sparandogli alla testa o al petto. Gaza è diventata un laboratorio per testare armamenti, come il sistema di intelligenza artificiale progettato per colpire specificamente i sospetti combattenti di Hamas quando si trovano a casa con le loro famiglie. L'hanno chiamato «Dov'è papà?» perché uccide i padri mentre sono con i figli. Bombardano con ordigni da due o cinque tonnellate, polverizzando famiglie intere, distruggendo ogni giorno edifici pieni di civili. Dopo i bombardamenti, droni e cecchini eliminano i sopravvissuti, compresi i bambini. Testimoni raccontano che alcuni droni riproducono suoni di bambini che piangono e di donne che urlano, per attirare i civili e ucciderli.

Scrivo dopo aver visto distrutto il 94% delle strutture sanitarie di Gaza con centinaia di attacchi mirati, che hanno ucciso 1.200 operatori sanitari. L'esercito prende di mira medici e infermieri in modo così sistematico che questi quando lasciano l'ospedale si tolgono l'uniforme per evitare di essere assassinati. Anche i centri degli operatori umanitari vengono colpiti deliberatamente.

Scrivo mentre i medici palestinesi vengono torturati, violentati e, in alcuni casi, uccisi brutalmente. Mentre Hussam Abu Safiya, il direttore dell'ospedale Kamal Adwan di Gaza, viene sottoposto a gravi torture, abusi e maltrattamenti nei centri di detenzione israeliani, spostato fra le basi di Sde Teiman e Ofer, e rimane in isolamento.

Scrivo perché esiste una guerra contro la verità e il giornalismo, condotta da una macchina di propaganda che rappresenta un'arma fra le più letali del genocidio coloniale. Le prime vittime sono gli oltre duecento giornalisti palestinesi uccisi a Gaza. Il governo israeliano e i suoi sostenitori odiano la verità e la giustizia al punto da impedire l'ingresso di giornalisti stranieri nel ghetto di Gaza, di attaccare e minacciare giudici e magistrati della Corte penale internazionale e della Corte internazionale di giustizia, diffamati e accusati di antisemitismo.

Scrivo mentre cittadini israeliani partecipano a tour in barca, facilitati dal governo, per assistere allegramente alla devastazione e ai bombardamenti della Striscia di Gaza, trasformando la sofferenza dei palestinesi in un turismo spettacolare della mattanza.

Mentre scrivo, il comando militare israeliano organizza un «tour» per mostrare ai leader dei coloni i «risultati» della devastante operazione militare sulla Cisgiordania occupata. A quegli stessi coloni che hanno già dichiarato di essere delusi dalle macerie del campo profughi di Jenin: «Non ci bastano, vogliamo Gaza».

Scrivo mentre il mondo continua a girarsi dall'altra parte.

Scrivo mentre i soldati israeliani postano filmati in cui si vestono beffardamente con gli indumenti intimi di donne palestinesi morte o sfollate, e si divertono con i giocattoli dei bambini uccisi. Alla televisione israeliana, alcuni di loro rivendicano il diritto di torturare e stuprare i detenuti palestinesi, confessando crimini confermati dallo stesso premier israeliano; il quale, anziché negare i fatti, ha dichiarato che la fuga di notizie non sarebbe dovuta avvenire e che le torture avrebbero dovuto rimanere segrete.

Eppure, l'Occidente democratico guidato dagli Stati Uniti ha continuato per un anno e mezzo a minimizzare e mistificare. Ha giustificato l'ingiustificabile. La guerra, si dice ipocritamente, è fatta così. Ma non è vero. La guerra ha regole, e il diritto internazionale non è un'opzione che si può ignorare a piacimento. La comunità internazionale è divisa e paralizzata, incapace di un intervento all'altezza dei valori universali che la dovrebbero reggere. Anche dopo che la Corte penale internazionale ha emesso mandati di cattura contro il premier israeliano e il suo ex ministro della Difesa, oltre che per il gruppo dirigente di Hamas, accusando tutti loro di crimini di guerra e crimini contro l'umanità, gli esperti che da tempo hanno lanciato l'allarme vengono ignorati, e semmai accusati di distorcere la realtà. Ma per noi palestinesi la realtà è già evidente da molto tempo: si tratta di un genocidio che non sarebbe potuto accadere senza la complicità dell'Europa e degli Stati Uniti.

Le cifre ufficiali raccontano solo una parte della storia. Secondo le Nazioni Unite, a marzo del 2025 i morti erano oltre sessantunomila, di cui il 75% donne e bambini. Ma sappiamo che queste sono stime al ribasso. Diversi articoli della rivista *Lancet* hanno ipotizzato un numero di morti in cifre significativamente più alte. Centinaia di migliaia di persone rimangono sotto le macerie, sepolte per sempre. Il sistema sanitario è collassato, e le persone continuano a morire per malattie prevenibili, solo perché i medicinali non possono entrare.

Scrivo questo libro perché il genocidio di Gaza mi ha cambiata nel profondo. Ha rivelato il vuoto morale e politico di un mondo che riduce l'umanità a una gerarchia di morte.

Scrivo affinché nessuno, in futuro, possa dire di non sapere o che non poteva sapere.

Scrivo nella speranza che ci sia ancora tempo per bloccare l'espansione, già in corso, del genocidio coloniale di Israele in tutta la Palestina. Scrivo perché lo slogan «mai più» diventi una chiamata all'azione.

Scrivo perché, anche quando tutto sembra perduto, le parole sono tutto ciò che rimane, e con esse l'obbligo morale di ricordare e resistere. Scrivo perché le mie parole possano aiutare a impedire che il genocidio di Gaza diventi una dottrina da esportare nel resto del mondo, un modello da applicare ogni volta che il potere decida di avere ragione della ragione, minacciando la sicurezza e l'esistenza dell'umanità stessa.

Introduzione

La tragedia annunciata di Gaza

Nel nome di Hind Rajab

I bambini non iniziano le guerre, non hanno alcun potere per porvi fine; eppure ne sono le vittime principali, coloro che pagano il prezzo più alto. Ogni guerra è una guerra contro i bambini. A Gaza, la triste realtà di ogni guerra si è trasformata in una tragedia immane e senza precedenti: un cimitero con fosse comuni per migliaia di piccoli palestinesi.

A ottobre 2023, il giornalista americano e conduttore della CNN Jake Tapper mi invitò a parlare di come la guerra a Gaza avesse raggiunto fisicamente gli Stati Uniti. La tragedia aveva infatti toccato Chicago, dove un bambino di sei anni, Wadea Al-Fayoume, era stato brutalmente assassinato nella sua stessa casa. Il suo unico crimine era essere di origine palestinese; non importava che fosse cittadino americano, nato e cresciuto sul suolo statunitense. L'odio aveva armato la mano di Joseph Czuba, un uomo di 71 anni, che aveva aggredito Wadea, infliggendogli ventisei colpi con un coltello militare, e ferito gravemente anche sua madre, Hanaan Shahin.

La polizia concluse che Czuba aveva preso di mira madre e figlio a causa del conflitto in corso a Gaza. Hanaan, nonostante le numerose ferite da taglio, sopravvisse all'attacco.

Qualche mese dopo la trasmissione, una produttrice televisiva mi chiese se potessi ascoltare una telefonata registrata in arabo e tradurne il contenuto. La chiamata proveniva da un'altra bambina, di appena sei anni, intrappolata in un'auto a Gaza. Con voce tremante e colma di terrore, supplicava la Croce Rossa palestinese di salvarla: attorno a lei risuonavano incessanti i boati delle armi da fuoco.

Quella voce innocente, piena di paura, mi colpì profondamente. Mi sentii soffocare, paralizzata dall'impotenza di fronte a tanta sofferenza. Era la voce di Hind Rajab.

Il 29 gennaio 2024, Hind si trovava con la sua famiglia nel quartiere di Tel al-Hawa, a Gaza City, che in quel momento era un vero campo di battaglia. La famiglia, come molte altre, cercava disperatamente di sfuggire alla furia dei bombardamenti, viaggiando a bordo di una Kia nera. Ma la fuga si trasformò in un incubo: il veicolo venne crivellato dai colpi di un carro armato israeliano. In quel massacro, Hind perse la zia, lo zio e tre cugini. Rimase sola con Layan Hamadeh, una cugina sedicenne. Layan, in un ultimo disperato tentativo di salvarle la vita, chiamò la Palestine Red Crescent Society, la Mezzaluna rossa palestinese, implorando aiuto: «Siamo sotto attacco, c'è un carro armato israeliano che ci sta sparando». Ma la sua richiesta non trovò risposta per tempo. Poco dopo quella telefonata, Layan fu uccisa e Hind rimase sola, intrappolata in un incubo di sangue e morte. Con la voce rotta dalla paura, riuscì a chiamare anche lei i soccorsi: «Sono spaventata, ho paura, vi supplico, per favore venite. Venite a prendermi. Per favore, venite».

Il soccorso che Hind implorava non arrivò mai. L'ambulanza diretta verso di lei venne bloccata dal fuoco israeliano. I due paramedici che tentavano di salvarla, Yusuf al-Zeino e Ahmed al-Madhoun, furono uccisi.

Dodici giorni dopo, la sua famiglia riuscì a raggiungere il luogo dell'attacco. Trovarono la Kia crivellata dai proiettili e l'ambulanza distrutta. Il corpo di Hind era crivellato da 335 fori di proiettile.

La vicenda di Hind ha scosso le coscienze. Tanto che alla Columbia University di New York un gruppo di studenti ha deciso di ribattezzare un edificio del campus «Hind's Hall», in suo onore. È stato un gesto simbolico, un tentativo di preservare la memoria di una bambina la cui vita è stata distrutta dalla violenza più cieca.

Ma Hind non è un caso isolato. Il nome di Hind non è una storia individuale. Il suo grido di aiuto rimasto inascoltato ha dato vita a un nome collettivo che chiede giustizia per tutti coloro che hanno perso la voce sotto il peso dell'indifferenza globale. In sua memoria è nata la Hind Rajab Foundation, un'associazione di giuristi che persegue azioni legali contro i responsabili delle atrocità israeliane. In pochi mesi di esistenza, hanno raccolto oltre ottomila documenti di evidenza dei crimini perpetrati da soldati, ufficiali e politici israeliani nei confronti dei palestinesi.

Gaza, che prima dell'ultima strage genocidaria molti avevano definito una prigione a cielo aperto, oggi non è più una città, e nemmeno una prigione: è un cimitero a cielo aperto. Un luogo straziato, dove la morte ha assunto contorni mai visti, tragici e inimmaginabili. Mai, nella storia dei conflitti, si era giunti a una devastazione così totale: il 90% del territorio è stato colpito, costringendo la popolazione a vivere da rifugiata nel suo stesso Paese.

Il nord di Gaza è ormai una distesa di rovine. È stato calcolato che cento tir al giorno dovrebbero lavorare ininterrottamente fino al 2040, per rimuovere i detriti e le macerie accumulate a Gaza. Nei due mesi successivi al 7 ottobre, le forze israeliane hanno sganciato sul nord della Striscia oltre venticinquemila tonnellate di esplosivi: una forza distruttiva superiore alla bomba atomica sganciata su Hiroshima. Non sono stati risparmiati né edifici né infrastrutture: il 60% delle abitazioni è stato distrutto; scuole, ospedali, mercati, campi profughi, luoghi di culto: tutto è stato sistematicamente bombardato.

«La guerra mi ha reso più brutta»

Il tributo psicologico imposto dalla guerra è immenso, e su nessuno pesa di più che sui bambini palestinesi, cresciuti sotto un cielo che non offre riparo, ma solo la minaccia costante di attacchi aerei e bombardamenti, nel ronzio incessante dei droni assassini.

Quasi la metà delle vittime, a Gaza, sono bambini: almeno ventunomila sono dispersi, corpi ridotti a brandelli che non sarà mai possibile identificare. Migliaia sono mutilati. La violenza nei loro confronti è tutt'altro che cieca: i bambini sono un obiettivo non solo esplicito ma privilegiato delle forze armate israeliane.

Gli operatori sanitari hanno coniato il terribile acronimo WCNSF, Wounded Child No Surviving Family: bambino ferito senza superstiti fra i familiari. Piccoli che, fin dai primi giorni, giacciono negli ospedali, privi di chiunque possa stringerli, confortarli, amarli. Migliaia vanno avanti, orfani, vagando tra macerie che un tempo erano le loro case, circondati dai corpi insepolti dei loro familiari. Alcuni sono stati costretti ad ascoltare le voci dei loro cari intrappolati sotto le rovine per giorni, un'agonia senza fine. A questa visione si aggiunge un dettaglio che sembra quasi grottesco nella sua brutalità: i bambini non nuotano solo in un mare di sangue, ma anche in un fiume di liquami, poiché Israele ha bombardato tutte le fognature, trasformando Gaza in un inferno insostenibile.

In queste condizioni, non è raro che molti di loro esprimano il desiderio di morire. È una dichiarazione agghiacciante, ma anche il segno inequivocabile di un trauma che li segna nel corpo e nell'anima. Intanto, l'istruzione – un pilastro fondamentale per la speranza e la ricostruzione, così attentamente curata dai palestinesi, famosi fra gli arabi per essere il popolo più dedito agli studi («dove c'è un libro c'è un palestinese» suona un detto molto diffuso) – è stata spazzata via. Oltre seicentoventicinquemila bambini sono stati privati della scuola, perdendo non solo l'opportunità di imparare, ma anche un rifugio psicologico dal caos che li circonda. Togliere con violenza a così tanti bambini il loro diritto all'istruzione significa spegnere i loro sogni e minare alle radici il potenziale di una società che avrebbe potuto risorgere. La guerra, infatti, non si limita a distruggere edifici o infrastrutture: elimina le fondamenta stesse del futuro, privando un'intera generazione del diritto all'istruzione, alla crescita e alla dignità.

La tragedia dei bambini palestinesi è e rimarrà una delle ferite più profonde di questo conflitto. Che non si tratti di un agghiacciante «danno collaterale» lo dimostra il fatto che anche in Cisgiordania, dove non cadono le bombe, la violenza israeliana si scaglia contro i bambini in modo mirato. Un rapporto dell'UNICEF, pubblicato a luglio 2024, ha denunciato che ogni due giorni un bambino palestinese è vittima della violenza armata nella West Bank. Dal 7 ottobre 2023 al 31 luglio 2024 sono stati uccisi 143 bambini, un incremento del 250% rispetto agli anni precedenti.

E poi c'è la fame. Una fame non casuale, bensì causata a tavolino, scientificamente, e utilizzata come arma di guerra, come mezzo per fiaccare una popolazione già stremata. Oltre il 90% della popolazione di Gaza, inclusi i bambini, soffre di insicurezza alimentare acuta. Il Programma Alimentare Mondiale (PAM), in un rapporto del 16 novembre 2023, ha descritto una realtà sconvolgente: la carenza cronica di cibo e acqua sta mettendo a rischio la sopravvivenza di un intero popolo. La denutrizione nei primi anni di vita pregiudica lo sviluppo futuro del bambino, fisico e cognitivo, oltre psicologico: anche la fame di oggi, cercata e voluta con fredda ferocia, è un assassinio del domani. L'80% dei residenti di Gaza, tra cui molti bambini, dipende da anni dagli aiuti umanitari. Eppure, il governo israeliano, che da sempre, da ben prima del 7 ottobre, controlla e limita a piacimento l'accesso alle risorse (fino al punto di stabilire a tavolino quale debba essere la quantità di calorie «sufficiente» per i palestinesi di Gaza e limitando in proporzione l'accesso dei rifornimenti, una pratica «scientifica» molto in voga nel sistema sovietico dei *gulag*), dal 7 ottobre ha del tutto sospeso queste forniture essenziali. In questa scelta c'è una strategia precisa, una volontà deliberata di piegare la popolazione, usando la carestia artificialmente procurata come uno strumento di sterminio.

Le conseguenze di queste violenze non si limitano al corpo, ma investono anche la mente. I bambini palestinesi, sopravvissuti a questa violenza, portano dentro di loro ferite invisibili, profonde quanto e più di quelle fisiche. Secondo il rapporto dell'Alto Commissariato delle Nazioni Unite per i diritti umani (OHCHR), i traumi psicologici causati dal conflitto stanno già manifestandosi in forma di ansia, depressione e disturbi post-traumatici. Privati di un'infanzia normale, i bambini che sopravvivranno rischiano di diventare adulti disadattati, incapaci di reintegrarsi in una società che, nel frattempo, continua a sgretolarsi, fisicamente: finiscono in macerie ospedali, scuole, luoghi di incontro, centri di preghiera. Che idea di futuro si può formare nelle menti di una giovane generazione, quando tutto attorno a loro parla solo di morte e distruzione? «La guerra è brutta, e ha fatto diventare brutta anche me» ha detto una bambina di non più di nove anni – una bambina bellissima – alla giornalista palestinese Mariam Salama, a marzo 2024. «Prima ero molto più bella, il mio viso era più grande. La guerra ci ha reso tutti brutti.»

Le Nazioni Unite continuano a lanciare appelli alla comunità internazionale, chiedendo un intervento urgente per fermare il ciclo di violenza. Ma le risposte, quando arrivano, sono lente, frammentarie, inadeguate. Forse è per questo che il segretario generale delle Nazioni Unite ha definito questa crisi una «macchia morale per tutti noi». Non si tratta solo di condannare: si deve riconoscere che ogni giorno di silenzio, ogni giorno di inazione, ci rende complici di una tragedia che si consuma sotto i nostri occhi.

La storia ci giudicherà, come ha sempre fatto. Saremo pronti a guardare indietro, quando tutto sarà finito, e accettare il peso di non aver fatto abbastanza?

Nonostante l'orrore e la barbarie, un movimento di solidarietà e protesta globale ha cominciato a emergere. Qualche mese fa, sono stata contattata da Yuli Novak, direttrice dell'organizzazione umanitaria israeliana B'Tselem. Mi chiedeva aiuto per evacuare diciotto palestinesi da Gaza, tra cui dodici bambini. Ho molti contatti in Egitto, amici egiziani e palestinesi che sin dall'inizio della guerra portano aiuti umanitari al confine di Rafah. Ci siamo immediatamente mobilitati per inserire i nomi di queste diciotto persone in una lista d'attesa al confine, che doveva essere approvata dalle autorità egiziane, dai militari israeliani e dall'intelligence americana. Successivamente, però, sarebbe stato necessario recarsi in Egitto per pagare Hala, un'organizzazione legata ai servizi segreti, affinché desse il via libera alla fase finale dell'evacuazione; di proprietà di Ibrahim al-Organi, influente uomo d'affari con stretti legami con il dittatore Abdel Fattah al-Sisi, Hala ha di fatto monopolizzato il processo di evacuazione da Gaza attraverso il valico di Rafah, trasformandolo in un vero e proprio traffico di esseri umani (lucra anche sull'ingresso degli aiuti umanitari attraverso il valico). Applica tariffe esorbitanti per quelli che definisce «servizi vip», facilitando la partenza dei palestinesi in fuga dallo sterminio.

Per gli adulti la tariffa era di cinquemila dollari a persona, mentre per i bambini sotto i 16 anni la cifra era di «soli» duemilacinquecento dollari. Solo in contanti. Tariffe enormemente più alte rispetto ai trecentocinquanta dollari che Hala chiedeva prima della guerra, e che in alcuni casi sono arrivate fino a diecimila dollari. La compagnia sfrutta la disperazione e il bagno di sangue a Gaza per accumulare guadagni stimati in milioni di dollari al giorno. Nel solo mese di aprile del 2024, i guadagni mensili di Hala sono stati di circa cinquantotto milioni di dollari, con profitti annuali previsti di oltre mezzo miliardo.

In questa situazione, un gruppo di americani, palestinesi e israeliani è volato al Cairo, ognuno con diecimila euro in tasca: il prezzo da pagare per salvare diciotto vite da Gaza. La missione umanitaria era diventata urgentissima; ogni giorno giungevano notizie di massacri, di bombardamenti su campi profughi e, soprattutto, sull'orfanotrofio che seguivo da anni. Si chiamava Amal, che in arabo significa «speranza».

A portare un barlume di speranza in questo caso fu un ebreo americano, un finanziere di nome Matthew Lindenbaum, che sostenne l'operazione di salvataggio. Colpito dalla storia di Hind Rajab e dalla strage di bambini palestinesi, aveva deciso di trasformare in azione umanitaria la rabbia e il dolore per non essere riuscito a salvare la vita di Hind.

Nel novembre 2024 il deputato israeliano-palestinese Ayman Odeh, leader dell'opposizione e membro della Knesset, ha accusato direttamente il primo ministro Benjamin Netanyahu di essere un «serial killer della pace», sottolineando l'impatto devastante delle azioni militari israeliane sui civili, in particolare sui bambini. Nel suo intervento, Odeh ha presentato statistiche strazianti: oltre 17.000 bambini uccisi a causa del conflitto, di cui 825 sotto l'età di un anno. Ha rammentato che più di 35.000 bambini, a quella data, erano rimasti orfani come conseguenza del genocidio.

Ha condiviso la storia di Mohammad Abu Al-Qumsan. Mohammad, 26 anni, era diventato padre da tre giorni dei due gemellini Aysal e Aser. Mentre era fuori di casa per ritirare i loro certificati di nascita, una telefonata l'ha avvisato: c'era stato un attacco israeliano, una bomba aveva ucciso i suoi gemelli appena nati e sua moglie Jumana, 28 anni, farmacista. Abu Al-Qumsan si è precipitato all'Ospedale dei Martiri di Al Aqsa, sopraffatto dal dolore, implorando di vedere la sua famiglia per l'ultima volta. Tenendo tra le mani i certificati di nascita appena plastificati dei suoi figli, ha esclamato: «Ho dovuto fare il certificato di morte solo dieci minuti dopo aver fatto quello di nascita dei miei gemelli».

Ogni bambino rimasto orfano o mutilato, ogni padre che ha perso i figli, ogni famiglia decimata porterà per sempre le cicatrici di questa tragedia. La depressione e i disturbi post-traumatici non colpiscono solo l'individuo, ma si propagano come un'onda devastante, lasciando segni indelebili su un'intera società. Gaza rischia di perdere, insieme al presente, anche il passato e il futuro. Ma quella di Gaza è una lunga storia, plurimillenaria, che non dovrebbe essere vista solo attraverso il genocidio del nostro popolo, ma per la resilienza e la resistenza opposta a esso da uomini, donne e bambini palestinesi.

1

La lunga storia di un genocidio

I genocidi non prendono le mosse dalle uccisioni di massa. I genocidi iniziano con le parole: parole degradanti, disumanizzanti; parole che tolgono dignità. Iniziano con le discriminazioni razziali, etniche, religiose e di genere; con l'intolleranza e la propaganda di odio verso le altre identità; parole che giustificano e normalizzano la violenza. Che si insinuano nei discorsi quotidiani fino a trasformarsi in incitamenti espliciti allo sterminio contro un intero gruppo di persone.

La criminalizzazione collettiva e la disumanizzazione rappresentano i primi segnali dell'inizio di una deriva genocidaria. L'identità, i pregiudizi e la propaganda sono usati come un'arma per indottrinare un popolo, facendogli credere che la sua sopravvivenza dipenda dall'annientamento degli altri: «O noi o loro».

Israele, il mio paese, è nato dalle ceneri di un genocidio, commesso dagli europei contro gli ebrei europei, pianificato e realizzato nel cuore dell'Europa occidentale, civilizzata e progredita. Ma le premesse della nascita di Israele precedono di alcuni decenni le persecuzioni nazifasciste. Cominciano con le spartizioni territoriali del Vicino Oriente portate avanti dalle potenze coloniali liberali europee; con la Dichiarazione di Balfour con la quale, nel

1917, l'impero britannico accordava al movimento sionista, fra le proteste anche di molti ebrei, che intuivano perfettamente la nuova tragedia che si sarebbe preparata, la creazione di un «focolare nazionale», arrogandosi un diritto che non gli apparteneva: quello di decidere delle sorti dei popoli nel territorio palestinese.

C'è una frase che è passata alla storia: «Una terra senza popolo, per un popolo senza terra». Inventata da un sionista evangelico inglese a metà Ottocento, Anthony Ashley-Cooper, lord Shaftesbury, presidente della Bible Society e genero del primo ministro Palmerston, venne ripresa all'inizio del secolo scorso da Israel Zangwill (uno scrittore inglese noto come il «Dickens ebreo») e fatta propria dal movimento fondato nel 1897 da Theodor Herzl. Ma la Palestina non era affatto «senza popolo», era abitata al 94% da arabi palestinesi, ed Herzl lo sapeva bene, anche perché glielo aveva ricordato nel 1899 il sindaco arabo di Gerusalemme, Yusuf Dhia Khalidi in una lettera accorata, scrittagli in francese. Herzl lo sapeva bene, ma la soluzione, per lui, era semplice: un «trasferimento di popolazione», il suo eufemismo per dire «pulizia etnica». Alcuni sionisti si distinsero fin dall'inizio per la ferocia con la quale rivendicavano che gli ebrei non soltanto dovessero fondare un proprio Stato nel territorio della Palestina, ma che dovessero farlo in posizione di supremazia nei confronti delle popolazioni autoctone. Vladimir Ze'ev Jabotinsky, il capostipite del partito del Likud di Benjamin Netanyahu e di suo padre Benzion, era considerato da Mussolini un vero fascista. Mussolini gli concesse una stazione radio, a Civitavecchia, per le sue trasmissioni filosioniste. Jabotinsky aveva il pregio della schiettezza, non si nascondeva dietro un ipocrita vittimismo. Sapeva perfettamente di rappresentare gli invasori e prevedeva cosa sarebbe accaduto. «Ogni popolazione nativa resisterà ai coloni stranieri finché esisterà la speranza di potersi liberare dal pericolo dell'insediamento straniero.» La soluzione al problema stava nella forza. L'insediamento ebraico in Palestina avrebbe potuto svilupparsi solo «sotto la protezione di una forza che non dipende dalla popolazione locale, dietro un muro di ferro che essi non avranno il potere di distruggere». Non è certo un caso che l'operazione lanciata subito dopo il cessate il fuoco a Gaza, con lo scopo evidente di annettere la Cisgiordania alla «Grande Israele», abbia preso il nome di operazione *Muro di ferro*.

Jabotinsky era un fascista e non lo nascondeva. Ma conosceva anche gli altri sionisti. Li distingueva in «militaristi», che volevano che il muro di ferro fosse costruito con baionette ebraiche, e «vegetariani», che preferivano appoggiarsi alle baionette inglesi.

Il potere politico e militare ebraico si è affermato, in Palestina, attraverso un rapporto violento con i nativi arabi, tanto musulmani quanto cristiani, un rapporto di disprezzo e volontà di schiacciamento, nella consapevolezza piena di stare occupando un territorio in spregio dei suoi abitanti. Israele non era ancora Israele, a quel tempo, ma la disponibilità al genocidio si annidava già nelle sue premesse. La maggior parte degli ebrei ignoravano queste intenzioni, e molti di loro, quando venivano a conoscenza dei progetti sionisti, si spaventavano, perché sapevano che i governi europei avrebbero utilizzato il sionismo per giustificare la loro volontà di espellere gli ebrei dai propri Paesi. Lord Edwin Montagu, l'unico deputato ebreo del gabinetto di governo inglese quando fu firmata la Dichiarazione di Balfour, fu anche l'unico a votare contro la dichiarazione stessa. Disse chiaramente che vedeva l'intenzione di fare della Palestina «il ghetto del mondo», e che la ragione per la quale la Gran Bretagna e altri Paesi europei accoglievano con favore le richieste sioniste era proprio il loro antisemitismo, e il fatto che il sionismo legittimava a trattare gli ebrei come estranei nelle loro società. «Gli ebrei saranno d'ora in poi trattati come stranieri in ogni Paese, tranne che in Palestina.» Montagu aveva ragione: lo stesso lord Balfour era un antisemita convinto e un antibolscevico. Lo scopo evidente della sua dichiarazione era quello di «dirottare» i flussi di migranti ebrei provenienti dall'Europa orientale, in particolare quelli russi, fuori dall'Europa, per evitare che la contagiassero con il «morbo comunista». E così degli europei ebrei, vittime di antisemiti europei, vennero letteralmente «vomitati» (secondo la forte espressione usata dallo storico israeliano Shlomo Sand in una recente intervista) su una terra abitata da un popolo arabo, quello palestinese, che invece con gli ebrei di Palestina aveva sempre pacificamente convissuto per secoli.

Dopo la fine della Seconda guerra mondiale, le Nazioni Unite inaugurarono, o proclamarono di inaugurare, un nuovo ordine mondiale che impedisse distruzioni, devastazioni e genocidi come quello vissuto dagli ebrei sotto il nazifascismo. Un ordine basato su regole, leggi e convenzioni internazionali, su tribunali, statuti e risoluzioni collettive. Gli ebrei europei andavano risarciti per quanto avevano subìto, e le premesse per lo Stato d'Israele erano diventate ormai quasi un obbligo morale. Ma il segno che le potenze vincitrici della guerra impressero al nuovo ordine fu subito quello sbagliato. Una nuova, tremenda ingiustizia ribadiva la volontà di non abbandonare la strada del colonialismo predatorio e della pulizia etnica, bensì di intraprenderla ancora una volta. I crimini europei vennero fatti pagare a un popolo che a quei crimini non aveva affatto partecipato, il mio popolo. All'Assemblea delle Nazioni Unite, nel momento in cui si discuteva del piano di partizione della Palestina, lo fece notare il rappresentante dello Yemen: «Se gli ebrei sono stati perseguitati in Europa, che cosa c'entra il popolo palestinese?» Ma il popolo palestinese non aveva voce in capitolo, perché era ancora sotto il giogo coloniale. E non poté difendersi.

La Nakba, un progetto di cancellazione e sostituzione etnica permanente

Mentre in quegli anni in tanti luoghi del mondo, compresa l'Italia, si respirava un'aria di liberazione, nasceva il diritto internazionale e con esso ci si avviava allo smantellamento del sistema coloniale, per il mio popolo, per gli abitanti autoctoni della Palestina, le lancette della Storia si muovevano all'incontrario. Per noi iniziava «al-Nakba» (النكبة). La catastrofe.

L'espressione è in lingua araba, ma non è stata utilizzata inizialmente dai palestinesi. Fu usata per la prima volta nei volantini lanciati dagli aerei dell'esercito israeliano sulla città di at-Tira, vicino ad Haifa, dove sono nata. Nel luglio 1948, per intimidire e terrorizzare i palestinesi costringendoli a lasciare le loro case e i loro villaggi, fecero cadere dal cielo un avvertimento: «Andatevene, o per voi sarà una catastrofe». Un avvertimento che si realizzò.

La Nakba non fu un episodio di guerra isolato, ma si trasformò in una persecuzione sistematica, una ferita che continua a sanguinare nella memoria palestinese. Un doloroso processo ancora in corso – una *ongoing Nakba*, dicono molti studiosi palestinesi come Rabea Eghbariah e Ardi Imseis – che include diverse forme e tipi di dominio, sopraffazione, distruzione e oblio. Un fenomeno complessivo che comprende discriminazione, segregazione, apartheid, pulizia etnica, fino al genocidio come ultima soluzione.

Il genocidio di Gaza ha perciò radici lontane, che devono essere ricordate. Alcune tracce si trovano nel modo stesso in cui le comunità di coloni si costituirono: elogiati come modelli di socialismo, i kibbutz erano socialisti per gli ebrei, ma nazionalisti per i palestinesi, contro i palestinesi. Già ben prima della Seconda guerra mondiale un sionista convinto tornò disgustato dal suo viaggio in Palestina, testimoniando del modo brutale e sprezzante in cui i coloni trattavano i nativi. Come ha detto in più di un'occasione Luciana Castellina, storica personalità della sinistra italiana: «I comunisti dei kibbutz cacciarono gli autoctoni perché desideravano lavorare direttamente loro la terra, in modo da onorare il comunismo». Facevano riferimento alla dottrina dello Avodah Ivrit, il «lavoro ebraico», un concetto segregazionista sviluppato da Ben-Gurion per far primeggiare l'elemento nazionale su quello socialista: sulle terre acquistate dal Fondo Nazionale Ebraico (Keren Kayemet LeYisrael, fondato da Herzl nel 1901) avrebbero dovuto lavorare solo coloni ebrei, e i nativi andavano cacciati. Durante la rivolta araba del 1936-1939 (in cui fu ucciso il 10% dei maschi adulti palestinesi) l'*haganah*, il nucleo del futuro esercito di Israele, partecipò a fianco degli inglesi alla repressione e alla cacciata.

Prima del 1948 già molte cose erano successe, perciò. La strategia di costruzione di uno Stato d'Israele «con un numero ridotto di palestinesi», come ha scritto lo storico dell'Olocausto Alon Confino, era già pienamente in marcia.

La Nakba fu, ed è ancora, un processo intenzionale di riduzione progressiva dei diritti dei palestinesi e della presenza fisica dei palestinesi in Palestina. È sempre stata e rimane il cuore del sistema di dominazione israeliana; un vero e proprio *regime della Nakba*, fondato sulla distruzione della società palestinese e sulla continua negazione del suo diritto all'autodeterminazione. Fra marzo 1948 e il 1949, prima e dopo la guerra propriamente detta, più di cinquecentotrenta villaggi palestinesi furono cancellati, rasi al suolo, con i loro abitanti costretti a fuggire o brutalmente uccisi. Ne parla in modo poetico e straziante Susan

Abulhawa, nel suo romanzo *Ogni mattina a Jenin*, e in modo più scientifico, ma altrettanto straziante, Walid Khalidi nel libro intitolato *All that remains*, che racconta tutte queste vicende e anche come i crimini vennero successivamente occultati, rioccupando e rinominando i villaggi «purificati» dalla presenza palestinese, o piantando alberi europei sopra le rovine, a cura del Fondo nazionale ebraico, trasformando così i teatri di massacri in aree di picnic.

Da quell'iniziale e gigantesco atto di spettacolare violenza della conquista, dell'espropriazione e dello sfollamento, la Nakba si è evoluta in un regime di oppressione totalitario.

Tutto fu ridotto a macerie, al silenzio. Settecentocinquantamila civili palestinesi furono strappati alle loro terre, costretti a lasciare ogni cosa, camminando verso l'esilio con nient'altro che dolore e incertezza nel cuore. Tentare di tornare significava affrontare violenza e morte. I territori erano destinati solo agli israeliani di origine ebraica. Per i palestinesi non c'era spazio, non c'era futuro. Gli fu impedito di tornare nelle loro case, e nemmeno coloro che avevano trovato un rifugio temporaneo durante la guerra furono risparmiati. Ogni traccia della loro presenza fu metodicamente cancellata con i bulldozer e con le piantumazioni. Una vera e propria operazione di sostituzione etnica.

Il Piano Dalet (dalla lettera «d» dell'alfabeto ebraico), è il documento militare che segnò una svolta, si delineò come l'essenza della pulizia etnica: un piano studiato per trasformare la Palestina, rimuovendo con violenza il suo popolo. Case fatte saltare in aria, famiglie cacciate con le armi puntate e corpi abbandonati lungo le strade come monito terroristico per i sopravvissuti.

Già prima della nascita formale dello Stato d'Israele, il 15 maggio 1948, e dello scoppio della guerra con i Paesi arabi, il Piano Dalet aveva portato all'espulsione di quasi quattrocentomila palestinesi. Alla fine della guerra, nel 1949, i profughi erano circa il doppio.

I villaggi distrutti furono più di cinquecento. Uno dei massacri più famosi, quello di Tantura, avvenne a guerra pressoché conclusa: un villaggio di pescatori dove presumibilmente duecentocinquanta uomini, di tutte le età, furono massacrati e sepolti in una fossa comune. I resti di quella fossa si trovano ora sotto il parcheggio di quello che è diventato un luogo di vacanza per israeliani abbienti. Fu una brigata dell'esercito regolare, la Alexandroni, a commettere l'eccidio, come hanno argomentato un ricercatore israeliano, Teddy Katz, che per il suo coraggio ha perso il posto di lavoro e la salute, e in seguito il documentarista israeliano Alon Schwarz.

La Nakba non si è mai fermata. Ha cambiato forme e modalità, ma non ha mai perso il suo obiettivo: frammentare, controllare, cancellare.

Fin dal 1948, ha diviso il popolo palestinese in molteplici gruppi, ciascuno segnato da una diversa forma di esilio e oppressione. Israele ha sottoposto i palestinesi a trattamenti legali diversi a seconda dei territori, creando quella che il giurista palestinese Rabea Egbariah ha chiamato una «matrice legale contorta», in cui essi occupano posizioni inferiori e subalterne, mentre gli ebrei israeliani godono di uno status superiore indipendentemente dal territorio in cui si trovano.

Ci sono i rifugiati, costretti oltre confine e privati per sempre del diritto di tornare; gli sfollati interni, che pur rimanendo entro i confini di ciò che era stato il loro Paese hanno perso tutto, dalle loro case alla loro identità territoriale; e infine i soggetti occupati, che vivono sotto il dominio israeliano dal 1967, quando Gaza, Gerusalemme Est e la Cisgiordania finirono sotto il controllo militare. Dopo la guerra del 1967, la frammentazione del popolo palestinese si è intensificata, creando un mosaico di dolore, segregazione, ghettizzazione e resistenza, ma anche un isolamento che rese da subito difficile, se non impossibile, ogni forma di lotta pacifica.

I simboli di questa condizione sono tanti. Le città di Lydda e Ramleh erano vive, piene di storia e cultura, ma la loro posizione strategica tra Tel Aviv e Gerusalemme le condannò. Nel luglio 1948, i loro abitanti furono costretti ad andarsene, spinti con la forza verso un esilio che non aveva fine. Oggi non resta nulla di quelle comunità: non le case, non le scuole, nemmeno i cimiteri. È come se non fossero mai esistite. La narrativa dominante ha sempre giustificato queste tragedie come necessarie. Non sono pochi a rammaricarsi che la Nakba non sia stata condotta con ancora maggior decisione, che insomma si sia rivelata una «soluzione» non abbastanza «definitiva».

Fu in quel frangente storico che Gaza divenne il principale centro di raccolta dei rifugiati palestinesi, come documenta in un articolo per *Il Mulino* lo storico Lorenzo Kamel. Ricorda, assieme ad altri storici, che a ordinare e dirigere lo svuotamento dei due villaggi fu il giovane comandante della brigata Harel, Yitzhak Rabin: «Gli abitanti di Lydda» chiarì Rabin «devono essere espulsi rapidamente senza badare all'età». Diverse centinaia morirono durante l'esodo a causa della disidratazione o per sfinimento.

Il 70% degli abitanti della Striscia di Gaza è nato in famiglie di rifugiati: furono espulsi (quando non uccisi) dai villaggi intorno a Gaza o dalla zona costiera.

Dopo il 1967, a Gaza le politiche di reinsediamento forzato si fecero ancora più spietate, fino al punto in cui vennero istituiti gli «uffici di emigrazione», dove si offriva denaro a chi accettava di trasferirsi in modo permanente. Fino ad arrivare al 1971, quando circa trentottomila rifugiati furono espulsi dai campi, deportati verso il Sinai o la

Cisgiordania. Le famiglie venivano spostate senza preavviso, interi quartieri demoliti, lasciando migliaia di persone senza casa né sicurezza.

Parallelamente, Israele avviò l'espansione degli insediamenti illegali nella Striscia. Tra il 1967 e il 2005, una minoranza di coloni israeliani prese il controllo di circa il 40% della terra coltivabile e della maggior parte delle risorse idriche, privando la popolazione locale dei mezzi di sostentamento. Gaza non era più solo una striscia di terra: divenne un simbolo di dominio coloniale e di oppressione.

Un secolo di 7 ottobre

Per coloro che sostengono che tutto è iniziato con i crimini di Hamas del 7 ottobre 2023, la nostra esistenza come palestinesi è invisibile. È come se la nostra storia fosse stata cancellata, come se il dolore e le tragedie che abbiamo vissuto fossero irrilevanti.

Conosco bene le radici dei fondatori di Hamas, perché riflettono la nostra storia collettiva di esilio e perdita. Ibrahim al-Yazouri proveniva da una famiglia massacrata a Beit Daras, costretta a fuggire a Khan Yunis. Ahmad Yassin, a soli 13 anni, fu brutalizzato ed espulso dal suo villaggio, al-Jura, trovando rifugio nel campo di al-Shati. E poi c'è Abd al-Aziz al-Rantissi, espulso da Yibna, un altro simbolo dell'esodo forzato, che lo portò a rifugiarsi a Khan Yunis.

Non possiamo comprendere Hamas né ciò che rappresenta senza affrontare la nostra storia, quella della Nakba, del colonialismo, della pulizia etnica e della sostituzione sistematica del nostro popolo. Prendiamo al-Jura, il villaggio da cui Yassin fu espulso: è stato spopolato settantasei anni fa e, come in molti altri casi, fu minato per impedire il ritorno dei suoi abitanti.

Hamas non è nato dal nulla. È nato dal dolore, dalla diaspora, dalle ferite mai rimarginate inflitte ai palestinesi. Una reazione violenta alla violenza sistematica e strutturale. Chiunque voglia davvero capire Hamas e ciò che rappresenta deve prima riconoscere questa verità: le radici della sua formazione affondano nella lunga scia di espulsioni, massacri e negazioni che hanno plasmato la nostra storia. Ignorare tutto questo significa non vedere noi, il nostro dolore, la nostra esistenza.

Una conversazione fra Yassin e un consulente psicologo israeliano che lo stava sottoponendo a un interrogatorio, riportata anni fa dal quotidiano *Haaretz*, è rivelatrice. Racconta lo psicologo, Zvi Sela, che di fronte alle sue richieste di smetterla con la violenza, Yassin rispondeva: «Ascolta, abbiamo avuto buoni insegnanti: voi avete fondato uno Stato grazie alla vostra potenza militare. I morti che noi facciamo fra voi sono per la fondazione di uno Stato; voi invece uccidete donne e bambini per proseguire l'occupazione. Voi avete già uno Stato. Siete sporchi e ipocriti. Non ho alcun interesse a distruggerti: tutto ciò che voglio è uno Stato». Aggiunge poi Sela: «Yassin è stato intelligente e coraggioso. Crudele, ma credibile. Ha dato la vita in guerra per la libertà del suo popolo. Tendo a pensare che se avessimo cercato un accordo con lui, ci saremmo riusciti».

La catastrofe continua ad abbattersi sia sui palestinesi sia sugli israeliani, ma ha radici molto lontane. Molti leader israeliani, prima, durante e dopo la fondazione di Israele, hanno parlato apertamente di colonialismo occidentale, di suprematismo e nazionalismo. Il colonialismo di insediamento è il colonialismo praticato da chi vuole stabilire con la forza una maggioranza etnica in un territorio diverso da quello di origine, espellendo il più possibile la popolazione indigena e sottomettendo coloro che restano.

David Ben-Gurion (il suo vero nome era Grün, dal polacco), il primo premier di Israele, invocò apertamente la necessità di espellere la popolazione palestinese per costruire uno Stato esclusivamente ebraico, affermando in alcune dichiarazioni documentate che gli ebrei avrebbero dovuto «fare di tutto per espellere gli arabi e prendere il loro posto». L'accettazione della partizione della Palestina era considerata un approccio tattico, ma l'obiettivo era ben altro.

Moshe Dayan, generale e figura politica influente, riconosceva che per i palestinesi rinunciare volontariamente alle loro terre fosse impossibile, giustificando così l'uso della violenza.

Anche il padre del sionismo, Theodor Herzl, definì Israele una frontiera di civiltà contro la barbarie. Jabotinsky invocava un «muro di ferro», sostenendo che i coloni ebrei avrebbero dovuto sottomettere con la violenza una popolazione nativa che avrebbe naturalmente resistito alla colonizzazione. Golda Meir, un'altra figura di spicco, negava persino l'esistenza del popolo palestinese, definito da diversi leader israeliani come «barbari», «bestie», «sottospecie», «sporchi», «incivili», «sottosviluppati» e «di razza inferiore». Uno scandalizzato laburista inglese degli anni Sessanta, Christopher Mayhew, che pagò il suo sostegno ai palestinesi con l'ostracismo in seno al suo stesso partito, di lei diceva: «Per [Golda Meir] i palestinesi sono solo chauffeur, giardinieri e domestici, e ha un atteggiamento da *settler colonialist* del tutto comparabile a quello dei coloni britannici in Africa dell'Est».

I crimini commessi durante la Nakba furono denunciati con una lettera pubblicata il 2 dicembre 1948, in occasione di una visita negli Usa di Menachem Begin, venuto a raccogliere fondi per il suo partito, sul quotidiano americano *The New York Times*, e firmata da ventotto riconosciuti intellettuali ebrei, fra cui Hannah Arendt e Albert

Einstein, che paragonavano la violenza delle milizie israeliane, a Deir Yassin in particolare, a quella dei fascisti. La lettera è chiarissima e vale la pena citarla per esteso:

Il 9 aprile, bande di terroristi attaccarono questo pacifico villaggio, che non era un obiettivo militare, uccidendo la maggior parte dei suoi abitanti (duecentoquaranta tra uomini, donne e bambini) e trasportando alcuni di loro come trofei vivi in una parata per le strade di Gerusalemme. La maggior parte della comunità ebraica rimase terrificata dal gesto e l'Agenzia Ebraica mandò le proprie scuse al re Abdullah della Transgiordania.

Ma i terroristi, invece di vergognarsi del loro atto, si vantarono del massacro, lo pubblicizzarono e invitarono tutti i corrispondenti stranieri presenti nel Paese a vedere i mucchi di cadaveri e la totale devastazione a Deir Yassin. L'accaduto di Deir Yassin esemplifica il carattere e le azioni del Partito della Libertà.

All'interno della comunità ebraica hanno predicato un misto di ultranazionalismo, misticismo religioso e superiorità razziale. Come altri partiti fascisti, sono stati impiegati per interrompere gli scioperi e per la distruzione delle unioni sindacali libere. Al loro posto hanno proposto unioni corporative sul modello fascista italiano.

Durante gli ultimi anni di sporadica violenza antibritannica, i gruppi IZL e Stern inaugurarono un regno di terrore sulla comunità ebraica della Palestina.

Gli insegnanti che parlavano male di loro venivano aggrediti, gli adulti che non permettevano ai figli di incontrarsi con loro venivano colpiti in vario modo. Con metodi da gangster, pestaggi, distruzione di vetrine e furti su larga scala, i terroristi hanno intimorito la popolazione e riscosso un pesante tributo.

La gente del Partito della Libertà non ha avuto nessun ruolo nelle conquiste costruttive ottenute in Palestina. Non hanno reclamato la terra, non hanno costruito insediamenti, ma hanno solo diminuito l'attività di difesa degli ebrei.

I loro sforzi verso l'immigrazione erano tanto pubblicizzati quanto di poco peso e impegnati principalmente nel trasporto dei loro compatrioti fascisti.

La discrepanza tra le sfacciate affermazioni fatte ora da Begin e il suo partito, e il loro curriculum di azioni svolte nel passato in Palestina, non portano il segno di alcun partito politico ordinario. Ciò è, senza ombra di dubbio, il marchio di un partito fascista per il quale il terrorismo (contro ebrei, arabi e inglesi) e le false dichiarazioni sono i mezzi, e uno Stato leader l'obiettivo.

Alla luce delle suddette considerazioni, è imperativo che la verità su Begin e il suo movimento sia resa nota a questo Paese. È maggiormente tragico che i più alti comandi del sionismo americano si siano rifiutati di condurre una campagna contro le attività di Begin, o addirittura di svelare ai suoi membri i pericoli che deriveranno a Israele sostenendo Begin.

I sottoscritti, infine, usano questi mezzi per presentare pubblicamente alcuni fatti salienti che riguardano Begin e il suo partito, e per sollecitare tutti gli sforzi possibili per non sostenere quest'ultima manifestazione di fascismo.

La Nakba non è mai stata un evento statico. È un processo, fin dall'inizio. Lo sottolinea, di nuovo, il giovane giurista palestinese Rabea Eghbariah che ha proposto, in un articolo prima accettato e quindi censurato dalla *Harvard Law Review*, e poi pubblicato, coraggiosamente, dalla *N. Y. U. Review of Law & Social Change*, di considerare la Nakba alla stregua di un concetto giuridico, così come è già avvenuto con l'apartheid, che da pratica coloniale sudafricana è diventato l'oggetto di una convenzione internazionale volta a prevenire il suo ripetersi. Un processo che fluttua nelle sue intensità e include metodi e forme diverse di dominio e violenza nel corso della storia.

Fin dall'evento fondativo del 1948, è emerso un sistema, un *regime di Nakba*, che ha frammentato il popolo palestinese, disperdendone la stragrande maggioranza, ma non la totalità, che ancora disperatamente resiste.

La storia della Nakba e l'intreccio tra la Nakba e l'Olocausto sono diventati anche la mia storia personale. Il mio destino si unisce a quello dei superstiti dei primi massacri in Palestina, come quello di Deir Yassin, il 9 aprile 1948.

Fu uno degli eventi più sanguinosi e simbolici della Nakba. Le milizie israeliane trucidarono, massacrarono, stuprarono e bruciarono vivi gli abitanti civili del villaggio, situato nella periferia di Gerusalemme. Bombardarono le case con intere famiglie dentro. I pochi superstiti, per lo più bambini, furono salvati e accolti dai palestinesi che vivevano nella città vecchia di Gerusalemme.

Tra questi palestinesi c'era una giovane benestante, Hind al-Husseini, esponente di una delle grandi famiglie storiche palestinesi, che fondò un orfanotrofio e una scuola chiamata Dar al-Tifel Al-Arabi (la casa dei bambini arabi), per allevare e educare i superstiti del massacro. Col passare degli anni, la scuola cominciò ad accogliere centinaia di studenti.

Dopo che una tragedia personale colpì la mia famiglia, mio padre chiese aiuto alla scuola di Hind al-Husseini per educare me e le mie sorelle. Le nostre insegnanti, superstiti della pulizia etnica in Palestina, ci raccontarono fin da giovani la storia di ciò che era accaduto personalmente a loro, di ciò che stava accadendo attorno a noi e degli eventi globali e internazionali. Ma, soprattutto, ci parlarono delle leggi discriminatorie approvate in Israele. Ci insegnarono a captare tutti i segnali di pericolo: la retorica politica, la propaganda e le leggi discriminatorie.

Il loro monito continua ad assillarmi: i massacri del 1948 erano solo l'inizio. Israele stava già allora portando avanti un progetto coloniale e di sostituzione etnica in Palestina lucidamente progettato. Garantire la supremazia ebraica, costruire uno Stato esclusivamente per gli ebrei nella «Grande Israele», richiedeva violenza sistematica, pulizia etnica e, qualora ciò non bastasse, il genocidio.

Già da bambina compresi di far parte di un popolo profondamente segregato su linee razziali e che la mia patria era diventata un laboratorio politico e militare. In questo era diventata un simbolo potente e inquietante di nazionalismo, colonialismo e suprematismo: mostrava come l'oppresso potesse diventare oppressore, come le vittime potessero trasformarsi in carnefici. Tutto ciò avveniva anche a causa del fallimento della comunità internazionale nell'universalizzare i propri ideali sui diritti umani e nell'applicare universalmente il diritto internazionale. I doppi standard applicati dalla comunità internazionale fin dall'inizio della storia di Israele hanno avuto ripercussioni catastrofiche sul mio popolo, destinato a pagare il prezzo del senso di colpa occidentale, dell'incoerenza morale e delle politiche ambigue.

La lezione più importante che mi insegnarono i superstiti dei massacri di Deir Yassin fu: «Chi non ricorda il passato è condannato a ripeterlo».

Pulizia etnica

L'idea di reinsediare i palestinesi fuori da Gaza è persistente e ha una lunga storia. Nel 1956, Golda Meir, appena nominata ministro degli Esteri di Israele, dichiarò che «la Striscia di Gaza è parte integrante della terra di Israele». Menachem Begin, allora leader del partito Herut, sostenne che Gaza «apparteneva a Israele di diritto».

L'allora ministro delle Finanze israeliano, Levi Eshkol, stanziò cinquecentomila dollari per espellere migliaia di palestinesi nel Sinai. Il piano fu affidato a Ezra Danin, lo stesso agente dei servizi segreti che nel 1962 sostenne un'operazione per trasferire i palestinesi nella Germania Ovest, dove c'era carenza di manodopera.

Dopo la guerra del 1967, le forze israeliane aumentarono gli sforzi per reinsediare con la forza la popolazione rifugiata di Gaza. Tra il 1967 e il 2005, nella Striscia di Gaza si sviluppò una situazione «proto-coloniale», con minoranze di coloni israeliani in grado di controllare la maggioranza delle terre coltivabili e delle risorse idriche.

I leader israeliani di oggi sono i discendenti diretti di quelli che hanno messo in atto la pulizia etnica nel 1948. Michael Gallant, padre dell'ex ministro della Difesa israeliano Yoav Gallant, partecipò a quelle operazioni. Chiamò suo figlio Yoav per celebrare la campagna militare (la famigerata operazione *Yoav*) che, più di ogni altra, cambiò la demografia di Gaza.

Il piano per l'attuazione della pulizia etnica nel nord di Gaza portato avanti oggi fu concepito oltre vent'anni fa. Nel 2004, Giora Eiland, a capo del Consiglio di Sicurezza Nazionale israeliano, propose all'Egitto di accogliere la popolazione palestinese di Gaza nel Sinai settentrionale in cambio di una cessione di territorio israeliano che avrebbe permesso un collegamento terrestre con la Giordania.

Quella proposta viene ora messa in atto sotto gli occhi del mondo.

Dall'inizio di ottobre 2024 fino al fragile cessate il fuoco del gennaio 2025, nessun aiuto umanitario è entrato nel nord di Gaza, e l'esercito israeliano in questo frangente ha condotto uno degli attacchi più violenti nella Striscia dall'inizio del genocidio coloniale. La strategia adottata ricalca, a vent'anni di distanza, il piano di Giora Eiland: evacuare i civili, isolare e poi affamare la Striscia. Usare la fame, le malattie e le infezioni come armi di guerra.

Le opzioni lasciate a chi resta sono due: la resa o la morte. Eppure, secondo le Nazioni Unite, ci sono ancora quattrocentomila civili all'interno di quella zona, e i corridoi umanitari non sono un'opzione percorribile. Per Giora Eiland, tuttavia, il suo piano è la «soluzione più accettabile e umanitaria che Israele possa adottare».

Israele sta chiudendo il cerchio aperto nel 1948, perseguendo con ostinazione ciò che i suoi leader definiscono «finire il lavoro»: portare a compimento la Nakba e cancellare per sempre l'esistenza del popolo palestinese dalla sua terra e dalla sua storia. Del resto, uno dei «nuovi storici», Benny Morris, che assieme a Ilan Pappé e Avi Shlaim aveva cominciato a scavare nella storia israeliana facendo emergere le brutalità del 1948, ha deciso alla fine di giustificarle, rammaricandosi, in un'intervista, proprio di questo: che Ben-Gurion «non avesse finito il lavoro» già nel 1948. I figli dei Gallant di ieri, gli Yoav Gallant di oggi, insieme ad altri funzionari israeliani, si stanno occupando proprio di questo. Un documento prodotto dal ministero dell'Intelligence israeliano, trapelato dalla stampa alla fine di ottobre 2023, descriveva il progetto di trasferimento forzato e permanente dei 2,3 milioni di residenti palestinesi di Gaza nella penisola del Sinai, in Egitto.

Il culmine di una cancellazione a tappe

Nel saggio *La distruzione degli ebrei d'Europa* del 1961, lo storico Raul Hilberg sosteneva che l'eliminazione di un popolo è «un'operazione a tappe». «Prima si definisce il gruppo, poi si espropriano le sue risorse, e poi si concentrano i suoi membri in un unico luogo e infine li si annienta.»

Israele ha adottato politiche di dominio che non si limitano a un controllo militare, ma che mirano a spezzare la volontà del popolo palestinese. Il *regime di Nakba* si manifesta in varie forme: dall'occupazione armata, alla confisca di terre, alla costruzione di muri e barriere, alla separazione fisica fra israeliani e palestinesi fino ad arrivare all'esistenza di autostrade percorribili solo dagli uni e non dagli altri, a centinaia di checkpoint, demolizione di case, al controllo delle risorse idriche fino alla repressione violenta delle proteste e del dissenso, primo segnale della costituzione di regimi autoritari. Il processo che oggi culmina in un genocidio in mondovisione è iniziato con l'annientamento fisico e simbolico di villaggi cancellati dal paesaggio e dalla memoria collettiva. Le loro tracce furono obliterate, come se non fossero mai esistiti. Un'intera civiltà fu così relegata nell'oblio, mentre la narrativa dominante si imponeva, giustificando una delle più grandi tragedie del Novecento.

La Nakba non è solo pulizia etnica. Non è solo apartheid. È entrambe le cose e molto di più: è un sistema complesso e radicato, guidato dall'intenzione di dominare completamente un popolo, di spezzarne la volontà, di negarne l'esistenza stessa. Va oltre l'occupazione illegale, trascendendo i confini della mera conquista territoriale per instaurare un regime totalizzante, dove il controllo, oltre che fisico, è esistenziale: nega non solo la vita, ma la dignità stessa, fino a sfregiare la dignità della morte. È una macchina che si perpetua, alimentata dall'indifferenza internazionale e dalla complicità di chi, pur potendo fermare tutto, sceglie di non farlo. E può, come testimoniano gli ultimi avvenimenti, spingersi fino al genocidio.

A novembre del 2023, Avi Dichter, ministro dell'Agricoltura israeliano ed ex capo dello Shin Bet, i servizi segreti interni di Israele, ha dichiarato apertamente, in una diretta televisiva, che l'obiettivo dell'operazione militare israeliana era riproporre una «Nakba di Gaza 2023». Ha aggiunto che «non ci sono civili innocenti a Gaza», dichiarando che la campagna militare era stata esplicitamente progettata per ottenere l'esproprio dei territori, l'espulsione di massa di palestinesi, ripulire Gaza dai palestinesi. Quello che abbiamo visto accadere a Gaza dal 7 ottobre 2023 a oggi è esattamente ciò che aveva in mente il giurista ebreo-polacco Raphael Lemkin, quando coniò la parola *genocidio*, attraverso la quale guidò la riflessione e l'azione della Convenzione sul genocidio delle Nazioni Unite, nel 1948.

Non è necessario che un genocidio assomigli all'Olocausto nazista, o al genocidio armeno, o a quello avvenuto in Bosnia, per essere tale. Ogni genocidio ha un aspetto diverso. Non tutti comportano l'uccisione di milioni di persone o di un intero gruppo. La Convenzione sul genocidio delle Nazioni Unite afferma esplicitamente che genocidio *è l'atto di distruggere deliberatamente un gruppo, in tutto o in parte, come tale*. Uccidere, causare gravi danni fisici o mentali, infliggere intenzionalmente condizioni di vita tali da provocare la distruzione fisica del gruppo, in tutto o in parte, imporre misure volte a impedire le nascite, trasferire con la forza i figli a un altro gruppo. La visione di Raphael Lemkin era tuttavia più ampia di quella che poi trovò applicazione nella Convenzione: includeva l'annientamento culturale, così come la distruzione diffusa di quartieri, ospedali, scuole e musei, tutte le infrastrutture civili.

Per provare che siamo di fronte a un genocidio, la questione solitamente più difficile è dimostrare che la distruzione avvenga «deliberatamente». Ma nel caso di Gaza non è affatto difficile. A Gaza l'intento deliberato di distruzione dei palestinesi è stato esplicitamente dichiarato, davanti alle telecamere di tutto il mondo, da leader di governo e dell'esercito. Il primo ministro, il ministro della Difesa, ufficiali militari di alto rango, personalità dei media, rabbini e soldati comuni, l'ex ambasciatore israeliano in Italia Dror Eydar: tutti loro hanno incitato a trasformare l'intera Gaza in macerie, hanno inneggiato alla distruzione totale di Gaza e all'annientamento dei palestinesi.

Il già citato Yoav Galant, ex ministro della Difesa di Israele, oggi ricercato insieme a Netanyahu dalla Corte penale internazionale per crimini di guerra e crimini contro l'umanità, due giorni dopo l'attacco di Hamas del 7 ottobre ha dichiarato: «Stiamo combattendo contro animali umani e dobbiamo agire di conseguenza». Aggiungendo poi che Israele avrebbe fatto a pezzi un quartiere dopo l'altro a Gaza. Netanyahu ha esortato gli israeliani a «ricordare ciò che Amalek vi ha fatto», alludendo a uno dei miti biblici più noti. In un'intervista radiofonica, ha detto a proposito di Hamas: «Non li chiamo animali umani perché sarebbe un insulto agli animali». Molti funzionari del governo israeliano hanno invocato il diritto all'uccisione di massa, alla distruzione totale di Gaza come risposta legittima agli attentati di Hamas. Isaac Herzog, presidente dello Stato di Israele – una figura di garanzia delle istituzioni – e storico leader laburista, ha dichiarato pubblicamente che non ci sono persone innocenti a Gaza, che un'intera nazione è corresponsabile degli attentati commessi da Hamas il 7 ottobre. Alla rete televisiva statunitense CNN, soldati israeliani hanno dichiarato che non sono in guerra contro Hamas, ma contro tutti i palestinesi di Gaza. Anche loro hanno sostenuto, come Herzog, che non ci sono persone innocenti fra gli abitanti di Gaza. Una settimana dopo l'attentato del 7 ottobre 2023, il soldato israeliano Betzalel Taljah ha dichiarato, sempre alla CNN: «La guerra non è solo contro Hamas, è contro tutti i civili». Nel novembre 2023 Rami Igra, ex capo di una divisione del Mossad dedicata agli ostaggi israeliani, ha dichiarato durante un'intervista, ancora alla CNN: «Non si può dire che esista una popolazione non combattente nella Striscia di Gaza, perché tutti i palestinesi a Gaza hanno votato per Hamas e, come abbiamo visto il 7 ottobre, la maggior parte della popolazione della Striscia di Gaza fa parte di Hamas». In un'altra intervista alla televisione israeliana, ha dichiarato che tutti i palestinesi di Gaza di età superiore ai quattro anni sono «coinvolti» e meritano di affrontare la politica di punizione collettiva di Israele, che consiste nell'uso della fame come arma di guerra.

Rami Igra sa, o dovrebbe sapere, che quando Hamas è salita al potere nel 2006, il 50% dell'attuale popolazione di Gaza non la votò di certo, perché non era ancora neanche nata. Così come sa, o dovrebbe sapere, che gli stessi servizi segreti di cui era un leader hanno dichiarato che il numero totale di militanti di Hamas a Gaza si situa fra le ventimila e le quarantamila persone, su un totale di due milioni e trecentomila abitanti.

Lo sanno, ma per loro non conta. I palestinesi non sono da punire perché appartenenti a quella o all'altra sigla. Sono da punire perché palestinesi.

Nel novembre del 2024, Amnesty International ha pubblicato un rapporto intitolato *Ti senti come se fossi un subumano: il genocidio di Israele contro la popolazione palestinese a Gaza*, all'interno del quale l'Ong giunge alla conclusione che Israele ha commesso e sta continuando a commettere genocidio nei confronti della popolazione palestinese. In circa trecento pagine di ricerca, documenta come, durante l'offensiva militare lanciata dopo gli attacchi mortali del 7 ottobre guidati da Hamas, Israele abbia scatenato inferno e distruzione senza freni contro la popolazione palestinese di Gaza, in modo continuativo e nella totale impunità. Il rapporto mostra che Israele ha compiuto almeno tre dei cinque atti proibiti dalla Convenzione sul genocidio, *con l'intento specifico di distruggere la popolazione palestinese di Gaza*: questi atti comprendono uccisioni, gravi danni fisici e/o mentali, e l'inflizione deliberata di condizioni mirate a causare la distruzione fisica delle persone. «Mese dopo mese, Israele ha trattato la popolazione palestinese di Gaza come un gruppo subumano non meritevole di diritti umani e dignità, dimostrando il suo intento di distruggerli fisicamente» ha dichiarato Agnès Callamard, segretaria generale di Amnesty International. Per stabilire l'intento genocida Amnesty ha esaminato la condotta militare di Israele a Gaza, ha analizzato la retorica delle autorità israeliane di primo piano e ha considerato il contesto del sistema israeliano di apartheid, occupazione illegale e assedio paralizzante. Attraverso le dichiarazioni di ventidue alti funzionari militari, Amnesty ha raccolto prove dirette dell'intento genocida, espresso nel linguaggio utilizzato dagli alti gradi, e spesso replicato dai soldati sul terreno, attraverso video in cui si parla di «radere al suolo» la Striscia di Gaza, o in cui si celebra la distruzione di moschee, case, scuole e università. Oltre a quelli esaminati da Amnesty, anche il giornalista Younis Tirawi ha condiviso e pubblicato centinaia di video di soldati israeliani, in tutti questi mesi, in cui li si vede e sente indugiare in comportamenti deumanizzanti verso il popolo palestinese.

Amnesty International ha inoltre esaminato almeno quindici attacchi aerei portati a termine dal 7 ottobre 2023 al 20 aprile 2024, che hanno ucciso 334 civili, tra i quali 141 bambini e bambine, e ferito centinaia di altri, non trovando alcuna prova che questi fossero diretti contro obiettivi militari.

Israele, conclude Amnesty nel suo lungo rapporto, ha causato una distruzione senza precedenti, che gli esperti affermano di non aver mai riscontrato per livello e rapidità in alcun altro conflitto del Ventunesimo secolo, radendo al suolo intere città e distruggendo infrastrutture fondamentali, terreni agricoli e siti culturali e religiosi. In questo modo, ha reso inabitabili intere zone della Striscia di Gaza. Come ha osservato lo storico israeliano-americano dell'Olocausto, Omer Bartov, «distruggere tutto ciò che rende possibile la vita di un gruppo è genocidio».

Mohammed, fuggito coi suoi familiari da Gaza City a Rafah nel marzo 2024 e nuovamente sfollato nel maggio 2024, ha descritto la lotta per la sopravvivenza della sua famiglia, costretta a vivere in condizioni orribili: «Qui a Deir al-Balah è come un'apocalisse. Devi proteggere i tuoi bambini dagli insetti e dal caldo. Non c'è acqua potabile e non ci sono gabinetti, il tutto mentre i bombardamenti non si fermano mai. Ti senti come se fossi un subumano».

Esaminati separatamente, alcuni degli atti indagati da Amnesty International costituiscono gravi violazioni del diritto internazionale umanitario o del diritto internazionale dei diritti umani. Ma guardando in modo più ampio la campagna militare di Israele e l'impatto cumulativo delle sue politiche e delle sue azioni, l'unica ragionevole conclusione è quella di un intento genocida.

Il governo israeliano di estrema destra ha reagito al rapporto di Amnesty accusando l'organizzazione di antisemitismo. Si tratta di una parola che in tutti questi mesi abbiamo sentito usare molto spesso. Anche papa Francesco, Jorge Bergoglio, è stato accusato di antisemitismo, per aver osato chiedere un'indagine internazionale sul genocidio di Gaza. Anche il segretario generale delle Nazioni Unite António Guterres, e l'ex ministro degli Esteri europeo, Josep Borrell. Le Nazioni Unite nel loro assieme, i governi di Spagna e Irlanda, oltre che quello sudafricano e colombiano, tutte queste istituzioni sono state accusate di antisemitismo, semplicemente per aver criticato la condotta dell'esercito israeliano. Guterres è stato dichiarato *persona non grata* in Israele, è la prima volta che accade a un segretario generale delle Nazioni Unite. A questo elenco bisogna aggiungere la Corte penale internazionale e la Corte internazionale di giustizia, le Ong Human Rights Watch, Oxfam, Save the Children, Medici senza frontiere, personaggi come Greta Thunberg, Noam Chomsky, l'ex presidente Usa Jimmy Carter, e ancora tanti e tante altre. Cos'hanno in comune tutti loro? Che hanno chiesto il rispetto dei diritti umani e della legalità internazionale, e il governo israeliano, in tutta risposta, li accusa di odiare gli ebrei in quanto ebrei.

Francesca Albanese, relatrice speciale delle Nazioni Unite sulla situazione dei diritti umani nei territori palestinesi occupati, ha scritto la verità scomoda nel suo report ONU del 2024, *Anatomia di un genocidio*. La tragedia del genocidio a Gaza, scrive Albanese, è una tragedia annunciata. Il culmine del processo della Nakba, che va avanti da decenni. La continua negazione dell'esistenza palestinese ha preso di mira l'identità stessa di un popolo, colpendo la sua cultura, la sua società, la sua spiritualità. Al centro di tutto sta l'annientamento del diritto dei palestinesi a vivere con dignità. È questa negazione della dignità umana che si erge a fondamento di un genocidio non solo materiale, ma anche morale e simbolico.

«Una caratteristica fondamentale della condotta di Israele dal 7 ottobre è stata l'intensificazione della de-civilizzazione dei palestinesi, un gruppo protetto dalla Convenzione sul genocidio. Israele ha utilizzato la terminologia del diritto internazionale umanitario per giustificare l'uso sistematico di violenza letale contro i civili palestinesi come gruppo e l'ampia distruzione di infrastrutture vitali. Israele ha fatto questo utilizzando concetti di diritto internazionale umanitario come scudi umani, danni collaterali, zone sicure, evacuazioni e protezione medica in modo così permissivo da svuotare questi concetti del loro contenuto normativo, sovvertendo il loro scopo protettivo e, in ultima analisi, erodendo la distinzione tra civili e combattenti nelle azioni israeliane a Gaza.»

Albanese inizia con il contesto storico del genocidio, che affonda le sue radici anche negli intenti colonialisti storici degli israeliani, per poi tracciare un quadro di come Israele abbia commesso tre aspetti centrali del crimine di genocidio: l'uccisione di membri di un particolare gruppo di persone, il causare danni fisici o mentali e il creare condizioni di vita distruttive.

La relatrice speciale delle Nazioni Unite ha concluso che «Israele stia commettendo un genocidio a Gaza» e ha affermato che una delle «scoperte chiave» del rapporto è che la «leadership esecutiva e militare di Israele, nonché i soldati israeliani, hanno intenzionalmente distorto i principi dello *jus in bello**, sovvertendo le loro funzioni protettive, nel tentativo di legittimare la violenza genocida contro il popolo "palestinese".»

A giugno 2024, quando Israele ha massacrato 274 palestinesi durante un'operazione di salvataggio di quattro ostaggi a Nuseirat, ha ripetutamente giustificato l'assassinio dicendo che le persone uccise venivano usate come «scudi umani». Tutti in quella città, non solo negli edifici in cui erano tenuti gli ostaggi, erano ritenuti un bersaglio legittimo. Quando hanno bombardato la scuola Taba'een di Gaza ad agosto del 2024, uccidendo più di cento palestinesi, molti dei quali fatti letteralmente a pezzi, l'esercito israeliano ha nuovamente definito tutte le vittime civili «scudi umani» e ha affermato, senza prove, di aver preso di mira i membri di Hamas nella scuola.

Albanese e più di ottocento giuristi ed esperti internazionali di genocidi stanno lanciando l'allarme da più di un

* *jus in bello* (giustizia in guerra) è l'espressione latina che si riferisce alle leggi internazionali che regolano il modo in cui viene condotta la guerra.

anno e mezzo sul genocidio in corso a Gaza. Non soltanto per salvare la vita dei civili palestinesi, ma perché hanno ben chiaro che, se lasciato impunito, questo genocidio rappresenterà un precedente storico da esportare altrove. L'impunità diffusa e l'indifferenza dell'Occidente democratico per i crimini commessi contro i palestinesi rappresentano la colonna vertebrale del progetto di pulizia etnica, ma sono anche la leva attraverso cui tutti rischiamo di saltare oltre l'ordine democratico, verso nuove giungle dominate dalla legge del più forte.

2

La mia Palestina prima del 7 ottobre

«La morte dell'empatia umana è uno dei primi e più rivelatori segni di una cultura sull'orlo della barbarie.»

HANNAH ARENDT

Avevo nove anni quando, una mattina di settembre del 1982, mi risvegliai scioccata dalle grida disperate di mia zia e mia sorella più grande Rawia. Eravamo appena giunti a casa nostra a Gerusalemme Est, da Haifa, dove passavamo l'estate, per iniziare l'anno scolastico. Corsi dalla camera da letto verso il salone, dove trovai mio padre, mia zia e le mie cugine immobili di fronte alla televisione, con lo sguardo fisso su una scena che sarebbe rimasta scolpita nella mia memoria: il primo massacro trasmesso in diretta televisiva nei campi profughi palestinesi di Sabra e Shatila, alla periferia sud di Beirut, in Libano.

Su Gerusalemme Est, quel giorno, cadde un silenzio irreale e cupo. In poche ore, il nostro quartiere e buona parte della città vecchia si prostrarono in uno stato di lutto. Fuori dalle abitazioni apparvero bandiere palestinesi, in segno di cordoglio collettivo e di denuncia.

Da Sabra e Shatila non si può tornare indietro

Le premesse del massacro di Sabra e Shatila risalivano a un paio di mesi prima: nel giugno del 1982, con un'operazione militare dal nome grottesco di «pace in Galilea» era cominciata l'invasione israeliana del Libano in accordo con il leader della falange libanese, Bashir Gemayel, e il suo partito armato, ideologicamente fascista, che aveva come obiettivo fondamentale l'espulsione dei rifugiati palestinesi dal Libano; quegli stessi rifugiati che Israele aveva già espulso con la violenza dalla Palestina storica nel 1948.

L'obiettivo di Israele era allineato con quelli dei falangisti. Con la piena approvazione del premier israeliano Menachem Begin* e del ministro della Difesa israeliano, Ariel Sharon, gli alleati falangisti di Israele scatenarono un'offensiva che mirava a scacciare l'OLP guidata da Arafat, e installare a capo del Paese dei cedri un presidente fantoccio alleato di Israele (un vecchio sogno di Israele, che Moshe Dayan aveva già a metà degli anni Cinquanta). Questo era l'obiettivo finale per cui l'esercito israeliano aveva fatto migliaia di morti e feriti. Senza occupare integralmente la capitale Beirut, ma soffocandola con un assedio paralizzante.

Fino all'arrivo dell'americano Philip Habib, inviato dal presidente Usa Ronald Reagan, gli americani avevano convinto i leader libanesi e palestinesi che le truppe israeliane di stanza nella parte occidentale di Beirut avrebbero accettato un cessate il fuoco qualora i combattenti palestinesi avessero lasciato il Libano. Ai primi di settembre i palestinesi avevano accettato un secondo esilio forzato, questa volta da Beirut a Tunisi e in Siria, in cambio della promessa degli Stati Uniti di garantire alla sicurezza di civili palestinesi nei campi profughi in Libano.

* Menachm Begin, sesto primo ministro di Israele (1977-1983), era considerato un terrorista dal governo britannico a causa della sua leadership dell'Irgun, un gruppo militante sionista attivo durante il Mandato britannico della Palestina. Nel 1944, Begin guidò diversi attacchi, tra cui il bombardamento del King David Hotel nel 1946, a Gerusalemme, che uccise 91 persone di varie nazionalità.

Gli inglesi lo etichettarono come leader di una «famigerata organizzazione terroristica» e misero una taglia sulla sua cattura.

Le testimonianze oculari di tanti palestinesi e libanesi sopravvissuti concordano nel sostenere che proprio il fatto di aver costretto i militanti palestinesi a lasciare Beirut durante l'invasione israeliana aprì la strada al massacro compiuto dai falangisti con la complicità di Israele. Le garanzie che i campi palestinesi non sarebbero stati toccati, fornite da americani ed europei, semplicemente non furono rispettate.

Due settimane dopo la partenza dell'OLP, il 14 settembre, quando il presidente libanese scelto da Israele, il leader dei falangisti Bashir Gemayel, restò ucciso in un attentato, e le truppe israeliane occupavano la parte occidentale di Beirut, in appoggio ai falangisti, scoprimmo che le milizie cristiane avevano accerchiato i campi e sterminato tremilacinquecento civili palestinesi, in grandissima parte donne, bambini, disabili e anziani. Il massacro era durato tre giorni consecutivi, con l'appoggio logistico e operativo dell'esercito israeliano. Il ministro della Difesa israeliano Sharon si trovava nei pressi di Sabra e Shatila, in un edificio da cui poteva osservare agevolmente la carneficina.

La strage sconvolse l'opinione pubblica mondiale. I civili nei campi erano stati lasciati senza protezione, circondati dall'esercito israeliano che, secondo alcune testimonianze, già nella notte del 15 settembre aveva illuminato l'area con razzi di segnalazione e bengala, agevolando così l'ingresso delle milizie falangiste. Le milizie entrarono, sparando, sgozzando e uccidendo chiunque si trovassero davanti. Quest'azione venne giustificata dai falangisti come una vendetta per l'assassinio di Gemayel.

I falangisti e varie formazioni della destra estrema libanese, in particolare quelle agli ordini del sanguinario Elie Hobeika, ammazzarono le persone con coltelli, machete e sparando alla testa di chiunque riuscissero a trovare.

Quella barbarie suscitò una condanna unanime a livello internazionale e portò alla risoluzione 37/123 dell'Assemblea Generale delle Nazioni Unite, il 16 dicembre 1982. La sezione D della risoluzione definì il massacro «un atto di genocidio» e riaffermò il diritto inalienabile del popolo palestinese all'autodeterminazione, nonché il diritto dei rifugiati a ritornare alle proprie case.

La risoluzione esprimeva anche profonda preoccupazione per le responsabilità militari e politiche dell'operazione, sottolineando il coinvolgimento indiretto dell'esercito israeliano nell'illuminazione notturna dei campi per agevolare l'attacco delle milizie falangiste. La stessa risoluzione esortava tutti gli Stati membri e le organizzazioni internazionali a intensificare il sostegno ai diritti del popolo palestinese e a garantire protezione internazionale ai civili palestinesi in Libano e nei Territori Occupati.

La brutalità delle uccisioni evocò nei palestinesi la memoria dei massacri del 1947 e 1948, durante la Nakba. Con la risoluzione 37/123, l'ONU stava di fatto cercando di richiamare l'attenzione del mondo sulle sofferenze dei rifugiati palestinesi, sottolineando che l'esilio e la violenza subìti in quell'ultimo massacro del 1982 erano parte di una più lunga storia di persecuzioni, guidate dall'obiettivo di una distruzione definitiva del popolo palestinese.

I rifugiati massacrati a Sabra e Shatila rimangono dunque un simbolo di quest'eredità dolorosa, ormai radicata, di un destino di oppressione e di continuo annientamento del popolo palestinese, senza protezione internazionale.

I tanti, tantissimi, che continuano a vivere nei campi profughi libanesi sono la prova vivente del fallimento della comunità internazionale, incapace di far rispettare le quaranta risoluzioni ONU violate da Israele. A partire della risoluzione 194/1948, che sancisce il diritto dei palestinesi di tornare pacificamente a vivere nelle loro case e nella loro patria, o almeno di essere compensati per le proprietà e le terre che sono state loro rubate.

L'olocausto di Beirut

Nel 1982 ero solo una bambina, ma già capivo la disperazione e il terrore negli occhi di mio padre Othman, e degli adulti intorno a me; una disperazione che sentivamo crescere con la consapevolezza che quella mattanza era stata pianificata a freddo, con crudeltà e precisione.

Quella strage fu l'evento che mi motivò a diventare una giornalista, un'attivista per la legalità internazionale e per l'incondizionata applicazione del diritto umanitario internazionale.

Pochi giorni dopo il massacro, precisamente il 28 settembre del 1982, a seguito delle molte proteste, il governo israeliano istituì una commissione d'inchiesta, nota come la Commissione Kahan, per indagare sull'accaduto.

Nel 1983, il rapporto della commissione concluse che Ariel Sharon aveva una «responsabilità indiretta» per il massacro, poiché avrebbe dovuto prevedere le conseguenze dell'ingresso delle milizie falangiste nei campi e avrebbe dovuto intervenire per interrompere. Sharon, invece, aveva ignorato le richieste di interrompere l'attacco, e Israele aveva chiesto ai falangisti di fermarsi solo dopo un intervento diretto del presidente degli Stati Uniti, Ronald Reagan. Il quale, sollecitato da diplomatici americani come Morris Draper, aveva chiamato il premier israeliano Begin e gli aveva ordinato di fermare «l'olocausto» di Beirut. Fu proprio questa la parola che Reagan usò, urlando al telefono contro Begin: «Abbiamo notizie di orrori e di massacri di donne e bambini, devi fermare l'olocausto di Beirut».

Sharon fu rimosso dal ministero della Difesa, come da richiesta americana, ma non lasciò il governo. L'Occidente non fece un passo per chiedere un'indagine internazionale e accertare la responsabilità di Israele e dei falangisti. Pur avendo sulla coscienza il fatto di aver sostenuto, armato e appoggiato con convinzione il peggior massacro di civili fino a quel momento, Sharon proseguì imperterrito la sua carriera politica fino a diventare, negli anni successivi, primo ministro di Israele. La mancanza di azioni giudiziarie contro Sharon, che da ministro della Difesa aveva una responsabilità totale sulle forze di difesa israeliane (IDF), e l'impunità consentita alla leadership israeliana alimentarono un sentimento di abbandono e impotenza che negli anni avrebbe allontanato palestinesi e libanesi da ogni speranza di vera pace, alimentandone la disperazione e favorendone la radicalizzazione. Cresceva, per loro, la consapevolezza che i massacri di Sabra e Shatila stavano a indicare una minaccia costantemente incombente per milioni di palestinesi, in patria e in esilio.

Per la comunità palestinese in particolare, quel massacro fu un evento dagli effetti devastanti, un capitolo sanguinoso che, come detto, richiamava alla memoria i massacri del 1948 e risvegliava il dolore della diaspora e la percezione di un destino ineluttabile di oppressione. Anche la promessa di protezione per i civili palestinesi, garantita dagli Stati Uniti tramite il loro inviato diplomatico Philip Habib nell'ambito di un accordo che aveva permesso il ritiro dell'Organizzazione per la Liberazione della Palestina (OLP) dal Libano, si era rivelata per quello che era: una bugia eclatante. L'OLP, guidata da Yasser Arafat, aveva accettato di deporre le armi e di trasferire il proprio quartier generale in Tunisia, perché si era fidata delle assicurazioni sulla sicurezza dei civili rimasti. Il massacro segnò la fine di ogni fiducia nelle garanzie internazionali e israeliane.

Ho compreso appieno la brutalità di quel massacro nei miei numerosi viaggi a Beirut, dal 2006, durante la guerra tra Israele e Libano, fino al mio ultimo viaggio per lavoro nel 2018. Ho ripetutamente visitato i campi palestinesi, dove ho incontrato molti superstiti dei massacri, inclusi operatori dalla Croce Rossa libanese. Ho ascoltato più e più volte sia libanesi sia palestinesi ripetere che non si fidano più dei governi democratici occidentali, i quali ipocritamente parlano di diritti umani mentre contribuiscono, con armamenti e finanziamenti, all'annientamento dei palestinesi.

I campi stessi di Sabra e Shatila sono un museo della memoria. Sui muri si trovano i nomi e le fotografie delle vittime dei massacri. Ogni anno i civili nei campi organizzano una commemorazione unitaria per la strage, e anche quest'anno, nonostante il genocidio a Gaza e l'invasione israeliana del Libano, libanesi e palestinesi si sono radunati per commemorare e tenere viva la memoria della strage.

In Libano ho ascoltato il racconto della strage di operatori sanitari e umanitari, dalla voce dei quali abbiamo saputo che i falangisti avevano intercettato il segnale radio con cui l'unico ospedale nel campo profughi, l'ospedale Gaza, comunicava con l'esterno. I membri della Croce Rossa libanese inviati sul posto in quei giorni per occuparsi del recupero dei corpi, scoprirono che molti cadaveri erano stati imbottiti di esplosivi. Gli assalitori avevano pensato a tutto: non ritenendo sufficiente essere entrati in piena notte e aver sgozzato, mutilato, violentato, stuprato, decapitato e barbaramente ucciso centinaia di civili inermi, avevano piazzato trappole sui cadaveri o in quello che ne restava – esplosivi pronti a scoppiare non appena sfiorati – nell'intento di impedirne una degna sepoltura. Difatti, per diverse settimane, le squadre di soccorso dovettero procedere con estrema cautela, utilizzando corde per trascinare i corpi e verificarne la sicurezza, nel timore di nuove esplosioni. Lo ricordo come fosse ieri: erano dettagli che ascoltavo in un silenzio teso, mentre gli adulti ne parlavano a bassa voce, cercando di proteggerci dall'orrore. Ma l'orrore era troppo vicino per essere ignorato.

Sul *Washington Post* del 20 settembre 1982, Loren Jenkins descrisse la raccapricciante scena che si presentò agli osservatori internazionali nel campo di Shatila. «La scena nel campo di Shatila, quando gli osservatori stranieri vi entrarono il sabato mattina, era come un incubo. In un giardino, i corpi di due donne giacevano su delle macerie dalle quali spuntava la testa di un bambino. Accanto a esse giaceva il corpo senza testa di un altro bambino. Oltre l'angolo, in un'altra strada, due ragazze, forse di dieci o dodici anni, giacevano sulla schiena, con la testa forata da un proiettile e le gambe lontano dal corpo. Pochi metri più avanti, otto uomini erano stati mitragliati contro una casa. Ogni viuzza sporca attraverso gli edifici vuoti – dove i palestinesi avevano vissuto dalla fuga dalla Palestina alla creazione dello Stato di Israele nel 1948 – raccontava la propria storia di orrori. In una di esse, sedici uomini erano sovrapposti uno sull'altro, mummificati in posizioni contorte e grottesche.»

Queste descrizioni non fecero altro che confermare l'orrore che avevamo percepito già da Gerusalemme Est. Lo shock era amplificato dalla consapevolezza che il massacro fosse stato perpetrato con il sostegno, anzi con la complicità dell'esercito israeliano. Le immagini e i racconti giornalistici diventavano man mano prove silenziose della brutalità subìta dai rifugiati palestinesi, rivelando l'assenza di intervento da parte della comunità internazionale.

Inevitabilmente, quella tragedia si ripercosse anche sulla mia vita quotidiana. Ricordo altrettanto bene che, anni dopo il massacro in Libano, Ariel Sharon acquistò una casa nel mio quartiere a Gerusalemme Est, nel cuore della comunità musulmana, poco distante da casa mia. Ogni volta che, nei fine settimana, dall'orfanotrofio dove abitavamo io e le mie sorelle andavamo a trovare mio padre, passavamo davanti a quella casa presidiata costantemente dai soldati israeliani, simbolo palpabile della nostra occupazione. La prova materiale della dominazione israeliana sui palestinesi; Sharon aveva affisso su un muro della sua casa una bandiera israeliana larga tre metri, visibile da lontano, a voler affermare il proprio potere, la propria impunità e la propria arrogante presenza nel cuore del quartiere palestinese nella città vecchia di Gerusalemme. A pochi chilometri dalla casa di Sharon si trovava un centro di detenzione e tortura, Al Mascubieh. Entrambe, la casa di Sharon e la prigione israeliana dentro le mura della città vecchia di Gerusalemme, rappresentano il simbolo più forte del regime di terrore a cui sono sottoposti i palestinesi di Gerusalemme.

Sharon non era solo un leader politico: era «il macellaio di Beirut», l'uomo che, nella nostra memoria collettiva, portava su di sé la responsabilità di una lunga scia di sangue e dolore, una serie di violenze e crimini contro i palestinesi, dall'occupazione alla repressione, dagli espropri alle repressioni militari. Per noi, vedere la sua bandiera issata nel nostro quartiere non era solo un'orribile provocazione, ma il simbolo di un dominio calato sulla nostra esistenza, una costante minaccia che ricordava la fragilità della nostra sicurezza e la precarietà della nostra vita sotto l'occupazione.

Ero giovane, poco più di una bambina, ma già sapevo che quella era una ferita destinata a rimanere aperta, un segno indelebile di come noi, palestinesi, fossimo visti come un popolo sacrificabile, privo di diritti e dignità.

La mia generazione è cresciuta con la dolorosa consapevolezza che nessuno avrebbe protetto il nostro popolo e che la nostra esistenza stessa sarebbe stata un continuo sforzo per resistere, per non farci cancellare.

I segni indelebili di un massacro

Il massacro di Sabra e Shatila non segnò solo un punto di non ritorno per il popolo palestinese, ma ebbe ripercussioni anche sulla politica regionale. La brutalità di quegli eventi, vissuti come sfregio indelebile, come ferita insanabile da palestinesi e libanesi, portò alla formazione di una nuova resistenza. Tra le conseguenze principali vi fu la nascita di Hezbollah, un gruppo armato libanese nato in risposta all'invasione israeliana del Libano e ai crimini commessi contro la popolazione civile. Hezbollah si impose come forza di opposizione all'occupazione, incarnando per molti libanesi e palestinesi il simbolo della lotta armata contro l'oppressione e per la libertà contro il dominio coloniale; un'immagine che si è incrinata dopo che le milizie libanesi sono intervenute in Siria per difendere il dittatore Bashar al-Assad.

Per molti palestinesi, la giustizia negata per Sabra e Shatila divenne il simbolo di una lotta più ampia per la sopravvivenza, e la dignità e sicurezza del loro popolo. Il ricordo di Sabra e Shatila ha continuato negli anni ad alimentare il senso di appartenenza e la solidarietà tra i palestinesi, in patria e in esilio. La diaspora palestinese, dispersa in diversi Paesi del Medio Oriente e oltre, si trova a condividere un destino comune, segnato da persecuzioni, esilio e ingiustizie. Ogni storia di sopravvissuti, ogni memoria tramandata, ha contribuito a mantenere viva la speranza di un futuro di libertà e giustizia. Sabra e Shatila non furono soltanto un evento tragico, ma un monito per le nuove generazioni, un richiamo costante al valore della resistenza e al diritto di esistere.

La strage di Sabra e Shatila lasciò un segno indelebile anche nelle coscienze di molti ebrei israeliani. Alcuni di loro, colpiti dalla portata delle violenze e dalle accuse mosse a Sharon per crimini orrendi, iniziarono a mettere in discussione l'operato del governo israeliano e il ruolo dell'esercito nelle operazioni di guerra. Sfruttando l'apertura degli archivi israeliani, voci critiche come quelle dei «nuovi storici» israeliani – Avi Shlaim, Ilan Pappé, Benny

Morris – documentarono per il passato eventi simili, rivelando che massacri contro civili palestinesi erano avvenuti anche anni addietro, per esempio nel 1948. Morris ne parla ampiamente nel suo libro *1948. Israele e Palestina tra guerra e pace*. Tuttavia, il dibattito interno a Israele faticava a tradursi in azioni concrete per evitare future tragedie. L'ininterrotta ascesa politica di Sharon, nonostante le responsabilità emerse dal rapporto della Commissione Kahan, rafforzò la sensazione di impunità, influenzando profondamente l'estrema destra israeliana.

Nel corso del tempo, mentre Pappé e Shlaim hanno approfondito la loro critica a Israele, Benny Morris si è sempre più irrigidito su posizioni nazionaliste e guerrafondaie.

«Israele non ha finito il lavoro.» Questa stessa frase è stata usata dal ministro delle Finanze Bezalel Smotrich al parlamento israeliano, quando ha minacciato un deputato palestinese dicendogli che la sua presenza nel parlamento era un errore, «perché Begin non ha finito il lavoro». È una frase che viene usata molto spesso anche dal premier israeliano Benjamin Netanyahu, accusato dalla Corte penale internazionale di commettere crimini di guerra, che nel suo discorso al congresso americano del 25 luglio 2024 ha chiesto ulteriori finanziamenti e armi in modo che Israele possa, appunto, «finire il lavoro».

«Ogni impero, nel suo discorso ufficiale, ha detto di non essere come tutti gli altri, che le sue circostanze sono speciali, che ha la missione di illuminare, civilizzare, portare ordine e democrazia e che usa la forza solo come ultima risorsa. E, cosa ancora più triste, c'è sempre un coro di volonterosi intellettuali che pronunciano parole tranquillizzanti sugli imperi benevoli o altruisti, come se non ci si dovesse fidare di ciò che si ha negli occhi quando si guarda la distruzione, la miseria e la morte portate con sé dall'ultima missione civilizzatrice.» Sono parole di Edward Said.

La storia e la memoria di un popolo che resiste, mentre il mondo per lo più distoglie lo sguardo, è parte integrante dell'eredità culturale palestinese e della nostra memoria collettiva degli ultimi settantasette anni.

Per comprendere l'orrore che oggi devasta Gaza e la Cisgiordania occorre tornare alle origini di tutto, conoscere il passato, la nostra storia per lungo tempo distorta e strumentalizzata da chi continua a colonizzarci. Molto lavoro è stato fatto; non solo da bravi e impegnati storici palestinesi, ma anche, con grande onestà intellettuale e coraggio politico, dai nuovi storici israeliani, sempre più decisi a sfatare i miti fondatori che stanno alla base di un indottrinamento mortifero della società israeliana.

E non ci sono solo gli storici palestinesi, molti dei quali insegnano in prestigiose università occidentali, ma anche milioni di rifugiati palestinesi che vivono sparsi nel mondo e i superstiti alle centinaia di massacri, che hanno trasferito e tramandato le nostre storie come eredità per i loro figli e nipoti.

Hanno trascritto la storia sulle tende, sui muri dei campi profughi, sulle braccia dei loro figli a Gaza, braccia con i nomi dei piccoli e delle piccole segnati a penna dai genitori, affinché la loro identità non andasse perduta nella morte. «Qui Noor, la luce di Gaza» ha scritto una madre sul braccio di sua figlia. Noor, *luce* in arabo. Un nome di bambina, testimone di umanità.

Per i palestinesi il passato non è mai passato, il presente è già memoria, il futuro è lotta necessariamente, e non è mai garantito. Per mesi e mesi, durante il genocidio di Gaza, le persone davano notizia al mondo anche di questo: di avere ancora un giorno di vita davanti. I giornalisti palestinesi lo scrivono sugli account social che usano per lavoro. Sono ancora viva, sono sopravvissuto a un'altra notte, siamo ancora qui.

La nostra determinazione è superiore al dolore, è più forte dell'oppressione che grava su di noi da cinquantotto anni con l'occupazione dei territori, e ancora prima, in fondo fin dall'inizio, con la Nakba e l'espulsione dalle nostre terre.

La Nakba nella mia famiglia

Quando nel 1948 venne creato lo Stato israeliano, mia nonna Fatima, con le sue tre figlie neonate, una delle quali era la mia mamma, rimase ad Haifa. Per circa vent'anni vissero sotto un'occupazione militare brutale, con legge marziale, coprifuoco e massacri ai posti di blocco, come quello tristemente famoso di Kafr Qasim, il 29 ottobre 1956, quando i poliziotti israeliani massacrarono a sangue freddo quarantanove palestinesi, «colpevoli» di non essere stati informati di un coprifuoco imposto all'ultimo momento, un massacro celebrato dal poeta palestinese Mahmud Darwish in un testo tanto bello quanto tragico.

Il destino dei palestinesi rimasti fu un destino di povertà, esclusione e discriminazione. Le loro case furono espropriate. Mio nonno fu ucciso dai militari israeliani, e mia nonna, rimasta vedova, fu costretta a lavorare dalla mattina alla sera per mantenere le sue figlie, mentre abitavano in una baracca di fortuna. Spesso per sopravvivere mangiavano erbe selvatiche bollite nell'acqua salata del mare.

Per via della nostra pelle scura mia madre e mia nonna spesso venivano apostrofate come «Aravim» e «Kushi», arabe e nere. Nere, cioè sporche.

Mia nonna continuò a lavorare con i pescatori nel porto di Haifa, aggiustando le loro reti, pulendo le barche, e anche se formalmente l'arabo era una lingua ufficiale come l'ebraico, insegnò alle sue figlie l'ebraico, la lingua dei dominatori.

La casa della mia famiglia materna fu distrutta durante

la guerra del '48. I quartieri palestinesi di Haifa furono posti sotto il controllo militare israeliano, il nostro quartiere fu trasformato in una base militare dell'esercito israeliano. Vigeva la legge marziale, che durò per circa vent'anni.

Nel 1966, dopo una forte protesta popolare dei palestinesi, sostenuti dal partito comunista di Israele, Israele decise di rispettare la legge fondamentale, che parlava di parità ed eguaglianza dei cittadini indipendentemente dalla loro etnia e religione. Così centinaia di migliaia di palestinesi divennero cittadini israeliani. Certo, cittadini di serie B. Fu chiaro da subito che gli israeliani ebrei godevano di diritti speciali e privilegi esclusivi che nessun palestinese avrebbe mai, mai avuto. La discriminazione conosce forme diverse, alcune manifeste, altre più nascoste e ipocrite.

Subito dopo questa decisione, tuttavia, nel 1967 scoppiò la Guerra dei sei giorni, che portò Israele a occupare e controllare nuovi e vasti territori, tra cui principalmente la Cisgiordania, la Striscia di Gaza e Gerusalemme Est.

Fu allora che prese forma uno dei fenomeni più dolorosi della nostra storia: il progetto israeliano della sistematica espansione degli insediamenti illegali nei Territori Occupati, e l'idea che i milioni di palestinesi che vivevano in quei territori non sarebbero mai potuti diventare né cittadini di un loro Stato né cittadini di uno Stato binazionale con parità di diritti, ma sarebbero stati indefinitamente l'oggetto di un dominio subdolo e violento. In quel momento, come osservarono anche molti ebrei israeliani, a volte sinceramente nazionalisti, l'esercito israeliano smise di essere una «forza di difesa», per diventare una forza di occupazione.

Se è vero che gli ultimi governi di destra hanno accelerato enormemente il processo, il programma di colonizzazione e di insediamenti illegali fu avviato dalla sinistra, e precisamente da Shimon Peres, immediatamente dopo la Guerra dei sei giorni. Gli insediamenti sono considerati un crimine nel diritto internazionale, giacché nessuno Stato occupante ha il diritto di annettere, colonizzare o trasferire la popolazione del territorio occupato. L'occupazione è giustificata solo per scopo di difesa, ma proprio per questo non può durare all'infinito, e impone allo Stato occupante un dovere di protezione delle popolazioni occupate. I vari governi israeliani hanno invece sempre agito in senso contrario, non curandosi affatto della legalità internazionale.

All'inizio gli insediamenti illegali sembravano piccoli avamposti, spesso celati dietro giustificazioni religiose o militari o addirittura archeologiche, ma presto si trasformarono in una rete di colonie che ridisegnò la mappa dei nostri territori. E ancora oggi questa è la tecnica: si comincia con un avamposto, generalmente su una collina, per meglio dominare il territorio e controllare l'acqua, e poi si continua con gli insediamenti veri e propri, spesso promossi da immobiliaristi senza scrupoli.

Dal punto di vista di noi palestinesi quel momento rappresentò il seme ulteriore da cui avrebbe attecchito un'ideologia ultranazionalista, convinta che quelle terre appartengano a Israele per diritto divino. L'accelerazione arrivò nel 1977, quando il partito di destra Likud, guidato da Menachem Begin, vinse le elezioni. Per la prima volta nella storia di Israele, la destra assunse il controllo del Paese. Fu un momento spartiacque: il progetto degli insediamenti, fino ad allora perseguito sottotraccia, divenne una politica ufficiale sostenuta dallo Stato. Da quel momento le colonie si moltiplicarono, rubando terre palestinesi e infrangendo sistematicamente il diritto internazionale.

La repressione contro il mio popolo si intensificò. Le proteste venivano soffocate, le terre confiscate e le case demolite per far spazio ai nuovi coloni. Già nel 1975, un gruppo religioso ultranazionalista noto come «Gush Emunim» (il Blocco dei Fedeli, fondato da un rabbino fanatico e fondamentalista) aveva stabilito un avamposto illegale in un campo militare giordano abbandonato in Cisgiordania. Sebbene fosse palesemente illegale, il governo israeliano, guidato da Shimon Peres, aveva permesso loro di rimanere, ricorrendo a un eufemismo: l'insediamento fu definito un «campo di lavoro». Tutto questo era un segnale chiaro per il movimento dei coloni: con determinazione e una visione fanatica, si poteva vincere, anche contro la legge. In quegli stessi anni iniziò la «riconquista» di Al Khalil, per gli ebrei Hebron, dove tutt'ora un numero esiguo di coloni, settecento, protetto da un numero doppio di militari, spadroneggia in una città abitata da duecentoquindicimila palestinesi, a cui si vieta di passare per le strade del centro quando i coloni fanno la loro «passeggiata». Tutto ciò è ben documentato, in particolare da un coraggioso documentario di un regista israeliano, intitolato appunto *The settlers*.

Ero solo una bambina quando, mentre con la famiglia di mio padre vivevamo a Gerusalemme Est, i soldati invasero il nostro quartiere, Bab Al Majless, a pochi passi dalla moschea di Al Aqsa, uno dei luoghi più sacri per l'Islam. L'ascesa di gruppi sempre più estremisti ci fece sentire completamente vulnerabili. Nel giugno 1980, il Jewish Underground, una propaggine estremista del movimento dei coloni, piazzò bombe nelle auto di tre sindaci palestinesi nella Cisgiordania occupata. Due di loro rimasero gravemente feriti. Ma ciò che più risultò inquietante furono le reazioni di alcuni funzionari e militari israeliani, che invece di condannare gli attentati, espressero rammarico che le vittime non fossero state uccise. Era evidente che l'estremismo non solo trovava spazio, non solo veniva tollerato, ma addirittura era attivamente incoraggiato.

I coloni integralisti israeliani tentarono di far saltare in aria anche la moschea di Al Aqsa. Furono arrestati mentre cercavano di piazzare le bombe: come spesso è capitato nella storia di Israele, furono prima condannati e successivamente graziati. Per i politici israeliani, gli ebrei di Israele, nonostante gli atti di terrorismo esplicito, non sono mai considerati o trattati come terroristi.

Nel 1985, l'orrore toccò anche l'altra sponda dell'oceano. Gli ultranazionalisti ebrei bombardarono in California l'ufficio dell'Arab Anti-Discrimination Committee (ADC), un'organizzazione araba impegnata nella lotta contro tutte le forme di discriminazione razziale e religiosa. L'attentato uccise il direttore dell'organizzazione, Alex Odeh, e causò gravi danni agli uffici. Anche le sedi dell'ADC a Boston e Washington furono prese di mira con attacchi esplosivi.

Rammento con tristezza questa storia. Quella mattina Odeh arrivò nel suo ufficio a Santa Ana, e quando aprì la porta una bomba esplose, uccidendolo sul colpo. L'attentato avvenne il giorno immediatamente successivo a quello in cui Odeh era apparso in televisione, dove aveva spiegato che l'Organizzazione per la Liberazione della Palestina (OLP) e il suo leader, Yasser Arafat, erano pronti a negoziare per la pace. Tragicamente, proprio il giorno del suo assassinio, Odeh avrebbe dovuto parlare in una sinagoga per promuovere il dialogo e la riconciliazione tra ebrei, musulmani e cristiani, un impegno che aveva sempre contraddistinto la sua attività.

L'FBI classificò rapidamente l'attentato come un atto terroristico e identificò la Lega di Difesa Ebraica (JDL) come il gruppo responsabile. L'indagine portò all'individuazione di tre principali sospetti: Robert Manning, Keith Fuchs e Andy Green, tutti ritenuti affiliati alla JDL. Poco dopo l'attentato, i tre sospettati fuggirono in Israele, stabilendosi nella Cisgiordania occupata.

Era ormai evidente quanto l'ascesa del movimento dei coloni fosse diventata estremamente pericolosa. Non solo perché le loro idee si stavano radicando profondamente nella società israeliana, ma anche perché le loro azioni rimanevano impunite, o meglio, erano pienamente incoraggiate dallo Stato israeliano, nonostante tra i loro obiettivi vi fosse l'eliminazione di un intero popolo. Già allora era chiaro che erano armati e ben finanziati, e soprattutto determinati a realizzare la loro missione: quella di una «Grande Israele» esclusivamente per gli ebrei, con la cancellazione dei palestinesi.

L'ascesa di Kahane

L'escalation della colonizzazione e della violenza sistematica era accompagnata e direttamente proporzionale all'ascesa del padre ideologico dei coloni, Meir Kahane, un rabbino fanatico, fondatore del movimento Kach. Figura controversa e provocatoria, Kahane incarnava una visione politica fascista ultranazionalista, fondata sulla supremazia ebraica e sul progetto dell'espulsione totale dei palestinesi dalla Palestina storica. Nonostante una condanna per terrorismo, nel 1983 fu invitato a parlare alla prestigiosa Università della Pennsylvania. L'occasione, anziché segnare un momento di dibattito, si trasformò in una dichiarazione senza filtri della sua ideologia.

Kahane invocò apertamente la pulizia etnica, affermando che «quando sarò eletto primo ministro di Israele, i palestinesi capiranno cosa sta per accadere». Alle proteste di alcuni studenti arabi, rispose con freddo sadismo e cinismo: «Sì, sarà tragico. Moriranno centinaia di migliaia di persone. Ma non abbiamo altra scelta, o noi o loro». Quelle parole gelarono il sangue dei palestinesi americani, tantissimi dei quali avevano le famiglie ancora nei Territori Occupati.

In quelle parole ciniche e violente, pronunciate in un luogo, l'università, in cui dovrebbero andare di pari passo sentimento di pace e ricerca della verità, si concentrava l'essenza della sua visione: un Israele etnicamente puro, da ottenere a qualunque costo.

La sua carriera politica terminò quando il suo partito, il Kach, venne bandito dalla Knesset per le sue politiche apertamente razziste. Ma, come spesso capita in Israele, a fronte di un formale rispetto per le regole, le cose nella realtà vanno diversamente: la stessa legge che proclamava il bando dalla Knesset per chi professasse idee razziste stabiliva il bando anche per chi negasse che lo Stato di Israele fosse «lo Stato del popolo ebraico», che è in sé un'idea razzista. A dispetto della messa al bando, l'uomo e le sue idee continuarono a esercitare un'influenza profonda. Kahane fu assassinato nel 1990 dal terrorista egiziano El Sayyid Nosair, che gli sparò un colpo di pistola in conclusione di un suo discorso pubblico in un hotel di Manhattan; il pensiero kahanista non solo sopravvisse, ma trovò nuovi sostenitori, insinuandosi nelle pieghe della politica israeliana e crescendo nell'ombra.

L'eredità di Kahane è oggi più forte che mai. La sua ideologia, un tempo relegata ai margini, è diventata parte integrante del discorso politico israeliano. Le sue idee sono oggi portate avanti da figure del governo Netanyahu come Itamar Ben-Gvir, ministro della Sicurezza Nazionale, e Bezalel Smotrich, ministro delle Finanze. Entrambi cresciuti nel solco del kahanismo, hanno trasformato un'ideologia un tempo ritenuta estrema in una forza politica in grado di influenzare la formazione dei governi. Il pensiero kahanista è diventato *mainstream* ed è presente ai vertici del governo, legittimato e applicato attraverso politiche che mirano a perpetuare l'occupazione e l'espansione degli insediamenti illegali e all'annessione dei territori palestinesi. È questo pensiero che alimenta la violenza, che tollera l'ingiustizia e che rende il genocidio coloniale a Gaza una tragica realtà dei nostri giorni.

L'eredità di Meir Kahane non deve essere letta solo come un monito. Essa è una chiave per comprendere come Israele sia arrivato a questo punto, in una società in cui il fanatismo di ieri siede oggi nei luoghi più alti del potere.

Lo scoppio dell'Intifada

La crescente espansione degli insediamenti israeliani, accompagnata da una repressione sempre più brutale, portò nel 1987 allo scoppio della prima Intifada, una parola araba che indica lo «scrollarsi di dosso un peso insopportabile». Fu una rivolta popolare, inizialmente spontanea, che presto divenne un simbolo della nostra resistenza contro l'occupazione. Ricordo quei giorni: giovani, spesso poco più che bambini, armati solo di pietre affrontavano carri armati israeliani. Lo Stato rispondeva con incursioni della polizia, arresti di massa e una repressione feroce. Come ha ricordato lo studioso israeliano di genocidi Omer Bartov in un recente articolo sul *Guardian*, Yitzhak Rabin, allora ministro degli Interni, diramò una circolare alla polizia in cui diceva di usare senza pietà le maniere forti: letteralmente parlava di «spezzare le ossa» a quei ragazzi armati di pietre. Noi palestinesi eravamo esasperati. Le vessazioni quotidiane, l'apologia della violenza da parte degli ultranazionalisti israeliani e del governo, l'espansione degli insediamenti: tutto questo aveva reso evidente ai nostri occhi che Israele non era interessato alla riconciliazione né a restituire la Cisgiordania e Gaza in cambio di pace. La rabbia e la frustrazione si tradussero in una protesta di massa. Fu un momento di esasperazione collettiva, in cui vedemmo svanire ogni speranza di una soluzione pacifica.

La «rivolta delle pietre» fu repressa con violenza; l'esercito israeliano arrestava, torturava e, seguendo le indicazioni del ministro, rompeva le ossa e le braccia ai ragazzini che lanciavano i sassi contro i carri armati. Anche in questo caso l'esercito israeliano si era trasformato da elemento di difesa in una milizia armata: con metodi brutali la polizia cercava di contenere una massa di ragazzini e di giovani pressoché disarmati e inoffensivi che gridavano la loro richiesta di libertà, sovranità e dignità.

Quella ribellione, però, scosse profondamente anche la società israeliana. La prima Intifada costrinse molti a interrogarsi, ancora più a fondo di quanto non fosse stato fatto prima, sul futuro del Paese e sul prezzo umano, politico e morale dell'occupazione. Era chiaro che urgeva una svolta.

Milioni di palestinesi si rifiutavano di vivere senza libertà e dignità, la repressione non era più tollerabile, e per gli israeliani il costo della protezione dell'occupazione e la colonizzazione rischiava di tradursi in una perdita di legittimità a livello internazionale, costringendo il governo israeliano a una svolta tattica nella gestione del conflitto.

L'aria di Oslo

Questo clima di riflessione portò a critiche aspre contro i militari israeliani anche da parte di storici come Omer Bartov, che, come ricorda lui stesso nel già menzionato articolo sul *Guardian*, scrisse una lettera a Rabin in cui paragonava l'esercito israeliano ai militari tedeschi nazisti durante la Seconda guerra mondiale.

Insieme a riflessioni e critiche aspre, il malcontento popolare portò, nel 1992, alla vittoria elettorale di Rabin, leader del Partito Laburista. Rabin, un comandante militare rispettato, aveva dedicato la sua vita alla sicurezza di Israele, fin dal 1948, quando da solo si era reso responsabile della deportazione di un decimo dei palestinesi espulsi durante quella guerra. Evidentemente lui stesso aveva cambiato idea sulla necessità di usare la ragione al posto della forza.

Si presentò come un leader in grado di portare un cambiamento: mentre prometteva di garantire la sicurezza dei cittadini israeliani, dichiarò anche il suo impegno a negoziare una pace sostenibile con noi palestinesi. In molti, da entrambe le parti, ritennero che, se qualcuno fosse mai stato in grado di riuscirci, quello sarebbe stato Rabin.

E così accadde. Rabin avviò trattative segrete con l'OLP di Yasser Arafat, culminate negli Accordi di Oslo del 1993. Fu una svolta storica. Nonostante non si parlasse esplicitamente di uno Stato palestinese, era chiaro per i palestinesi che si stava tracciando una *roadmap* in quella direzione: uno Stato indipendente per noi, con il ritiro di Israele da gran parte dei Territori Occupati e lo smantellamento della maggior parte degli insediamenti. Le concessioni palestinesi furono enormi, dal momento che accettarono di vedersi riconosciuto solo il 22% della Palestina storica, riconobbero lo Stato di Israele, e accettarono di cooperare per garantire la sicurezza di Israele.

A guidare parte delle trattative fu la leader palestinese Hanan Ashrawi, che commentò con ironia le concessioni palestinesi: «Israele è l'unico Stato che occupa illegalmente un popolo e che pretende che quello stesso popolo garantisca la sua sicurezza».

Nonostante tutto e nonostante molti, come per esempio Edward Said, avessero messo in guardia sulla potenziale cattiva fede di Israele nelle negoziazioni (in particolare sulla reale volontà di ritirarsi integralmente dai Territori Occupati), per un breve momento, si respirò un'aria di speranza.

Eppure, quella speranza accese una feroce reazione della destra ultranazionalista israeliana. Per loro, gli Accordi di Oslo rappresentavano una bestemmia politica e un tradimento vero o proprio. L'idea di restituire terre ai palestinesi era vista come un tradimento della missione divina di Israele.

La rabbia degli ultranazionalisti si tradusse in azioni sempre più violente. L'apice fu raggiunto il 25 febbraio 1994 durante la festa ebraica di Purim, quando Baruch Goldstein, un colono israeliano nato negli Stati Uniti, entrò nella moschea della Grotta dei Patriarchi a Hebron. Vestito con l'uniforme dell'esercito israeliano, aprì il fuoco con un fucile d'assalto Galil su circa ottocento musulmani palestinesi in preghiera. Massacrò 29 persone, tra cui bambini, e ne ferì 125. Goldstein fu ucciso sul posto, ma la sua morte non fermò l'estremismo.

La sua tomba, eretta in un insediamento illegale in Cisgiordania occupata, è divenuta un luogo di culto per gli ultranazionalisti, tra cui un giovane Itamar Ben-Gvir, che celebra il massacro ogni anno e tiene una foto di Goldstein nel suo ufficio di ministro. Sulla sua lapide venne scritto che era un santo e che era morto «con le mani pulite e il cuore puro». Invece dei coloni, a essere puniti per l'attentato fummo noi palestinesi. Hebron fu segregata e divenne da quel momento il cuore dell'apartheid, tagliata in più parti, con in mezzo gli insediamenti israeliani e continui restringimenti del passaggio per i palestinesi, circa duecentomila abitanti costretti a fermarsi ai checkpoint e a vedersi, a volte, impedito l'accesso alle loro stesse case, perché nei pressi degli insediamenti. Dopo Gaza, un'altra città della prigionia a cielo aperto.

È importante notare come Ben-Gvir, ora ministro, allora un attivista del movimento ultranazionalista, abbia mostrato sin da giovane la sua inclinazione per l'estremismo. Nell'ottobre del 1995, durante le crescenti proteste contro il processo di pace, si rese protagonista di un gesto inquietante: brandendo un pezzo di una Cadillac, affermò di averlo strappato dall'auto di Yitzhak Rabin e dichiarò: «Allo stesso modo in cui siamo arrivati alla sua macchina, possiamo arrivare a lui». La minaccia era esplicita e preludeva a ciò che sarebbe accaduto poco dopo.

Il 4 novembre 1995, durante una manifestazione per la pace, Yitzhak Rabin fu assassinato da Yigal Amir, un giovane fanatico estremista di destra, già noto ai servizi di sicurezza. Amir dichiarò di aver agito per ordine divino.

Le aperture di Rabin verso i palestinesi erano state, a conti fatti, molto limitate. Nel suo ultimo discorso prima dell'assassinio, disse: «Daremo ai palestinesi qualcosa che sia *meno di uno Stato*». Nei suoi orizzonti non c'era nessuna sovranità e nessun riconoscimento pieno dei nostri diritti. «Israele manterrà il pieno controllo dal fiume Giordano al mare» aveva aggiunto. Lui stesso non aveva mai manifestato la piena intenzione di dare corso alla formula «due popoli, due Stati». Ma, con la sua morte, anche la più fragile e parziale delle prospettive aperta dal processo di pace di Oslo andò in frantumi, stroncata e archiviata per sempre. L'assassinio segnò il punto di non ritorno: la destra radicale aveva vinto e dimostrato che la violenza poteva plasmare il destino di Israele. Le speranze di una riconciliazione e di una coesistenza si spensero, lasciando il posto a un futuro dominato dall'espansione degli insediamenti illegali, da una repressione feroce e da guerre infinite.

La morte delle speranze di pace

Da quel momento cambiò anche la narrazione pubblica della nostra resistenza, che da lotta per l'autodeterminazione e la libertà divenne lotta contro forme di estremismo. Peraltro, questa visione ha trovato terreno fertile anche nella politica della destra israeliana, sempre più orientata da un lato a marginalizzare e punire chi cercava un compromesso con i palestinesi (ma anche a eliminare o marginalizzare chi da parte palestinese si mostrasse disposto a una reale negoziazione) e, dall'altro, a rafforzare la colonizzazione dei Territori Occupati, sostenendo un progetto di frammentazione ed espulsione. Inizialmente confinata a frange estremiste, questa visione è divenuta parte integrante del discorso politico dominante, con l'estrema destra al potere che promuove una concezione di Israele come uno Stato etnicamente esclusivo, in cui solo la popolazione ebraica gode di pieni diritti. Un processo culminato con la legge fondamentale del 2018, che riconosce il diritto all'autodeterminazione solo al «popolo ebraico».

La morte di Rabin sancì la fine di qualsiasi trattativa diplomatica seria. Nonostante i palestinesi avessero accettato di costruire uno Stato solo sul 22% del loro territorio storico, Israele ha continuato a espandere la propria colonizzazione su quel territorio palestinese.

Divenne chiaro, per i palestinesi, che nessun governo israeliano era mai stato seriamente intenzionato a trattative di pace; anche la sinistra guidata da Rabin e Perez non aveva mai avuto intenzione di riconoscere ai palestinesi una reale parità, sovranità o diritti, ma aveva sempre usato le trattative di pace, nella migliore delle ipotesi, per limitare al massimo le concessioni, nella peggiore semplicemente per guadagnare tempo e rimandare la questione per trenta o quarant'anni, e continuare indisturbati la colonizzazione dei territori palestinesi.

La presenza dell'esercito israeliano nei Territori Occupati non ha come obiettivo la sicurezza di Israele, tanto meno quella delle popolazioni occupate, come prescrive il diritto internazionale: lo scopo è esclusivamente quello di proteggere l'espansione delle colonie illegali israeliane. Questo è sempre stato il vero obiettivo di tutti i governi israeliani.

Nessuno Stato trasferisce centinaia di migliaia di cittadini del proprio popolo in un territorio nemico.

Proprio perché la colonizzazione è una disposizione assurda da ogni punto di vista, la brutale occupazione israeliana, per essere mantenuta, richiede una violenza sistematica e costante sul popolo palestinese; e, per poter continuare, la violenza e il dominio richiedono a loro volta la demonizzazione e la disumanizzazione di tutti i palestinesi.

Questo processo di radicalizzazione da parte israeliana ha prodotto le condizioni per lo scoppio della seconda Intifada, caratterizzata da un'escalation di violenza da entrambe le parti. Nel 2001 gli israeliani elessero come primo ministro Ariel Sharon, ex generale noto per la sua brutalità e il suo sostegno incondizionato al progetto degli insediamenti. Sharon, soprannominato «il bulldozer» per la sua determinazione nel demolire case palestinesi e confiscare terre in Cisgiordania per costruire insediamenti illegali, era un veterano di tutte le guerre israeliane, a partire dalla spedizione di Suez del 1956, con una reputazione oscura tra noi palestinesi, che lo ricordavamo come il «macellaio di Beirut» per il suo ruolo nel massacro dei palestinesi nei campi profughi di Sabra e Shatila.

Sharon arrivò al potere in un clima di tensione e paura, e di attentati suicidi. Era convinto che Israele avesse già concesso troppo nei negoziati di pace precedenti. Apparentemente irremovibile nel suo accanito sostegno agli insediamenti e alla supremazia ebraica, e soprattutto famoso per i suoi atti provocatori, decise di «passeggiare» lungo la Spianata della moschea di Al Aqsa, facendosi ovviamente accompagnare da centinaia di soldati israeliani, dando così inizio alla rivolta.

Tuttavia, da primo ministro Sharon si trovò di fronte a una pressione internazionale crescente, in particolare dagli Stati Uniti, che spingevano allora con forza per la soluzione a due Stati. Fu in questo contesto che Sharon, sorprendentemente, iniziò un'inversione di marcia politica. Si rese conto che l'unico modo per sostenere il progetto di Israele e mantenere la legittimità internazionale era accettare una soluzione politica con i palestinesi, una soluzione che non poteva essere attuata senza smantellare alcuni degli insediamenti illegali.

In sostanza, Sharon giunse a una conclusione simile a quella di Yitzhak Rabin anni prima, anche se i due partivano da posizioni politiche completamente diverse. Entrambi compresero che l'unico modo per garantire la sicurezza di Israele era la creazione di uno Stato palestinese. Questo significava restituire in cambio della pace alcune delle terre occupate illegalmente.

Nel 2005, Sharon annunciò il ritiro unilaterale da Gaza, che includeva lo smantellamento di alcuni insediamenti nel territorio.

Mentre molti nel mondo lo interpretarono come un passo verso la pace, gli ultranazionalisti israeliani reagirono con rabbia feroce, considerando Sharon un traditore. Il ritiro da Gaza esacerbò infatti le divisioni interne. Per i coloni e gli ultranazionalisti, la decisione del primo ministro rappresentava un tradimento della missione divina di occupare tutta la Palestina storica.

Sharon non ebbe il tempo di completare il processo politico che aveva avviato perché nel gennaio 2006 fu colpito da un ictus e cadde in coma, lasciando un vuoto nella leadership israeliana.

Un'assenza che fu rapidamente colmata dagli ultranazionalisti, che intensificarono la loro aggressiva infiltrazione nelle istituzioni israeliane. Quella che sembrava una svolta politica fu trasformata in una nuova fase di colonizzazione e repressione, con le posizioni estremiste che si radicarono ulteriormente nei vertici del potere.

Quella di Sharon fu una mossa audace, ma soprattutto ipocrita, giacché il ritiro delle forze armate e l'uscita dei coloni non posero fine all'occupazione di Gaza. Hamas, dopo aver rinunciato all'azione armata e agli attacchi suicidi, nel 2006 vinse delle elezioni che tutti gli osservatori internazionali giudicarono valide e trasparenti. La sua offerta di entrare a far parte dell'Autorità Nazionale Palestinese venne però respinta. Hamas venne inserita nella lista delle organizzazioni terroristiche, e, anche in risposta a una serie di tentativi di destabilizzazione violenta, prese il potere con le armi. A quel punto Israele intervenne per isolare definitivamente Gaza dal resto del mondo, e Gaza si trasformò, come ci ricorda Ilan Pappé in un suo libro, nella più grande prigione a cielo aperto del mondo.

I discepoli di Kahane al potere

Itamar Ben-Gvir, che celebrava il massacro di Hebron, e Bezalel Smotrich, noto per le sue posizioni estremiste, trasformarono il fanatismo in politica. Ben-Gvir fondò il partito Otzma Yehudit (Potere Ebraico), mentre Smotrich si affermò nel Partito Sionista Religioso. Oggi, entrambi siedono nel governo di Netanyahu. Ben-Gvir è ministro della Sicurezza Nazionale, mentre Smotrich è ministro delle Finanze. Quello che un tempo era considerato estremismo è diventato il mainstream.

La loro ascesa è il risultato di decenni di impunità, violenza e colonizzazione, un percorso che ha sacrificato la pace sull'altare dell'ideologia suprematista. La convinzione ancora oggi incrollabile secondo la quale è impossibile coesistere pacificamente con i palestinesi arriva da qui, dall'influenza di Meir Kahane su soggetti che oggi siedono al governo.

È per questa ragione che insisto nel ritenere che l'ideologia estremista di Kahane sia un tassello fondamentale per comprendere la radicalizzazione della società israeliana negli ultimi decenni e conseguentemente per capire come si è giunti all'orrore di oggi. Se all'inizio era una voce marginale, anche se con precedenti e radici antiche nel movimento sionista, fin dai tempi di Ze'ev Jabotinsky, le sue posizioni sull'espulsione dei palestinesi per costruire una «Grande Israele» sono gradualmente penetrate nelle strutture politiche, anche grazie al sostegno del premier Benjamin Netanyahu, non a caso figlio di un seguace fanatico di Jabotinsky, e della sua retorica ambigua, detta della «doppia bocca», alternando dichiarazioni concilianti per l'Occidente a rassicurazioni verso i coloni e gli integralisti, per convincerli che nessun territorio controllato da Israele sarebbe stato ceduto.

Non si deve dimenticare che l'ascesa dei kahanisti al governo ha portato all'approvazione di leggi come la già ricordata «Basic Law: Israel as the Nation-State of the Jewish People», una legge del 2018 che garantisce diritti esclusivi agli ebrei israeliani, relegando i palestinesi israeliani a cittadini di terza classe, cioè a non-cittadini. L'effetto non completamente simbolico di questa legge si è amplificato durante le Marce delle bandiere, manifestazioni annuali di estremisti nei quartieri palestinesi di Gerusalemme Est, segnate da episodi di violenza e slogan razzisti come «Mavet l'aravim», ovvero «morte agli arabi», o «Stiamo preparando e siamo pronti per una seconda Nakba»: manifestazioni alle quali da decenni partecipano sistematicamente anche esponenti politici di estrema destra oggi divenuti membri del governo di Israele.

Mia sorella Rania e io ci trovavamo a Gerusalemme durante una di queste Marce delle bandiere, e potemmo constatare di persona che in piazza non c'erano soltanto fanatici ultranazionalisti ma anche persone comuni che invadevano i nostri quartieri, urlando minacce di morte e di sterminio.

Quelle minacce per noi non erano solo parole, erano il segno inequivocabile di un piano politico ben preciso. La violenza veniva normalizzata, le centinaia di manifestanti israeliani erano protetti dall'esercito, che poneva in stato d'assedio il nostro quartiere di Gerusalemme Est, obbligando le persone a rimanere nelle loro case e a chiudere i loro negozi e uffici, per lasciare celebrare «in santa pace» a dei potenziali assassini l'odio mortale per i palestinesi e la supremazia ebraica.

L'aspetto più inquietante fu che nessun quotidiano internazionale riportò la notizia, ignorata completamente. Sono sicura che se la stessa cosa fosse accaduta in Iran, con centinaia di fanatici che gridavano minacce di morte e di sterminio contro occidentali o israeliani, sarebbe diventata la prima notizia su tutte le pagine dei giornali.

La metamorfosi della società israeliana era visibile anche ai palestinesi come me che ormai vivevano da trent'anni all'estero. Nel 2021 sono tornata a Haifa per dare l'estremo saluto a mia sorella Rawia, morta per un tumore al cervello. Alla mia ripartenza dall'aeroporto di Tel Aviv, un'agente dei servizi segreti israeliani mi condusse in una stanzetta appartata e mi chiese di spogliarmi completamente. Ero abituata a questa pratica umiliante che subivo da anni, e alla domanda del motivo della mia visita, le dissi che ero lì per il funerale di mia sorella. Le chiesi anche se a tutti i cittadini israeliani chiedessero perché tornano al loro Paese. Per tutta risposta mi ordinò di allargare le gambe, mise un guanto, mi sottopose a un esame genitale, una delle pratiche più umilianti e degradanti che i palestinesi israeliani subiscono all'aeroporto, anche dopo aver passato il metal-detector e le macchine a raggi X.

La mano di quella giovane agente dei servizi israeliani dentro di me e lo sguardo di odio sul suo viso mi convinsero che siamo giunti ormai al punto in cui moltissimi israeliani, anche fra i più giovani e le più giovani, non ci vedono più come esseri umani.

Una fanatismo diffuso e pervasivo

Il racconto degli eventi che hanno segnato la nostra storia – dalla Guerra dei sei giorni all'ascesa dell'ultranazionalismo israeliano, dalla repressione delle nostre comunità all'espansione incessante degli insediamenti – non è solo una cronaca del passato, è soprattutto il preludio inquietante a ciò che viviamo oggi. È un racconto che ci aiuta a comprendere come il fanatismo e l'ideologia estremista abbiano gradualmente pervaso le strutture politiche israeliane, conducendo a una radicalizzazione. La visione del rabbino Kahane ha vinto e la sua ideologia è sistematicamente praticata nei territori palestinesi, portata avanti dai discepoli diretti di un rabbino fanatico espulso dal parlamento israeliano per razzismo.

Era da tempo evidente quanto questa ascesa fosse diventata profondamente pericolosa. Non solo perché le loro idee si stavano radicando sempre più col passare del tempo, ma anche perché le loro azioni rimanevano impunite, o meglio, erano completamente tollerate dallo Stato di Israele, nonostante tra i loro obiettivi vi fosse l'eliminazione di un intero popolo. Già allora era chiaro che avevano solo bisogno di tempo. E, col tempo, avrebbero potuto realizzare la loro missione.

Oggi l'obiettivo di Israele è di cancellare la Palestina – una Palestina senza i palestinesi – con la complicità e il sostegno esplicito del presidente degli Stati Uniti Trump, che ha legittimato il progetto di pulizia etnica dell'estrema destra israeliana, che il premier Netanyahu ha portato al potere, consolidando l'occupazione illegale, legalizzando la discriminazione razziale ed etnica, con leggi come la «Nation State Bill» del 2018, che sancisce che solo gli israeliani di origine ebraica abbiano diritto all'autodeterminazione e all'indipendenza «dal fiume al mare», esibendo in pubblico mappe di Israele con la totale annessione di tutti i territori palestinesi, promettendo che non ci sarà mai uno Stato palestinese. Netanyahu, nel corso di un'intervista, lo disse in modo inequivocabile a una giornalista palestinese israeliana, che gli chiese se dopo quella legge i cittadini palestinesi di Israele sarebbero stati trattati come tutti gli altri: «Israele è lo Stato-nazione dei soli ebrei».

Studiare i genocidi per prevenirli

Ho deciso di alternare il mio lavoro di giornalista con quello di analista di politica internazionale, insegnando giornalismo e comunicazione all'Università di Miami, dove dal 2018 tengo un corso dal titolo *Propaganda e genocidi*. Un corso multidisciplinare che parte dalla storia di Raphael Lemkin, un avvocato ebreo polacco noto per aver coniato il termine *genocidio* e aver dedicato la vita a sensibilizzare l'opinione pubblica internazionale sul genocidio armeno e l'Olocausto. Lemkin aveva perso quarantanove membri della famiglia nell'Olocausto e si dedicò a far sì che il genocidio fosse riconosciuto come crimine internazionale. I suoi sforzi straordinari diedero i loro frutti il 9 dicembre 1948, quando le Nazioni Unite adottarono la Convenzione sulla prevenzione e la punizione del crimine di genocidio. Questo importante risultato rappresentò per Lemkin il culmine del lavoro di tutta una vita, e grazie a lui fu stabilito che il genocidio è un crimine di diritto internazionale.

La Convenzione sul genocidio e la giurisprudenza internazionale costituiscono la base del mio corso universitario. Analizziamo esempi storici, procedimenti giudiziari di successo e sentenze nell'ex Jugoslavia, riguardo al genocidio contro i musulmani in Bosnia-Erzegovina e al genocidio in Ruanda. L'obiettivo è duplice: fornire agli studenti gli strumenti per comprendere i meccanismi che hanno reso possibili i genocidi del passato e, soprattutto, aiutarli a riconoscere i segnali precoci che potrebbero preludere a nuove tragedie. Perché i genocidi non sono mai eventi improvvisi. Essi maturano nel tempo, nei dettagli che spesso passano inosservati, nella retorica violenta e incendiaria che prepara il terreno. Sta a noi imparare a decifrare quei segnali prima che sia troppo tardi.

Segnali premonitori

All'inizio del 2023, un articolo di Michael Barnett, uno dei massimi esperti sul genocidio in Ruanda, scosse profondamente le mie convinzioni. Barnett, con il rigore che lo contraddistingue, metteva in evidenza segnali inequivocabili, dettagli che non lasciavano spazio a dubbi. Israele sembrava avviarsi verso un evento di violenza di massa, c'erano tutti i segnali e gli indicatori di un potenziale genocidio, tutte le spie lampeggiavano rosso. La riflessione che ne seguì fu amara, ma inevitabile. Ogni genocidio, nella sua tragica unicità, ha qualcosa in comune con gli altri: non è mai frutto del caos o del caso. Ogni genocidio richiede una pianificazione accurata ma, ancora di più, una premeditazione sistematica. È una macchina che si mette in moto con precisione, spesso invisibile ai più, fino a quando non è troppo tardi per fermarla. Le parole di Barnett non descrivevano solo un rischio, ma una realtà in gestazione che non poteva più essere ignorata. La Convenzione sul genocidio definisce questo crimine orrendo con precisione: è l'intento di distruggere, in tutto o in parte, un gruppo nazionale, etnico o religioso, in quanto tale.

Una definizione che non lascia spazio a interpretazioni, ma che si traduce, in modi spesso diversi, in realtà tragiche e devastanti. Negli ultimi trent'anni, lo studio dei genocidi ha vissuto un'attenzione crescente, alimentato dall'analisi di eventi contemporanei come quelli in Somalia, in Darfur, in Bosnia. Né si possono dimenticare i genocidi del passato: quello armeno, la Shoah, tragedie che ancora interrogano la coscienza dell'umanità. Eppure, nonostante la loro portata distruttiva, i genocidi si manifestano come il risultato di processi lunghi e articolati, in cui si intrecciano precondizioni favorevoli, percorsi contingenti e fattori scatenanti. Studiare questi segnali non è solo un esercizio accademico, bensì significa dotarsi degli strumenti per comprendere e, potenzialmente, prevenire l'esplosione e il ripetersi di simili atrocità. Negli ultimi anni, le ricerche si sono concentrate sull'individuazione di precondizioni precise, che costituiscono un ragionevole punto di partenza per identificare i rischi.

Tra queste, un contributo fondamentale è rappresentato dal Rapporto delle Nazioni Unite sui crimini di guerra e sulle atrocità. Questo documento offre un quadro dettagliato delle condizioni che preludono al genocidio, delineando una mappa di segnali d'allarme che non possiamo permetterci di ignorare. Il documento identifica otto fattori di rischio comuni, applicabili in qualsiasi contesto, e sei fattori di rischio specifici. Tali classificazioni offrono una base preziosa per analizzare le dinamiche che conducono alla violenza di massa, evidenziando come queste non siano mai frutto del caso, ma il risultato di processi prevedibili e sistematici. Gli otto fattori comuni identificati dalle Nazioni Unite comprendono: situazioni di conflitto armato o altre forme di instabilità, precedenti gravi violazioni del diritto internazionale umanitario e dei diritti umani, debolezza delle strutture statali, motivazioni e incentivi per commettere atrocità, capacità di eseguirle, precedenti crimini che indicano un modello per futuri atti simili, l'assenza di fattori attenuanti e la presenza di circostanze favorevoli o azioni preparatorie. Infine, vi sono i fattori scatenanti, come gli attacchi del 7 ottobre, che rappresentano momenti cruciali per l'escalation della violenza. Nel caso di Israele, tutti questi criteri erano pienamente soddisfatti. Israele aveva violato ripetutamente il diritto internazionale umanitario e almeno quaranta risoluzioni ONU. La capacità di commettere atrocità era consolidata, così come la presenza di precedenti atti di violenza, incitamento alla violenza e la normalizzazione dell'incitamento alla violenza, consolidati dalla discriminazione nei confronti della popolazione civile, in questo caso i palestinesi, che fornivano una pericolosa *impronta* per possibili futuri crimini. Ciò che ha reso la situazione ancora più allarmante è stato il fatto che, nei territori palestinesi occupati, non vivevano solo cittadini comuni, ma anche figure di spicco dello Stato israeliano, come ministri e persino giudici della Corte suprema, leader militari e leader religiosi israeliani. La loro stessa presenza in queste zone, in aperta violazione delle leggi internazionali, sottolineava il disprezzo sistematico per i principi che avrebbero dovuto regolare i rapporti tra le nazioni e garantire la tutela delle popolazioni sotto occupazione. La lettura del rapporto ONU, oltre che delle analisi allarmanti del professor Barnett, mi ha confermato che i miei timori erano radicati nei fatti: Israele era uno Stato pronto a commettere genocidio. Mi apparve evidente che era solo una questione di tempo prima che Israele desse corso a una simile determinazione. Non sarebbe stato guidato esclusivamente dall'odio razziale, il genocidio coloniale israeliano è al servizio dell'apartheid, e propugna l'idea di uno Stato esclusivamente per gli ebrei che sostituiscono la popolazione autoctona palestinese su tutto il territorio controllato, occupato e dominato da Israele.

L'analisi di Barnett e il rapporto ONU hanno spronato me e altri colleghi israeliani e americani a lanciare l'allarme prima che fosse troppo tardi. Ho unito le forze con Daniel Seidemann, direttore dell'istituto per la pace a Gerusalemme, l'ex ambasciatore americano per Israele Daniel C. Kurtzer, l'ambasciatore della lega araba Hesham Youssef, e un gruppo di giuristi ed esperti internazionali. Abbiamo intrapreso una serie di incontri con alti funzionari statunitensi ed europei, includendo visite al dipartimento di Stato degli Stati Uniti e incontri con rappresentanti del Congresso americano. Tuttavia, il momento più significativo è stato a maggio del 2023, quando mi sono recata a Bruxelles al Parlamento Europeo, insieme a una delegazione di diplomatici statunitensi e israeliani, per lanciare un accorato allarme sul rischio imminente di una deriva genocidaria nei territori palestinesi. Ho avvertito diversi politici europei e altre figure chiave che si occupano di Medio Oriente, alle quali ho sottolineato con forza la probabilità estremamente alta che si verificasse un genocidio imminente, accompagnato da una fase di intensificazione della pulizia etnica e di espansione territoriale. Spinti dall'urgenza della situazione, abbiamo invocato un intervento immediato da parte delle istituzioni europee, sottolineando l'importanza di agire prima che si oltrepassasse il punto di non ritorno. Durante le nostre discussioni, abbiamo incontrato interlocutori chiave come Pina Picierno, vicepresidente del Parlamento Europeo, membri influenti della Commissione per i Diritti Umani, e la squadra di Josep Borrell, alto rappresentante dell'Unione Europea per gli Affari Esteri e la Politica di Sicurezza. Il nostro obiettivo era molto chiaro: sostenere l'urgente necessità di contrastare quella che appariva già allora come una campagna militare potenzialmente genocida nei Territori Occupati, ricordando al contempo che l'Europa aveva un ruolo importante e avrebbe potuto, se solo si fosse attivata adeguatamente, prevenire un'escalation irreversibile.

Ma il mio sconforto fu totale quando mi resi conto che la disponibilità a raccogliere il nostro allarme era scarsa o nulla. Pina Picierno mi aveva chiamata qualche giorno prima del mio arrivo a Bruxelles per chiedermi se volevo parlare all'Europarlamento dei crimini di guerra commessi dalla Russia in Ucraina. Accettai subito e senza riserve. Era chiaro che Putin stava usando la fame come arma di guerra e stava bombardando ospedali e infrastrutture civili, commettendo crimini di guerra; il mio impegno per la difesa del diritto umanitario internazionale, dell'ordine internazionale basato sulle regole e dei diritti umani è universale, non selettivo in base all'identità della vittima o del carnefice.

Quando però, in una seduta privata, presentammo alla deputata i nostri allarmi rispetto all'escalation in corso nei territori palestinesi e ai rischi che si delineavano, il suo entusiasmo, così palpabile quando si parlava di Russia, si affievolì visibilmente. Accolse il nostro racconto con indifferenza e freddezza, e non trovò niente di meglio da dire che suggerirmi di reindirizzare le mie rimostranze all'ambasciatore israeliano a Bruxelles!

Durante quegli incontri all'Europarlamento, non usavamo termini come «genocidio» ed «eccidio» a cuor leggero. Tentavamo di far comprendere a ogni interlocutore che le nostre osservazioni e preoccupazioni si basavano su una trasformazione dell'approccio israeliano in corso ormai da decenni, non solo in termini di politica, ma anche di linguaggio utilizzato nei confronti dei palestinesi. Non si trattava solo di ascoltare la nostra voce e le nostre singole considerazioni. Esperti, politici e professori da decenni raccontavano – invano – l'orrore di quanto accadeva nella Striscia di Gaza. Orrori documentati. Si trattava di storia, non di punti di vista. Come sostenuto da Tamara Kharroub, vicedirettrice esecutiva dell'Arab Center di Washington DC: «La decontestualizzazione della situazione attuale e l'ignoranza della realtà della sofferenza palestinese costituiscono la disumanizzazione e il razzismo anti-palestinese, e devono essere denunciati per quello che sono [...] la realtà è che una è una potenza occupante che comanda uno degli eserciti più potenti del mondo ed esercita il pieno controllo su terra, confini e risorse, mentre l'altra è una popolazione assediata e occupata senza diritti alla statualità, alla libertà, all'autodeterminazione o anche alle risorse per soddisfare i bisogni primari».

Abbiamo usato la nostra esperienza professionale e la nostra testimonianza collettiva nella speranza di riuscire a scuotere le coscienze e a spingere l'Europa a scelte coraggiose, rispettose del diritto umanitario internazionale, e per provare a intervenire prima che fosse troppo tardi. Era evidente per noi che Israele stava entrando in una nuova fase politica, una fase in cui fattori scatenanti sarebbero stati sfruttati o deliberatamente provocati per accelerare il progetto di espulsione totale dei palestinesi dalle loro terre.

Quello che osservavo dall'anno 1996 in Israele era il linguaggio, una retorica politica incendiaria precisa e deliberata usata dai leader politici, militari e persino da figure della società civile. Questo linguaggio evolveva progressivamente verso una deriva genocidaria, in cui i palestinesi venivano rappresentati da molti israeliani come una minaccia esistenziale, una sottospecie. Tutti i palestinesi, inclusi i bambini, erano compresi in questa narrazione.

Una serie di avvenimenti nel corso del 2023 confermavano pienamente i timori che con la mia delegazione avevamo espresso. Era stato l'anno più brutale e più sanguinoso per il popolo palestinese. Il primo villaggio a subire la furia della violenza era stato quello di Huwara. Un attacco spietato, avvenuto il 26 febbraio, e che il ministro delle Finanze israeliano, Bezalel Smotrich, aveva celebrato pubblicamente. Le sue parole, gelide e inequivocabili, erano risuonate come un sigillo: «Il villaggio di Huwara deve essere spazzato via, deve essere distrutto completamente. Ma deve farlo lo Stato, lo Stato di Israele, non i privati cittadini». Con «privati cittadini», Smotrich intendeva i coloni israeliani estremisti, gli artefici materiali di quel *pogrom*. I coloni israeliani illegali che attaccano regolarmente civili palestinesi nelle loro case, nei loro villaggi, dando fuoco agli oliveti secolari, sono terroristi sostenuti e armati dal governo israeliano, che li considera letteralmente il braccio paramilitare del governo. Spesso agiscono con indosso le divise militari, e i loro crimini sono appoggiati sia dal premier israeliano che da suoi ministri Smotrich e Ben-Gvir.

Persino il capo dei servizi segreti interni israeliani, Ronen Bar, non ha esitato recentemente a definirli terroristi, condannando le loro azioni come veri e propri atti di terrorismo israeliano contro i palestinesi. Ha denunciato anche apertamente un sistema di impunità diffusa, e la complicità politica del governo di Netanyahu.

Anche la stampa israeliana è intervenuta con parole dure. Il quotidiano *Haaretz*, in un'analisi lucida e tagliente, ha descritto gli eventi di Huwara come un «pogrom da manuale». Il giornale ha sottolineato come l'attacco, consumatosi sotto gli occhi delle forze di sicurezza israeliane, rappresentasse un atto di violenza razzista senza precedenti nella sua brutalità e nel suo simbolismo. Questa definizione, così carica di significato storico, accresceva il senso di inquietudine per una situazione che sembrava avviarsi verso un punto di non ritorno. Il capo dei servizi segreti israeliani aveva espresso una condanna netta contro gli atti di terrorismo perpetrati dai coloni estremisti, definendoli senza mezzi termini atti inaccettabili. Bezalel

Smotrich, però, la vedeva in maniera del tutto diversa. Per lui, ciò che era accaduto a Huwara non era da respingere, ma da incanalare, accelerando la colonizzazione e imponendo una dittatura militare brutale contro i palestinesi.

La presenza nel governo israeliano di figure così vicine all'estremismo ideologico non è un fatto politico contingente e facilmente reversibile, ma il segno di un cambiamento epocale, l'istituzionalizzazione di un'ideologia che invoca la pulizia etnica e il genocidio come strumenti legittimi. Fino a pochi anni fa posizioni come quelle di Smotrich sarebbero state confinate ai margini della società civile, per la risonanza profonda che hanno con le peggiori dottrine del passato.

Nel dicembre 2015, un matrimonio in un insediamento della Cisgiordania è diventato tristemente famoso quando un video ha mostrato ebrei estremisti, fra cui Ben-Gvir, che celebravano l'uccisione di Ali Dawabsheh, un bambino palestinese di diciotto mesi bruciato vivo con la sua famiglia, mentre dormivano a casa loro nel villaggio di Duma. Gli ospiti del matrimonio ballavano, agitando armi, cantando canzioni di vendetta e prendendo a coltellate una foto del piccolo Ali.

Nel 2017, Smotrich presentò un piano politico che, per la sua chiarezza e audacia, rappresentava una dichiarazione inequivocabile: l'intento era di attuare una pulizia etnica dei palestinesi. Questo progetto prevedeva punizioni sproporzionate, ufficialmente giustificate come risposta alla violenza palestinese contro le colonie, ma il cuore del piano era esplicito. Si parlava di «trasferimento», un termine caro al sionismo fin dalle sue origini, volto a mascherare la cruda realtà della pulizia etnica. Questa proposta non era relegata ai margini del dibattito politico. Al contrario, circa il 50% della popolazione israeliana di origine ebraica si dichiarava favorevole all'espulsione dei palestinesi dalle loro terre. Il piano, infatti, non si limitava alla rimozione della popolazione autoctona, ma prevedeva una vera e propria sostituzione etnica: terre palestinesi, confiscate e annesse illegalmente, sarebbero state occupate da cittadini ebrei israeliani. Una sistematica ridefinizione demografica, ma con i crismi della legalità, per spezzare definitivamente il legame millenario tra i palestinesi e le loro terre. Ma Smotrich non si fermava a questo. Le idee contenute nel suo documento spingevano il progetto ancora oltre. Non si trattava solo di punire i palestinesi per presunti atti di terrorismo, ma di estendere la punizione anche ai loro familiari. Le case sarebbero state distrutte, i parenti espulsi, e chiunque avesse offerto assistenza, anche indiretta, sarebbe stato sfrattato. Una visione brutale, sistematica, che mirava non solo a reprimere, ma a cancellare ogni traccia della presenza palestinese. Un progetto che rivelava la volontà di trasformare l'oppressione in una pratica istituzionalizzata, al servizio di una colonizzazione senza limiti. Questa disumanizzazione collettiva del popolo palestinese aveva un obiettivo chiaro: giustificare la brutalizzazione sistematica, l'oppressione, la dittatura militare e l'uso di una violenza che altrimenti sarebbe stata inconcepibile. Il ministro della Sicurezza Nazionale, Itamar Ben-Gvir, si spinse ancora più in là, proponendo la pena di morte per i palestinesi condannati per terrorismo. Tuttavia, questa proposta non includeva i terroristi israeliani di origine ebraica, rendendo evidente la discriminazione radicata e la natura selettiva di tali politiche.

Era chiaro, già da marzo 2023, che Israele stesse attraversando una nuova fase, un momento di svolta che per molti palestinesi, tuttavia, non rappresentava una novità. Il controllo esercitato da Israele sui Territori Occupati aveva generato una lunga lista di crimini contro l'umanità e crimini di guerra da persino prima del 1948. Tuttavia, l'atmosfera sembrava segnare un salto di qualità. I segnali premonitori che emergevano non lasciavano spazio a dubbi: la situazione si stava avvicinando a qualcosa di ancora più grave. Era come assistere ai primi passi verso l'inimmaginabile: la soglia di un possibile genocidio.

3

Punire chi protegge le vite

«Nessuna causa, nessun Dio, nessuna idea astratta può giustificare il massacro di massa degli innocenti.»

EDWARD SAID

«Chi resterà fino alla fine racconterà la nostra storia. Abbiamo fatto tutto il possibile, ricordatevi di noi.» Sono le ultime parole del medico palestinese Mahmoud Abu Nujaila, ucciso da un attacco israeliano a Gaza a dicembre del 2023. L'ambasciatore palestinese alle Nazioni Unite le ha lette al mondo, fra le lacrime, nel vano tentativo di scuotere la comunità internazionale della propria afasia e indifferenza.

La distruzione totale del sistema sanitario a Gaza è la prova più schiacciante dell'intento di Israele di commettere un genocidio contro i palestinesi. Nell'arco di sedici mesi Israele ha trasformato gli ospedali in un campo di battaglia, assediandoli e bombardandoli indiscriminatamente; li ha trasformati in fosse comuni per migliaia di pazienti bruciati vivi, medici uccisi e operatori sanitari sfollati; non ha risparmiato neanche i neonati, lasciati a morire dentro le incubatrici; e li ha trasformati, dopo averli svuotati e distrutti, in basi militari per il suo esercito. Da luoghi di cura a luoghi di guerra. Da luoghi in cui si salvano le persone, in cui si proteggono le vite umane, a postazioni privilegiate per schiacciare quelle stesse vite.

Attaccando intenzionalmente il sistema sanitario di

Gaza, Israele ha inequivocabilmente violato tutte le leggi di guerra e il diritto umanitario internazionale, che definisce chiaramente lo statuto degli ospedali e delle strutture sanitarie come luoghi protetti dalle belligeranze. Ha commesso un crimine contro l'umanità, che ha lo scopo di eliminare ogni possibilità di sopravvivenza non solo dei feriti ma dei malati, delle donne incinte, dei più bisognosi e vulnerabili. Non ha dubbi il medico Ghassan Abu Sittah, che nei lunghi mesi di bombardamenti ha lavorato negli ospedali Al-Shifa e Al-Alhi di Gaza: «Questo è letteralmente e matematicamente un progetto di genocidio. La distruzione sistematica degli ospedali e del sistema sanitario sono parte integrale della strategia militare per rendere Gaza inabitabile».

Il sistema sanitario nel mirino

Il 24 settembre 2023 Benjamin Netanyahu ha esposto all'ONU una mappa, intitolata *Il nuovo Medio Oriente*, in cui la Palestina era stata completamente cancellata e sostituita da Israele. Ai palestinesi, nelle intenzioni israeliane, non rimangono che due alternative: pulizia etnica o sterminio.

I messaggi in tal senso, o forse dovremmo dire gli avvertimenti, sono stati numerosi. In tutti i Territori Occupati campeggiano enormi poster con su scritto NON C'È FUTURO IN PALESTINA, con immagini di pulizia etnica e trasferimenti forzati. Sul muro dell'unico ospedale oncologico di Gaza, trasformato in una base militare, c'era scritto in ebraico MORTE AGLI ARABI. Lo sfondo di centinaia di allegri selfie, che i soldati israeliani hanno scattato e condiviso sui loro account social.

Nel 2007, un anno dopo la vittoria di Hamas alle elezioni politiche, Gaza è diventata un territorio sigillato. Le frontiere sono state chiuse e il territorio è stato cinto d'assedio, per sedici anni consecutivi. Sedici anni durante i quali su Gaza si sono abbattute sei guerre. Ognuna di queste generava condizioni catastrofiche e creava il terreno fertile per quelle successive. In questo susseguirsi di attacchi, gli ospedali sono sempre stati oggetto di particolari attenzioni. È almeno dal 2012 che Israele accusa Hamas di utilizzare come centro di comando e controllo l'ospedale Al-Shifa, il più grande e importante di Gaza City. Ma le affermazioni israeliane sono sempre state prese con grande scetticismo, innanzitutto perché mai realmente suffragate da prove o evidenze. Anche le indagini giornalistiche indipendenti di *Washington Post*, BBC, Associated Press, *The New York Times*, hanno sempre concluso che, se c'erano tunnel sotto Al-Shifa, era perché era stato Israele a costruirli, negli anni Ottanta. Né era provato che l'esistenza di quei tunnel portasse a qualche centro attivo di Hamas.

Anche organizzazioni umanitarie e per la difesa dei diritti umani, come Amnesty International e Medici senza frontiere, insieme ad altre, hanno condotto indagini in merito, dichiarando di non aver individuato alcun tipo di prove credibili che sotto l'ospedale Al-Shifa, né sotto altri ospedali di Gaza, esistessero centri di comando di Hamas.

Ma la propaganda, come ben sappiamo, non si basa sulle evidenze né sui fatti, e anche quando lo fa, li stravolge ai propri fini. Non fa altro che creare immagini mentali ripetendole di continuo. Israele ha continuato a insistere sull'immagine dei «covi nascosti di Hamas» e, pur non avendo mai dimostrato che questa affermazione rispondesse a verità, ha fatto delle strutture mediche un suo obiettivo legittimo. Mentre ciò avveniva, non una considerazione di basilare umanità si è levata dal mondo politico israeliano. Non un pensiero legato al fatto che all'interno di un ospedale ci sono sempre vittime innocenti, impossibilitate a scappare dai bombardamenti e a trovare rifugio in caso di attacchi. Al contrario, la polverizzazione delle infrastrutture civili è diventata un motivo di vanto per i ministri e i soldati israeliani, che hanno condiviso video e foto della distruzione delle apparecchiature mediche, hanno bombardato e staccato le forniture di ossigeno e hanno dato fuoco agli ospedali. Lo testimoniano le parole della ministra delle Pari Opportunità, May Golan, che a febbraio 2024 ha tenuto un discorso davanti al parlamento israeliano dichiarando: «Sono personalmente orgogliosa dell'Olocausto di Gaza e del fatto che fra ottant'anni racconteremo ai nostri nipoti cosa hanno fatto gli ebrei».

Parole sconvolgenti. Eppure, quelle più difficili da mandar giù sono altre. Il 5 novembre del 2023, circa novanta medici israeliani hanno firmato una lettera che esortava l'esercito a bombardare ogni ospedale di Gaza. Nel testo, pubblicato in ebraico da *Quds News Network*, si legge: «Nessun luogo è sicuro per chi confonde gli ospedali con il terrorismo». E ancora: «I residenti di Gaza che hanno accettato di trasformare l'ospedale in un covo di terroristi e di beneficiare della morale occidentale, sono coloro che hanno causato il loro stesso annientamento, la liquidazione del terrorismo». È di altri medici, ed è di pazienti, che questi medici stanno parlando. Ma il giuramento di Ippocrate è lontano, dimenticato. Calpestato nel nome del nazionalismo razzista israeliano.

Curare, a Gaza, è fare l'impossibile

Le bombe cadono nella notte, bruciando vivi donne e bambini nelle loro tende; nelle scuole, dove la popolazione civile si era recata per trovare rifugio dalla pioggia di missili, lanciati sulle zone dichiarate sicure, e dal fosforo bianco, che semina il terrore sciogliendo carne e ossa umane.

Chi racconterà questi scenari apocalittici? Solo i giornalisti palestinesi possono farlo. Per oltre sedici mesi Israele ha bandito i cronisti internazionali dalla Striscia, imponendo una vera e propria censura dell'informazione. Nessuna telecamera della stampa internazionale, tranne quelle strettamente controllate e approvate dall'esercito israeliano, ha potuto documentare l'assalto contro la popolazione civile di Gaza.

È in questo contesto che i medici e gli operatori umanitari internazionali – europei, americani, canadesi – che hanno assistito alla carneficina quotidianamente, che hanno raccolto documentazioni e testimonianze di un vero e proprio mattatoio umano, al ritorno nei propri Paesi hanno deciso di prendere sulle proprie spalle il fardello della verità e di farsi a loro volta cronisti: di raccontare al mondo ciò che i loro occhi avevano visto. La missione contenuta nel loro giuramento, curare vite umane, si è ampliata al tentativo di usare le parole per salvare quel che resta dell'umanità, nel senso più profondo, e i principi del diritto umanitario internazionale, mentre veniva di fatto azzerato e reso carta straccia sia dalle azioni di Israele, sia dall'indifferenza e dalla complicità della comunità internazionale.

E quando hanno cominciato a parlare, quello che hanno raccontato ha composto il quadro di «un inferno in terra», come hanno definito la situazione di Gaza sia il segretario generale delle Nazioni Unite António Guterres, sia il portavoce dell'UNICEF, James Elder.

In tutti questi mesi, per chi ha lavorato negli ospedali l'imperativo implicito è diventato uno solo: riuscire a fare l'impossibile. Hanno lavorato senza luce, senz'acqua, senza sapone, eseguito operazioni fra le macerie, dentro sale operatorie in quasi totale rovina; sul pavimento, all'interno di ospedali già bombardati e sotto assedio, circondati da mosche e cadaveri. Sono stati costretti ad amputare arti a bambini lucidi e non anestetizzati, a curare ustioni di terzo grado con strumenti medici non sterilizzati. La loro missione è stata prendersi cura di un popolo totalmente disumanizzato, condannato a morte dai vertici militari e politici israeliani. Come il generale Giora Eiland, ex capo del Consiglio di sicurezza nazionale di Israele e uno degli ufficiali che hanno assistito in via informale, come una sorta di *think tank*, l'ex ministro della Difesa Yoav Gallant: a dicembre 2023 ha fatto il giro del mondo una sua considerazione contenuta in un editoriale per il quotidiano israeliano *Yedioth Ahronoth*, sull'utilità e la legittimità di scatenare una pandemia per decimare la popolazione di Gaza e raggiungere gli obiettivi militari di Israele, «avvicinare la vittoria».

Nessuna formazione, nessuna esperienza possono insegnarti a vedere centinaia di bambini uccisi da colpi alla testa e al petto, bersagli di cecchini; o con le carni e le ossa sciolte dalle bombe, e i genitori che separano i resti umani riconoscibili da quelli non riconoscibili, infilando i corpi a brandelli dei loro figli nei sacchi del riso. Non ci si abitua a vedersi morire dei bambini sotto le mani perché manca tutto ciò che servirebbe per salvarli, materiale facilmente reperibile altrove, e che sarebbe stato a disposizione se Israele non lo avesse sistematicamente bloccato ai valichi, impedendone l'accesso a Gaza. Non possono entrare né medicinali né altri strumenti necessari a trattare malattie facilmente curabili ovunque. Ma non a Gaza. A Gaza, la popolazione civile aspetta il proprio turno di essere massacrata, augurandosi di morire sul colpo, evitando così atroci agonie. I più lucidi sul loro destino sono proprio i bambini: a fine 2024, un sondaggio condotto da alcune Ong fra i bambini di Gaza rivelava che il 96% di loro ritenesse la propria morte imminente, e in taluni casi anche una liberazione.

Tanti dei medici internazionali che hanno prestato servizio a Gaza sono professionisti abituati a lavorare in contesti di guerra; molti di loro hanno operato in Africa e in Medio Oriente. Ma quella in cui si sono ritrovati coinvolti in Palestina non è una guerra. In guerra i medici non diventano bersaglio. Gli ospedali sono protetti dalla Convenzione di Ginevra. A Gaza, invece, centinaia di medici palestinesi sono stati uccisi, arrestati e torturati fino alla morte nei centri di detenzione e di tortura israeliani.

Il primo ospedale a Gaza bombardato il 17 ottobre 2023 fu l'Ahli Arabi. L'azione fu rivendicata per errore dall'«assistente digitale» di Netanyahu, il giornalista israeliano Hananya Naftali, con un post su X in cui diceva in inglese: «Abbiamo colpito una base terroristica dentro un ospedale a Gaza, e ucciso un alto numero di terroristi al suo interno». Quel tweet fu subito cancellato, e da quel momento iniziò la sistematica operazione di propaganda per giustificare l'operazione, un chiaro crimine di guerra. Una propaganda riverberata anche da tanti media e giornalisti occidentali, i quali hanno negato che Israele bombardasse gli ospedali. In realtà, Israele ha provocato la distruzione di quasi tutte le strutture sanitarie di Gaza, circa quattrocento. Gli ospedali presi a bersaglio sono stati, in tutto, trentadue. Alla fine di dicembre 2024, il nord di Gaza, sotto assedio da mesi, era stato lasciato completamente sguarnito di presidi sanitari.

«Noi siamo i testimoni»

Nell'ottobre 2024, a circa un anno dall'inizio del genocidio, il *New York Times* ha pubblicato un reportage dettagliato in cui ha raccolto le voci di 65 operatori sanitari, cittadini americani, che hanno prestato servizio in quei territori dal 7 ottobre 2023. Di questi, 57 hanno deciso di parlare apertamente, di assumersi il peso di raccontare con nome e cognome, mentre altri otto hanno scelto l'anonimato, per paura di ritorsioni e minacce; ma non per questo le loro voci sono meno incisive. Tutti, indistintamente, descrivono un inferno.

Tra queste voci si staglia quella di Adam Hamawy, chirurgo plastico con una lunga carriera nei teatri di crisi, dall'Iraq a Sarajevo, fino a New York dopo l'11 settembre. Nulla lo aveva preparato per Gaza.

All'Ospedale Europeo di Khan Younis, Adam ha visto ciò che nessun essere umano dovrebbe mai vedere. «Noi, medici, siamo i testimoni di questo genocidio» afferma con forza e senza giri di parole. «Se non credete ai palestinesi, allora dovete credere a cinquanta medici americani che hanno lavorato come volontari.»

Le sue dichiarazioni al quotidiano non ammettono repliche, hanno la forza di una verità che lacera le narrazioni propagandistiche ufficiali e chiama in causa, senza mezzi termini, le responsabilità di chi arma il conflitto, in primis gli Stati Uniti e l'Europa. «Le ferite che abbiamo curato erano per la maggior parte causate da armi di fabbricazione americana.» Adam non si ferma alla denuncia, ma lancia un appello accorato per un cessate il fuoco, un embargo sulle armi e la fine di una complicità internazionale che continua a mietere vittime.

Rivela anche come molti medici, tornando nei loro Paesi, abbiano portato con sé prove fotografiche e frammenti di pallottole per documentare le atrocità. Denuncia, inoltre, la sistematica persecuzione dei sopravvissuti: «Israele bombarda scuole, orfanotrofi, ospedali e poi invia droni da caccia e cecchini per colpire coloro che cercano di scappare o di prestare soccorso». Ogni azione è calcolata, ogni morte è deliberata.

Alla sua voce si aggiunge anche quella del chirurgo traumatologo Feroze Sidhwa, che ha operato in un ospedale a Gaza, e racconta un'esperienza che gli ha cambiato la vita: «Ogni giorno in cui ero lì, vedevo un nuovo bambino a cui avevano sparato alla testa o al petto» racconta. «Tredici in due settimane. All'inizio pensavo fosse opera di un cecchino particolarmente sadico. Poi ho parlato con un altro medico, che aveva lavorato in un ospedale diverso, due mesi prima. Mi ha detto che anche lui aveva visto la stessa cosa, ogni singolo giorno.» Ogni giorno: non un'eccezione, non un errore, ma una sistematicità che non lascia spazio al dubbio. I bambini non sono vittime collaterali. Sono il bersaglio principale.

Ognuno di quei corpi racconta una storia, una perdita, una comunità che si sgretola sotto il peso di una violenza che non risparmia nemmeno l'innocenza. Colpire un bambino alla testa non è solo uccidere. È negare ogni speranza di futuro, puntare a eliminare la prossima generazione di palestinesi.

A novembre 2024, il Regno Unito è rimasto scosso quando davanti al parlamento inglese il chirurgo Nizam Mamode, di ritorno da una missione presso l'ospedale Nasser a Gaza, ha testimoniato l'impatto devastante della violenza feroce sui più piccoli. Senza riuscire a trattenere le lacrime, il medico ha detto: «Gli israeliani prendono di mira deliberatamente i bambini anche quando sono già feriti. Dopo i bombardamenti, per esempio su un campo di tende, arrivano i droni di caccia che inseguono i sopravvissuti e gli sparano, per finirli». Puntano in particolare ai bambini, ha detto il chirurgo, ricordando il paziente più giovane che ha operato, tre anni appena. «L'ho osservato giorno dopo giorno, era chiaramente una strategia pianificata.»

Il racconto di Nizam Mamode ha fatto il giro del mondo, insieme con la sua dichiarazione: «Non è mai troppo tardi per fermare questo massacro. Potremmo smettere di armare Israele oggi stesso e imporre un embargo internazionale. Ma ogni giorno che non lo facciamo, scegliamo di essere complici».

Il 26 novembre 2024, Tanya Haj Hassan, medico statunitense specializzata in terapia intensiva pediatrica, si è rivolta con queste e tante altre parole alle Nazioni Unite a New York: «Come una delle pochissime osservatrici internazionali a cui è stato permesso di entrare a Gaza, vi posso dire: trascorrete solo cinque minuti in un ospedale lì, e vi sarà spaventosamente chiaro che i palestinesi vengono intenzionalmente massacrati, affamati e privati di tutto ciò che è necessario per sostenere la vita umana». Era tornata da Gaza dopo mesi di missioni umanitarie negli ospedali. La sua testimonianza, con voce tremante ma non spezzata, tormentata dagli orrori e dalla barbarie di cui è stata testimone, dall'indifferenza e dalla complicità del governo statunitense, rappresentava un appello disperato per salvare la vita dei civili a Gaza. Neanche il sangue che le colava dal naso è riuscito a fermare le sue parole. Ha raccontato l'agonia di Amir, un ragazzino palestinese di tredici anni, l'unico sopravvissuto della sua famiglia. «Continuava a chiedere dove fosse sua sorella, che era nel letto accanto al suo. Ma non poteva riconoscerla, per via delle ustioni che avevano bruciato tutto il suo corpo. Quando è morta, con sguardo spento e voce dolce mi ha sussurrato all'orecchio: "Vorrei essere morto anche io con loro. Tutte le persone che amo ora sono in Paradiso. Non voglio più esistere".» Ha raccontato le storie devastanti di altri bambini che ha provato a salvare. Come Shorouq, una ragazzina di quindici anni ferita alla testa e agli occhi. Shorouq significa «alba» ma, mentre sua madre moriva accanto a lei, è stata condannata a vivere nel buio di una solitudine incolmabile.

Dalla culla alla tomba

So di cosa parla Tanya Haj Hassan, perché porto Gaza nel mio sangue. Tutta la sua storia, tutta la sua sofferenza è dentro di me. Sono nata ad Haifa, cresciuta a Gerusalemme Est, sotto l'occupazione militare israeliana. Ora vivo a migliaia di chilometri di distanza dalla mia patria; ma ogni parola che ho sentito pronunciare da Tanya è stata una ferita che si riapre. Una ferita che non è mai guarita né si è cicatrizzata, a trent'anni di distanza dal mio esodo. Gli orrori che descrive con una lucidità spietata non sono, per me, immagini lontane. Sono i giochi interrotti della mia infanzia, le urla che sovrastavano le risate, il silenzio pesante delle madri di fronte a corpi privati persino del nome.

Tanya lo dice chiaramente: «Voglio che il mondo intero sappia che sono un essere umano, creato da Dio. I nostri colleghi palestinesi non sono qui oggi perché i sistemi in cui viviamo non riconoscono il valore della vita dei palestinesi». Le sue parole si scontrano con un muro di silenzio che pesa più delle macerie. «Abbiamo trascorso quattordici mesi a guardare il genocidio più documentato della storia, eppure niente è cambiato. Silenzio. Propaganda. Giustificazioni. Ogni crimine è stato denunciato, ma chi è al sicuro continua a guardare dall'altra parte. Ogni secondo che passa è una vita che si spezza. Ogni istante in cui il mondo resta fermo, un altro bambino smette di respirare. Questo genocidio è una ferita aperta nell'umanità, un'accusa contro ciascuno di noi. Non riguarda solo Gaza: riguarda tutti noi. La Palestina è il banco di prova del nostro futuro». Lo dice Tanya, ed è impossibile non sentirla: «Dovremo fare i conti con questa storia. Il precedente che si è creato a Gaza si diffonderà ovunque nel mondo. Lo abbiamo già visto diffondersi in Libano. E come ha detto un chirurgo volontario: "Quando mi trovavo a Gaza, mi sembrava che fosse il preludio della fine dell'umanità"».

L'orrore non si misura solo con il numero delle vittime. A gennaio del 2025, l'autorevole rivista medica britannica *The Lancet* ha pubblicato un articolo in cui emerge che il numero di persone assassinate da Israele sia almeno settantamila. Già qualche mese prima, un altro articolo aveva presentato stime molto più alte di quelle ufficiali, riguardo al numero di vittime. Al momento del cessate il fuoco inaugurato ufficialmente il 19 gennaio 2025, si calcolavano almeno diecimila cadaveri da disseppellire dalle macerie.

Ma questi sono numeri. Agghiaccianti, ma numeri. L'orrore vero è quello che si annida nelle storie, nei dettagli atroci che smascherano qualsiasi tentativo di proclamarsi neutrali e che, in una simile situazione, rendono più che altro complici. È il volto coperto di sangue di un bambino, sono gli occhi spalancati e terrorizzati di una bambina che non capisce perché la vita le sfugga via. Sono Haya e Randa, 9 e 10 anni, che piangono e urlano dallo shock dopo aver visto decapitare la madre; sono, ancora una volta, le storie dei novecentomila bambini di Gaza, circa la metà della popolazione, bersagli privilegiati di una guerra che ne ha uccisi non meno di ventimila, prendendoli tutti di mira con precisione da killer: colpiti alla testa, al petto, agli organi vitali, perché non possa esservi margine d'errore.

Un medico racconta, con un tono che non può più nascondere la stanchezza: «Una sera al pronto soccorso, nell'arco di quattro ore, ho visto sei bambini di età compresa tra i 5 e i 12 anni, tutti con una singola ferita da arma da fuoco al cranio». Sei bambini, sei vite, sei futuri ridotti a un numero in un rapporto clinico. Ma dietro ogni ferita c'è una mano, la mano di un freddo assassino che ha premuto il grilletto, c'è un'intenzione che non si può ignorare. Colpire un bambino è una scelta. Una scelta precisa.

Nel caos degli ospedali, ogni metro quadrato diventa un teatro di sofferenza insostenibile. «Molti sono morti inutilmente» dice un altro medico, incapace di dimenticare. Morire sul pavimento, per mancanza di attrezzature, per l'assenza di medicinali, di antibiotici e antidolorifici, per l'impossibilità di gestire il flusso inarrestabile di corpi piccoli, troppo piccoli, è un insulto alla dignità umana.

E ancora, un padre che ritorna con i suoi figli nella propria casa dopo un annuncio di tregua. «Quando sono arrivati, un cecchino israeliano li stava aspettando. Ha sparato ai due bambini, uno di tre anni, l'altro di cinque.»

«Ho visto un bambino a cui avevano sparato alla mascella» racconta Rania Afaneh, paramedico di 23 anni. «Nessun'altra parte del corpo era stata colpita. Era sveglio, consapevole. Mi guardava mentre soffocava nel suo stesso sangue, e io cercavo di aspirarlo con un aspiratore rotto.»

Le storie di atrocità emergono quotidianamente da Gaza. Come quella di Rami, dieci anni, che in ospedale si era presentato con i resti del fratellino morto dentro lo zaino, per portarli alla camera mortuaria. Lo aveva riconosciuto dal piede, per via della scarpa che portava. Rami ha perso tutta la sua famiglia, sterminata come centinaia di famiglie palestinesi. Interi cognomi, generazioni e discendenze sono andati perduti.

L'accanimento dei soldati israeliani contro i bambini palestinesi non è solo un'aberrazione individuale, l'opera di sadici isolati. È parte di un modo molto preciso di concepire la propria missione, ispirato e giustificato dalle più alte gerarchie militari e politiche. Il quotidiano israeliano *Haaretz* ha pubblicato una serie di interviste a gruppi di soldati israeliani, condotte fra il 1987 e il 1993. Ecco cosa raccontava uno di loro, oltre trent'anni fa: «È venuto da noi un nuovo comandante. Usciamo con lui per il primo pattugliamento della giornata alle sei del mattino. Il comandante si ferma. Per le strade non c'è anima viva, solo un bambino di quattro anni che gioca nella sabbia del suo cortile. Il comandante improvvisamente inizia a correre, afferra il bambino e gli spezza il braccio all'altezza del gomito, e la gamba, proprio qui. Poi gli salta sulla pancia per tre volte e se ne va. Siamo rimasti tutti lì a bocca aperta, guardandolo scioccati. Ho chiesto al comandante: "Cos'è questa storia?" Mi ha risposto: "Questi bambini devono essere uccisi dal giorno in cui nascono. Quando a farlo è un comandante, diventa un atto legittimo"».

La fame come arma di guerra

I bambini muoiono perché vengono braccati e giustiziati, dai cecchini e dai droni militari. Alcuni di questi producono suoni pensati appositamente per attirare allo scoperto le persone. Per esempio, il pianto di un neonato. Quando soccorritori o civili escono per provare a salvare il neonato, il drone li prende di mira e li uccide, uno per uno.

Molti altri bambini muoiono per l'impotenza di un sistema al collasso, per la mancanza di risorse che trasformano la cura in un'illusione. I bombardamenti israeliani hanno provocato il maggior numero di amputazioni pediatriche nella storia, 4.500 amputazioni in quindici mesi. Almeno 800 bambini palestinesi e 540 donne hanno perso un arto o due, la maggior parte rimarranno disabili a vita in una città in cui le infrastrutture civili sono state nel frattempo completamente distrutte. A Gaza si muore per le infezioni, si muore di sete e si muore di fame. La fame è utilizzata come un'arma di guerra: il regime israeliano blocca l'ingresso degli aiuti umanitari, necessari alla sopravvivenza, e in questo modo produce una delle agonie più strazianti, quella per consunzione del corpo.

La malnutrizione e la carestia fanno sì che l'organismo esaurisca le riserve di grasso e inizi a demolire i tessuti muscolari per ricavarne energia; a lungo termine, la carenza di cibo porta al collasso del sistema immunitario, le persone diventano esposte alle infezioni. Il colera e la malaria, che erano sparite da Gaza, sono tornate a manifestarsi durante questi mesi. Si tratta di malattie secondarie che spesso, durante le carestie, diventano la causa principale di morte: attaccano pesantemente gli organi, portando al collasso di quelli vitali, che garantiscono la sopravvivenza, come il cuore, il fegato, i reni.

La fame non solo può provocare la morte nel giro di poche settimane, ma produce anche deficit cognitivi, che possono sorgere durante l'infanzia o se si nasce a seguito di una gravidanza vissuta nella fame.

Oltre a bloccare l'ingresso degli aiuti, Israele ha colpito anche i pochi centri alimentari che ancora funzionavano, a malapena, a Gaza. L'ultimo mulino operativo è stato bombardato, quasi tutti i panifici sono stati bombardati, i campi agricoli sono stati bombardati e bruciati. L'uccisione mirata e deliberata degli operatori umanitari, come quelli dell'Ong per la distribuzione di pasti World Central Kitchen, bombardati una prima volta ad aprile 2024 e una seconda volta a novembre con un bilancio di dieci volontari assassinati, ha avuto come conseguenza la cessazione di tutte le operazioni dell'organizzazione.

Come da tipico modus operandi israeliano, molti convogli di aiuti umanitari a Gaza sono stati bombardati appena dopo aver ricevuto dall'esercito l'autorizzazione a operare nella Striscia. Il messaggio è chiaro: ci riserviamo il diritto di uccidervi anche se vi abbiamo dato il permesso di entrare. Nessun operatore umanitario a Gaza, sia palestinese sia internazionale, si deve sentire al sicuro. Per rafforzare questa tattica genocida, Israele a dicembre 2024 ha assassinato lo chef Mahmoud Almadhoun, uno dei fondatori e cuochi della Gaza Soup Kitchen. L'organizzazione di Chef Mahmoud aveva inaugurato le sue attività con quattro pentole e ingredienti essenziali a Beit Lahia, al nord di Gaza, ed era poi cresciuta fino a riuscire a sfamare tremila persone al giorno. Israele ha ucciso Chef Mahmoud mentre trasportava pasti che aveva preparato per sfamare gli operatori sanitari al lavoro nell'ospedale Kamal Adwan.

Ogni mattina, a Gaza, bambini e adulti si radunano attorno alle poche panetterie non ancora bombardate per cercare di comprare un po' di pane per tenersi in piedi. «Il prezzo di un bicchiere di riso o di una pagnotta vale quanto? La vita di cinque donne e una bambina?» scrive Ashour, da Khan Younis. Centinaia di donne e bambini hanno perso la vita mentre aspettavano in fila davanti a un panificio; colpiti da proiettili casuali, o da bombardamenti diretti dei carri armati israeliani che colpiscono la folla. Alcuni muoiono soffocati dalla ressa, durante l'attesa del proprio turno, mentre cercano di ricevere un po' di farina e un po' di riso.

L'uso della fame, come ogni altra tattica assassina, è deliberato e consapevole: i leader israeliani lo rivendicano con orgoglio, tanto che un ufficiale dell'esercito, ha scritto il giornalista investigativo americano Seymour Hersh, ha persino evocato la carestia imposta su Leningrado dai nazisti come modello di riferimento: «The Leningrad approach». Per portarlo avanti, Israele si serve di ogni genere di strumento aberrante: riempire le scatole di ciò che sembra cibo con mine antiuomo, lanciare sacchi apparentemente pieni di zucchero e che invece contengono sabbia, proteggere le gang criminali che nel sud di Gaza, sotto lo sguardo complice dell'esercito israeliano, assaltano i convogli di aiuti per rubare ciò che sarebbe destinato alla popolazione.

Le condizioni di malnutrizione per le donne, in particolare, sono talmente gravi da non permettere più loro di allattare i figli. Gli operatori sanitari intervistati dal *New York Times* hanno raccontato di ventiquattro neonati,

nati sani, morti per disidratazione o fame. «Non c'è latte artificiale, non c'è acqua pulita.»

I civili a Gaza bevono acqua contaminata. È un processo di annientamento sistematico quello che subiscono, un processo che non lascia scampo.

Non c'è acqua a Gaza, perché le infrastrutture idriche sono state deliberatamente e sistematicamente distrutte, bombardate dall'esercito israeliano. Il 70% dei pozzi d'acqua e il 100% delle reti idriche, considerati obiettivi militari, è andato distrutto.

Moltissimi palestinesi sono costretti a bere acqua salata dal mare, negli ospedali utilizzano acqua contaminata o l'acqua delle flebo.

E i bambini pagano sempre il prezzo più alto. Non soltanto perché, insieme alle donne, sono oltre il 70% delle vittime della mattanza israeliana; ma perché se anche sopravvivono, in molti casi mutilati e disabili per sempre, portano comunque i segni di un trauma indelebile. Nella stessa ricerca condotta dal *New York Times* sui racconti di sessantacinque operatori sanitari di ritorno da Gaza, cinquantadue di loro hanno riferito casi di bambini con addosso segni manifesti di stress traumatico e desideri suicidi. L'infermiera Abeerah Muhammad, di Dallas, Texas, racconta: «Ho visto bambini che avevano assistito all'uccisione di molti membri della famiglia davanti a loro. Tutti hanno espresso il desiderio di morire e di unirsi alle proprie famiglie. Ho visto bambini preadolescenti e adolescenti che presentavano segni di autolesionismo, come tagli sugli avambracci».

A dicembre 2023 i bambini hanno tenuto una conferenza stampa fuori dal più grande ospedale di Gaza, l'Al-Shifa, un altro degli obiettivi di Israele. Hanno lanciato un appello in lingua inglese, perché il mondo non potesse fingere di non capire. Hanno supplicato la comunità internazionale, hanno lanciato un SOS urgente, chiedendo al mondo di porre fine ai bombardamenti israeliani indiscriminati. «Vi chiediamo di proteggerci; vogliamo vivere, vogliamo la pace, vogliamo vivere come vivono tutti gli altri bambini.»

Tragicamente, il loro appello è caduto nel vuoto. Le famiglie hanno invece cominciato a scrivere i loro nomi sulle braccia o sulle gambe, per consentire il riconoscimento dei loro corpi in caso di morte per bombardamento.

A luglio 2024, il segretario generale delle Nazioni Unite ha accusato Israele di costringere i palestinesi «a spostarsi continuamente come palline di un flipper umano, in un paesaggio di distruzione e morte». I civili ricevono ordine dall'esercito di evacuare dal sud verso nord, da est verso ovest e poi da ovest a est, continuamente. Bambini, anziani, disabili e malati vengono costretti a camminare a piedi per chilometri, senza sosta. In queste marce della morte, incontrano continuamente cadaveri lungo il cammino, spesso in stato di decomposizione, ammassati sulle strade di cui l'esercito israeliano ha preso il controllo. Molti muoiono lungo la strada, di stenti e di sete, o vengono giustiziati dai cecchini israeliani appostati proprio nelle zone che l'esercito aveva indicato come sicure.

I soldati fermano arbitrariamente le persone, le costringono ad abbandonare quel poco che hanno, anche i vestiti e le coperte che servono per la sopravvivenza durante i freddi mesi invernali, obbligano le donne a spogliarsi davanti alle loro famiglie.

L'esercito israeliano non risparmia neanche i neonati: i costanti ordini di evacuazione comprendono anche gli ospedali dove rimangono i pochi reparti di cure intensive neonatali. A novembre 2023, grazie al giornalista Mohammed Balousha, abbiamo scoperto le scene di orrore dall'unità di cure intensive neonatali dell'ospedale Nasser, con i corpi decomposti dei bambini prematuri lasciati lì a morire dall'esercito israeliano, senza essere trasferiti in altri luoghi dove potessero ricevere cure. Anche altri reparti di terapia intensiva neonatale sono stati evacuati, lasciando sguarnito l'intero nord di Gaza. Il collega Balousha è stato ucciso da Israele a metà dicembre 2024, un anno esatto dopo che ci avevano provato la prima volta, senza riuscirci.

Attraverso i costanti ordini di evacuazione nel nord di Gaza, Israele colpisce e tenta di fiaccare l'incredibile capacità di resistenza e resilienza del popolo palestinese: le persone vengono spostate di continuo da una zona all'altra, solo per poi essere bombardate. A ogni trasferimento, trovano davanti a sé solo macerie, e sempre meno cibo, sempre meno acqua, sempre meno servizi sanitari. Tutto questo produce uno «sfoltimento» della popolazione civile, o per usare il loro gergo, Israele «falcia l'erba». L'erba siamo noi: il popolo palestinese.

A marzo 2025, poche settimane dopo il cessate il fuoco, il governo israeliano ha deciso unilateralmente di imporre l'assedio totale a Gaza e di utilizzare ancora una volta la fame come arma di guerra, a scopo di estorsione: l'obiettivo era costringere Hamas a rilasciare tutti gli ostaggi israeliani ancora vivi, e impedire che entrasse in vigore la seconda fase del cessate il fuoco, quella che prevederebbe il ritiro totale dell'esercito israeliano da Gaza. Una condizione accettata da Israele durante i negoziati per il cessate il fuoco, e poi, come è già accaduto molte altre volte in passato, rinnegata. Le famiglie degli ostaggi israeliani hanno denunciato le intenzioni di Netanyahu, dicendo: «È pronto a seppellire gli ostaggi per i suoi interessi personali e criminali».

Non puoi sparare a un bambino due volte per sbaglio

Le condizioni degli ospedali di Gaza richiamano gli scenari della Prima guerra mondiale, quando la maggior parte dei feriti morivano per mancanza di antibiotici, di acqua potabile e disinfettanti. Mimi Syed, specialista di medicina d'urgenza, racconta: «Non c'era acqua per lavarci le mani, abbiamo dovuto utilizzare la soluzione fisiologica. La vera catastrofe è la mancanza di antibiotici». Tutti i medici che hanno operato a Gaza confermano quanto denunciato da Syed. Israele vieta l'ingresso di farmaci di base come disinfettanti e antibiotici, per accelerare la morte di migliaia di esseri umani. Racconta di nuovo Syed: «Una bambina di quattro anni con gravi ustioni sul corpo era completamente dissociata. Fissava il vuoto, canticchiando una ninna nanna. Non piangeva, ma tremava in modo incontrollabile, ed era in totale stato di shock».

Per lei, come per migliaia di altri bambini, la ferita diventa un destino già scritto. Non per mancanza di competenza, ma per mancanza di tutto il resto. Lo riferisce anche Ammar Ghanem, medico pneumologo: «Non avevamo guanti, mascherine né grembiuli da sala operatoria; mancava qualsiasi dispositivo di protezione individuale, gli indumenti protettivi specializzati utilizzati dagli operatori sanitari per creare una barriera e prevenire la diffusione di germi. Si tratta di un meccanismo di difesa fondamentale in ambito medico, che protegge sia l'operatore sanitario che i pazienti da potenziali infezioni. I medici a Gaza hanno dovuto operare e lavorare senza guanti, alcol, camici e sapone. Le mosche erano ovunque e trasferivano batteri resistenti e infezioni tra i pazienti. I pazienti che sopravvivevano al trauma morivano per le infezioni».

L'infermiera specializzata Laura Swoboda aggiunge: «Quasi tutte le ferite che ho visto erano infette. Ho visto più vermi dentro le ferite in un giorno che in tutta la mia carriera».

La stessa rabbia e lo stesso dolore si leggono anche nelle parole di Mark Perlmutter, chirurgo pediatrico statunitense, ebreo americano, che durante tre settimane di volontariato a Gaza ha assistito all'indicibile. Non si tratta, spiega, di morti accidentali: «Non puoi sparare a un bambino due volte per sbaglio». È una frase che pesa come un macigno. Mark racconta di cecchini israeliani che sembrano seguire un copione macabro, mirando alla testa e al cuore dei bambini palestinesi. Una crudeltà sistematica, deliberata, che oltrepassa i confini della guerra per sfociare nell'abisso del genocidio. «In una zona bombardata sistematicamente, senza ospedali, le ferite sono una condanna a morte» dice, descrivendo una realtà in cui la speranza non trova spazio. La chirurga pediatrica italiana Federica Iezzi, nelle sue corrispondenze, conferma ogni sua parola, raccontando di curare «bambini tra i due e i tre anni colpiti da proiettili singoli alla testa o al collo; una media di quattro al giorno». Tentativi sistematici di esecuzione di bambini.

Mark Perlmutter mi ha contattata i primi di settembre del 2024 e mi ha chiesto di moderare una conversazione con lui in una chiesa di New York. Da quando era tornato da Gaza aveva parlato ininterrottamente sia ai media americani sia all'Università, ovunque lo invitassero, per denunciare quello che aveva visto a Gaza. Ha descritto un sistema sanitario piegato fino all'inoperatività. «È una carneficina» ha detto. «La distruzione sistematica di una popolazione.» Dopo aver lavorato in quaranta missioni umanitarie, ha confessato che mai, in tutta la sua carriera, aveva visto tanta barbarie. «Ho visto centinaia di bambini senza gambe, madri che non riuscivano ad allattarli perché malnutrite, famiglie che portavano via i resti dei propri cari in sacchi per la farina.»

Mark, che ha assistito a più di cento amputazioni senza anestesia eseguite sui bambini, continua a denunciare la complicità degli Stati Uniti, che armano e sostengono politicamente e diplomaticamente il genocidio israeliano, creando le condizioni per un'impunità diffusa nei confronti di Israele. È grazie a questa impunità che Israele si permette di bloccare le medicine necessarie per salvare le vite umane, così come le stampelle, ausili fondamentali perché i 4.500 amputati possano muoversi ed eventualmente mettersi in salvo dalle bombe. Per lui, situazioni come quelle a cui ha assistito sono l'ennesima conferma che Israele opera ben oltre ogni limite legale, in chiara contravvenzione della legalità internazionale.

A ottobre 2024 è stato fra i primi firmatari di una lettera inviata all'ex presidente statunitense Joe Biden da novantanove medici e professionisti del settore sanitario, in cui si chiedeva un immediato cessate il fuoco allo scopo di salvare vite umane, e un embargo sulla fornitura di armi all'esercito israeliano e alle organizzazioni armate palestinesi. «Gaza è stata la prima volta che ho tenuto il cervello di un bambino fra le mani. La prima di quelle che sarebbero diventate molte» scrive Permutter in quella lettera.

Biden non solo ha ignorato la lettera dei medici americani, ma ha ignorato anche la volontà popolare; i sondaggi hanno rivelato come l'80% dei democratici fosse favorevole a un cessate il fuoco. Biden ha chiuso il suo mandato politico con un ulteriore stanziamento di otto miliardi di dollari in armi a Israele. L'eredità politica che lascia è composta di violazioni dei diritti umani ignorate, crimini e pulizia etnica legittimati e avvalorati. Le sue scelte gli sono costate l'elezione presidenziale. A gennaio di quest'anno alcuni sondaggi hanno svelato come uno fra i principali motivi per cui tanti elettori democratici sono rimasti a casa a novembre piuttosto che votare per Kamala Harris è stato il sostegno della presidenza Biden a Israele, l'aver continuato a fornire aiuti militari mentre i civili palestinesi venivano bombardati e affamati. I giornali hanno anche svelato che uno dei motivi per il quale l'amministrazione Biden si è mostrata riluttante a esercitare pressione sulla leadership israeliana per giungere a un cessate il fuoco nel corso del 2024 è che Biden temeva di perdere donazioni politiche in vista delle elezioni presidenziali.

Cercando un tornaconto personale, Biden ha praticato attivamente la distruzione della legalità internazionale, illudendosi, probabilmente, che le conseguenze di questo si sarebbero fermate in Palestina.

Mark Perlmutter ha voluto tornare a Gaza come volontario per una seconda volta, a marzo 2025.

In un'intervista video con Zeteo, ha raccontato delle torture a cui vengono sottoposti i medici palestinesi catturati dall'IDF.

«Ho qui con me un collega chirurgo ortopedico che è stato arrestato in sala operatoria. L'IDF gli ha schiacciato le dita fino a rompergliele. Poi gli hanno mostrato una foto di sua moglie tratta da un video, girato per spiarla. Gli hanno detto che era stata scattata il giorno prima e hanno minacciato di volerla stuprare: "La porteremo qui davanti a te e la violenteremo in gruppo davanti a te se non confessi che sei un militante di Hamas, e continueremo a romperti le dita".

Nonostante le torture e le minacce, il medico palestinese non ha ceduto e non ha "confessato" il falso. A quel punto gli è stato detto: "Allora manderemo un drone attraverso la finestra della tua camera da letto e bruceremo i tuoi figli".

Ogni volta che ha chiesto di parlare con un avvocato, lo hanno torturato, e lo hanno picchiato due volte di più quando finalmente è riuscito a parlargli. Ha trascorso undici mesi in carcere, dove una soldatessa dell'IDF è arrivata addirittura a infilargli nel retto una sonda riempita, a quanto gli stessi soldati dicevano, di sangue di maiale, animale impuro per l'ebraismo come per l'islam».

Il dottor Perlmutter e il suo collega palestinese Feroze Sidhwa hanno potuto misurare la portata degli stupri e delle torture subìte dagli operatori sanitari palestinesi per mano delle forze israeliane: «In quella prigione, qualsiasi modo in cui si può distruggere psicologicamente un essere umano è stato usato [dai carcerieri], e la stessa storia è stata ripetuta dal caposala, dal responsabile degli infermieri, e confermato da diversi operatori sanitari.

E non si tratta di un caso isolato. Questa storia si è ripetuta nell'ospedale di Al Aqsa, dove ho trascorso cinque giorni, e proprio ieri il capo del reparto di chirurgia ortopedica ha ricevuto una telefonata dall'IDF in cui gli si diceva che sua moglie lavora per le Nazioni Unite come dentista e, poiché lavora per le Nazioni Unite, deve andarsene. Ora vivono in una tenda con altre cinquanta persone, una tenda costruita per venti persone con un solo bagno per tutti.

Hanno avuto cinque minuti per uscire dalla loro casa, solo cinque minuti.»

I veri eroi di Gaza

Tanti medici internazionali hanno testimoniato che Israele giustizia i medici palestinesi. Nell'ospedale di Al-Shifa ha bersagliato gli operatori sanitari in maniera sistematica; indossare il camice significa rendersi un bersaglio riconoscibile, ecco perché quando gli operatori lasciano gli ospedali o li evacuano indossano sempre abiti civili. Farsi trovare con il camice significa esporsi a un'alta probabilità di essere arrestati, torturati oppure uccisi.

È quello che è accaduto all'ultimo chirurgo ortopedico rimasto nel nord di Gaza, il dottor Saeed Joudeh. Stava andando in ospedale quando un cecchino israeliano lo ha giustiziato con un colpo alla testa. Il suo solo crimine era quello di indossare un camice bianco; di essere un medico, una persona che salva vite umane.

La Convenzione di Ginevra prevede che in tempo di guerra siano sempre protetti i malati e i feriti, nonché il personale medico, gli ospedali e le strutture sanitarie mobili. Invece, i medici palestinesi sono fra le personalità più perseguitate e prese di mira da Israele.

Le loro storie hanno scosso le coscienze di tanti. Sono diventate il simbolo di una brutalità che non solo non risparmia chi dedica la propria vita a salvare gli altri, ma si accanisce con particolare odio e ferocia proprio contro di loro.

Secondo l'agenzia di stampa WAFA, Israele ha ucciso oltre mille fra medici e infermieri a Gaza, e ha arrestato circa cinquecento operatori sanitari, torturando la maggior parte di loro.

Fra le vittime c'è il più noto e più rispettato medico di Gaza, Adnan al-Bursh, primario ortopedico dell'Al-Shifa, il più grande ospedale nel nord di Gaza. Dopo la distruzione di Al-Shifa, il dottor Adnan al-Bursh si è rifiutato di tradire la sua missione di medico abbandonando i suoi pazienti e insieme a loro si è trasferito, con altri colleghi, all'Indonesia Hospital. Dopo che anche l'Indonesia Hospital è stato attaccato da Israele, si è spostato di nuovo, nei locali dell'Al Awda Hospital, nel nord di Gaza, che è stato attaccato da Israele, che non si limita a bombardare gli ospedali ma li mette sotto assedio, circondandoli con carri armati che impediscono agli sfollati e agli operatori sanitari di muoversi, mentre i cecchini israeliani sparano a vista a qualsiasi persona intercettino. Nessuno può più entrare o uscire, tanto che in questa situazione i cadaveri nell'ospedale Al Awda hanno cominciato ad accumularsi ovunque, e i medici e gli infermieri hanno dovuto seppellirli attorno all'edificio, nei cortili e nel parcheggio, scavando fosse comuni con le loro mani.

Israele ha infine obbligato con la violenza le persone all'interno dell'ospedale a evacuare, arrestando centinaia tra operatori sanitari e pazienti, con la scusa della caccia alle brigate combattenti. In realtà, la vera caccia era proprio agli operatori sanitari. E, fra questi, in particolare i medici. Adnan al-Bursh e altri dieci suoi colleghi sono stati rapiti, imprigionati senza formulare nei loro confronti alcuna accusa precisa, e portati nel famigerato campo di detenzione di Sde Teiman, dove in seguito sarebbero emerse le immagini agghiaccianti delle torture inflitte ai prigionieri. Adnan al-Bursh è stato dichiarato morto il 19 aprile 2024, dopo aver subito per mesi violenze e torture inaudite, inclusa la violenza sessuale, come emerso dalle testimonianze di altri prigionieri palestinesi, suoi compagni di cella. Israele si rifiuta tuttora di restituire il suo cadavere alla sua famiglia, una pratica comune che dura da decine di anni. Sono attualmente centinaia i cadaveri di detenuti palestinesi che rimangono ostaggi in Israele anche dopo il loro decesso. Ai palestinesi non solo si sottrae la vita ma anche il diritto a una morte degna di esseri umani.

Un anno dopo aver distrutto il primo ospedale di Gaza, Al-Shifa, a fine dicembre 2024, per «concludere il lavoro» – secondo un'espressione che ormai ci è nota – Israele ha infine distrutto ciò che restava anche dell'ultimo presidio sanitario rimasto attivo nel nord di Gaza, l'ospedale Kamal Adwan. Oltre cinquanta persone sono state uccise nel corso del primo raid, centinaia in conclusione delle operazioni; dopo aver subìto giorni interi di bombardamento, medici e pazienti in condizioni critiche e disperate sono stati costretti a evacuare l'edificio dopo essere stati forzatamente denudati; un giovane paralizzato in carrozzina, Mahmoud Al Aidh, sedici anni, è stato ucciso con una pallottola alla testa da un cecchino israeliano, con la flebo ancora attaccata al braccio.

Il direttore dell'ospedale, Hussam Abu Safiyah, è stato arrestato per essersi rifiutato di abbandonare i suoi pazienti. Per mesi aveva rifiutato di evacuare l'ospedale sotto minaccia israeliana: per tutta risposta, Israele aveva assassinato suo figlio, Ibrahim. Un'esecuzione mirata per punire il padre. Abu Safiyah aveva commentato così l'assassinio di suo figlio: «C'è un conto da pagare, un amaro prezzo da pagare per chi racconta la verità su quello che sta accadendo a Gaza».

A inizio gennaio, mentre Israele continuava a negare all'avvocato del medico la possibilità di incontrarlo, la madre di Abu Safiyah, nonna di Ibrahim, è morta di crepacuore. La fotografia del valoroso medico, con il camice indosso, che va incontro ai carrarmati solo, fra le macerie, scattata dal giornalista palestinese Muhannad Almuqayed, rimarrà alla storia come l'immagine simbolo del genocidio dei palestinesi. Mentre scrivo, Hussam Abu Safiyah è ancora nelle mani di Israele, che lo ha spostato fra il centro militare di tortura e detenzione di Sde Teiman e quello di Ofer, come già raccontavo nelle prime pagine del libro. Tutti temono che la sua sorte possa essere infine, dopo tante torture, la stessa del valoroso collega Adnan al-Bursh. A febbraio 2025 un filmato trasmesso dal Canale 13 di Israele lo mostrava con la testa rasata, ammanettato e scosso. Al suo avvocato, che ha potuto incontrare solo dopo quarantasette giorni di prigionia, ha riferito di gravi torture e abusi.

Abu Safiyah è in detenzione amministrativa: il regime carcerario che consente, in base alle leggi israeliane di diretta eredità coloniale britannica, di arrestare palestinesi solo perché palestinesi, senza formulare capi d'accusa, e tenerli in detenzione anche per mesi o anni. Attualmente, si calcola che nelle carceri israeliane si trovino in regime di detenzione amministrativa oltre 3.400 palestinesi, fra cui bambini. Molti dei cosiddetti «prigionieri» scambiati con Hamas in occasione del cessate il fuoco del gennaio scorso sono in realtà veri e propri ostaggi, detenuti senza condanna, senza processo e senza neanche capi d'accusa.

Safiyah sapeva perfettamente che l'assassinio di suo figlio Ibrahim era una punizione per due crimini che tali non sono, se non agli occhi di Israele: essersi rifiutato di abbandonare i suoi pazienti, e aver denunciato pubblicamente i crimini di guerra e l'accanimento dell'esercito israeliano contro gli ospedali, parlando con le reti tv internazionali. Il passo calmo, ma fermo, con cui ha scavalcato le macerie per andare incontro ai soldati e farsi arrestare rivela la sua profonda consapevolezza della situazione: sapeva ciò che fa di lui un criminale per Israele. È ciò che ne fa un eroe per il resto dell'umanità. «Gli ospedali che dovrebbero essere una casa di guarigione e cura, il luogo sacro per il diritto alla salute» aveva avvertito tempo prima in un'intervista «sono diventati dei cimiteri e delle fosse comuni». Aggiungendo: «Hanno ucciso mio figlio perché qui stiamo portando avanti una missione umanitaria. L'ho seppellito io stesso con le mie mani, vicino al muro dell'ospedale Kamal Adwan; a pochi passi da dove curo i miei pazienti».

A marzo 2025, durante il mese sacro del Ramadan, Israele ha distrutto l'unico ospedale oncologico a Gaza.

L'IDF ha giustificato il fatto di bombardare tutti gli ospedali, con la stessa bugia, «sono delle basi per Hamas»... eppure l'IDF occupava l'ospedale oncologico da un anno, trasformandolo in un avamposto militare israeliano, e contemporaneamente Israele ha giustiziato quindici paramedici palestinesi a Gaza.

I corpi sono stati ritrovati sotterrati in una fossa comune, con le mani legate, in decomposizione.

Le famiglie hanno trovato i corpi sepolti di otto membri della Croce Rossa, sei della Protezione Civile e uno delle Nazioni Unite.

Sono stati uccisi con le loro uniformi. Guidando i loro veicoli chiaramente contrassegnati. Indossando i loro guanti. Mentre si recavano a salvare vite umane.

4

La guerra contro la verità dei fatti

«Lo scopo del propagandista
è quello di far dimenticare a un gruppo di gente
che certi altri gruppi di persone sono umani.»

ALDOUS HUXLEY

Nel 2014, Ayman Mohyeldin, un veterano giornalista americano della MSNBC, emittente tv statunitense con cui collaboravo da anni come esperta di politica estera, si stava preparando per fare una diretta da Gaza. Era già in posizione davanti alle telecamere, vicino a una spiaggia, quando un caccia militare israeliano attaccò la spiaggia e uccise quattro bambini palestinesi che stavano giocando a calcetto: Ismail Bakr aveva nove anni; Zakaria e Ahed Bakr avevano dieci anni; Mohamed Bakr aveva undici anni.

Pochi istanti prima dell'attacco, Ayman stava parlando con quei bambini. Dopo il primo raid sulla spiaggia, i piccoli avevano cercato di fuggire; ma il pilota del caccia li aveva inseguiti, lanciando un secondo missile, mentre per salvarsi correvano verso l'albergo in cui erano appostati Ayman e il suo cameraman.

Il reportage dettagliato ed emotivo di Ayman Mohyeldin sulla strage dei quattro bambini, i suoi post sui social media e la copertura televisiva, destarono l'attenzione angosciata del pubblico americano.

Ayman aveva messo in evidenza la sofferenza dei civili

palestinesi, aveva intervistato una mamma e posto interrogativi sul perché un pilota israeliano, che da un caccia militare gode di una così ampia visibilità, avesse inseguito e bombardato quattro bambini palestinesi che giocavano su una spiaggia.

I report di Ayman includevano immagini potenti e testimonianze delle famiglie delle vittime, in contrasto con la narrazione dominante negli Stati Uniti, che giustificava la guerra di Israele contro Gaza dipingendola come una guerra difensiva e non offensiva, legittimando in tal modo i bombardamenti indiscriminati contro i civili.

Il prezzo della verità

Quel reportage di Ayman Mohyeldin aveva completamente distrutto la narrazione dominante. La sua copertura dettagliata e umanizzante dei palestinesi ottenne notevole attenzione mediatica; milioni di persone sui social cominciarono ad accusare Israele di commettere crimini di guerra. La sua indagine giornalistica fu vista come un allontanamento dal tono tipicamente pro-israeliano della maggior parte dei media statunitensi. E quando la portavoce del dipartimento di Stato Usa incolpò Hamas per l'uccisione dei quattro bambini palestinesi, ci fu una rivolta sui social, non solo contro il governo israeliano, ma anche il contro il governo americano che mentiva, giustificava e armava l'assassinio di bambini palestinesi.

Poco dopo il suo reportage, i dirigenti di NBC e MSNBC rimossero bruscamente Mohyeldin da Gaza, adducendo «problemi di sicurezza» dovuti a un'imminente invasione di terra israeliana. La decisione scatenò critiche e reazioni diffuse da parte dei telespettatori, dei professionisti dei media e dei sostenitori della libertà di stampa. La NBC inizialmente giustificò la propria decisione con la scusa della sicurezza, ma la spiegazione fu accolta con scetticismo, e anzi inasprì le critiche, soprattutto perché la rete aveva simultaneamente inviato un altro corrispondente a sostituire Ayman, Richard Eagel, che non aveva mai lavorato prima a Gaza e non conosceva l'arabo come Ayman.

La decisione dell'emittente americana scatenò un'ampia protesta nel mondo del giornalismo americano e soprattutto sui social. Molti accusarono la NBC di aver ceduto alle pressioni politiche e di aver tentato di mettere a tacere un giornalista per aver richiamato l'attenzione su un crimine di guerra.

Ayman Mohyeldin era uno straordinario inviato di guerra: pluripremiato, era stato indicato dal magazine americano *TIME* come uno dei giornalisti più influenti nel 2012. Unico corrispondente internazionale ad aver lavorato a Gaza e nei territori palestinesi dal 2008, aveva coperto l'operazione *Piombo fuso* nel 2009 e la guerra di Israele contro Gaza del 2011, chiamata operazione *Pilastro di difesa*; si era occupato anche delle primavere arabe, le rivolte popolari che avevano attraversato il mondo arabo nel 2011 e avevano portato alla caduta di vari dittatori. Ed era stato uno dei pochi giornalisti a coprire il processo al dittatore iracheno, Saddam Hussein.

La notizia dei quattro bambini palestinesi uccisi sulla spiaggia data da Ayman aveva inoltre riportato a galla un'altra notizia, precedentemente silenziata da molti media, riguardante il brutale rapimento e assassinio di un adolescente palestinese, Mohammed Abu Khdeir, avvenuto a Gerusalemme Est da parte di un gruppo di coloni estremisti. La propaganda israeliana aveva inizialmente cercato di coprire il crimine, accusando malamente i palestinesi stessi di quel rapimento, prima che emergesse la tremenda verità: Mohammed era stato prelevato e portato in un bosco, torturato, costretto a bere gasolio e infine bruciato vivo. Un atto di barbarie che aveva scatenato proteste a Gerusalemme Est, contribuendo a creare il contesto dell'ennesimo attacco di Israele su Gaza, quell'anno: fra luglio e agosto del 2014 furono uccise oltre duemila persone, delle quali oltre cinquecento erano bambini. La polizia israeliana, criticata per non aver trattato i terroristi israeliani con la severità che meritavano, punì la famiglia della giovanissima vittima; arrestò e picchiò i suoi cugini e intimò alla famiglia di seppellire loro figlio nel silenzio della notte. Ma ricevette in cambio un netto rifiuto.

Avevo conosciuto Ayman a New York, eravamo diventati amici. Fui onorata quando mi chiese di accompagnarlo per ricevere un riconoscimento da parte del *TIME*. Ci incontravamo molto spesso con un gruppo di corrispondenti, inviati di guerra e giornalisti esperti di politica estera. Cenavamo a casa del collega veterano del *TIME* Bobby Ghosh, dove parlavamo di politica estera e del Medio Oriente, degli scandali che avevano colpito il giornalismo americano durante gli anni della guerra al terrore, della complicità di tanti giornalisti e testate nel riciclare e pubblicare notizie false, come quelle sulle inesistenti armi di distruzione di massa irachene, mai trovate in Iraq; era un momento in cui il giornalismo americano esaminava le proprie responsabilità e i propri errori, e cercava di farsi più inclusivo, di assumere professionisti ed esperti di origine mediorientale.

La decisione della NBC di rimuovere Ayman mi turbò profondamente. Erano anni che collaboravo con MSNBC, la seconda rete di NBC. Avevo accettato di partecipare a due trasmissioni televisive per parlare della guerra di Israele su Gaza; ma la mattina dopo aver letto la notizia, decisi che avrei parlato della rimozione di Ayman. Il collega Ronan Farrow aveva appena cominciato una nuova trasmissione pomeridiana, e voleva discutere l'andamento della guerra a Gaza. Cominciai a parlare dei quattro bambini palestinesi uccisi, denunciai in diretta tv la copertura mediatica propagandistica pro-israeliana. Dissi che raramente le voci palestinesi venivano invitate, e denunciai il vergognoso trattamento riservato a uno dei più bravi inviati di guerra, Ayman Moheldin. Dissi che ai leader israeliani veniva costantemente permesso di fare monologhi e propaganda, senza contraddittorio e senza che i nostri giornalisti verificassero le informazioni fornite dai vertici militari e politici. Parlai del clima di terrore e della diffusa paura di criticare le azioni illegali israeliane.

Trenta minuti dopo l'intervista, ricevetti un'email e un messaggio telefonico: altri programmi televisivi a cui avrei dovuto partecipare avevano cancellato la mia presenza. Decisi di fare un tweet annunciando che la rete aveva cancellato la mia partecipazione ad altri programmi televisivi per via della mia denuncia sulla faziosità e sull'autocensura dei media e sull'assenza di indipendenza nel coprire la condotta di Israele.

L'esclusione di Ayman Mohyeldin aveva scatenato un dibattito intenso: nel giro di pochi giorni, in seguito alle proteste del pubblico e alle critiche interne e alla solidarietà dei colleghi americani, la NBC fece marcia indietro e reintegrò Ayman a Gaza.

Nel mio caso, era più complicato. Avevo accusato la dirigenza della rete di essere genuflessa di fronte a Israele e di aver facilitato la propaganda israeliana. Alla scadenza del mio contratto, l'editore decise di non rinnovarlo. Nonostante ciò, e nonostante la mia critica aspra alla qualità del giornalismo negli Usa, i miei colleghi, i conduttori e i giornalisti televisivi di MSNBC continuarono a invitarmi nei programmi di prima serata per parlare della questione palestinese, e per denunciare i crimini di Israele, oltre a quelli di altri regimi mediorientali, dimostrando indipendenza giornalistica e soprattutto non cedendo alle pressioni dei dirigenti della loro rete.

Negli Stati Uniti la libertà di stampa e la libertà di espressione sono garantite e protette dal Primo emendamento della Costituzione. Storicamente, i giornalisti hanno esposto i crimini di guerra di tanti governi, inclusi quelli americani; hanno indagato la corruzione delle amministrazioni americane, gli abusi di potere, portando più volte all'impeachment presidenziale: è successo con Richard Nixon, con Bill Clinton e con Donald Trump. Hanno provocato dimissioni e passi indietro; qualsiasi presidente americano può essere insultato, descritto come un dittatore fascista perverso, corrotto, senza che si rischi il licenziamento o la censura. Ma quando si tratta di Israele, la maggior parte dei giornalisti americani appaiono come pietrificati, terrorizzati di raccontare la verità o i semplici fatti sull'occupazione illegale israeliana, sui crimini commessi dall'esercito israeliano contro i civili palestinesi. Paradossalmente, la stampa israeliana è – o è stata – a lungo molto più libera di quella americana ed europea nel raccontare la verità e documentare i fatti.

Il blitz della propaganda

A un decennio di distanza da quella rivolta del pubblico contro la censura dei giornalisti palestinesi sui media americani, ci troviamo ora in una situazione ancora più drammatica. Il 2023/2025 è stato il periodo che ha inaugurato il blitz definitivo della propaganda contro il lavoro giornalistico. Abbiamo assistito, per oltre un anno e mezzo, a una delle campagne propagandistiche e mediatiche globali più orchestrate, sincronizzate e sistematiche della storia moderna. Lo scopo principale è stato uno e uno soltanto: disumanizzare il popolo palestinese. Generare shock, paura, rabbia e disgusto, per creare consenso nell'opinione pubblica mondiale attorno al genocidio dei palestinesi di Gaza.

Il primo atto pratico di questa campagna è stato riciclare una bufala propagandistica che circolava, in realtà, da molti anni: quella che Israele non occupasse militarmente Gaza.

Nel 2005, come già raccontavo nei capitoli precedenti, Israele ha smantellato le colonie illegali, rimuovendole dal centro di Gaza. Ma il territorio della Striscia è rimasto sotto occupazione militare, in pratica sotto assedio. Israele ha mantenuto il controllo della terra e dello spazio elettromagnetico, marittimo e aereo, esercitando un controllo strettissimo e sistematico di ciò che entra ed esce da Gaza. Si è anche riservato il diritto di effettuare «attacchi preventivi»: operazioni violente e indiscriminate che in questi vent'anni hanno ucciso migliaia e migliaia di civili. L'ONU, la Corte internazionale di giustizia – con un'ultima sentenza del luglio 2024 che esige da Israele di mettere fine all'occupazione – e persino il dipartimento di Stato americano, tutta la comunità internazionale, insomma, non hanno dubbi su questo: Gaza è ancora occupata, è sotto il totale ed effettivo controllo di Israele. Non c'era libertà a Gaza prima del 7 ottobre 2023. C'era un regime di assedio e controllo illegale da parte di uno Stato occupante.

All'indomani dell'attacco del 7 ottobre 2023, durante il quale Hamas ha commesso atrocità e crimini contro i civili israeliani, tutti condannati senza ambiguità dalla comunità internazionale, Israele godeva della simpatia e della solidarietà della maggior parte dei cittadini e dei governi nel mondo. Anche l'Autorità Nazionale Palestinese ha condannato l'attentato di Hamas, e così hanno fatto molti governi arabi e musulmani.

Nonostante ciò, e forse proprio sfruttando questa aumentata simpatia generale per cogliere un'opportunità lungamente premeditata, il governo e i vertici militari israeliani hanno cominciato a spargere e far circolare un'ampia serie di affermazioni false, diffuse da vari funzionari e media israeliani, amplificate da leader internazionali, e una valanga di vicende inventate, di disinformazione e propaganda relativa ai fatti di quel giorno.

La campagna israeliana di disinformazione è stata globale e coordinata, sincronizzata. È comparsa in simultanea su tutti i media mainstream internazionali, e riverberata dai governi occidentali.

Si è costruita sulla base di una serie di notizie scioccanti, dal sicuro impatto emotivo, che hanno generato orrore e rabbia nella pubblica opinione mondiale. Fra queste, forse la più orrenda in assoluto fu la notizia che quaranta bambini erano stati trovati decapitati in una delle case attaccate.

Fabbriche di menzogna

Decapitare un bambino è un crimine talmente mostruoso che solo qualcuno fuori dall'umano può macchiarsene. Ed equivale a essere un tagliagole. L'associazione mentale con la parola in assoluto più usata per definire i musulmani come terroristi è immediata e diretta. Un'equivalenza letterale.

La notizia secondo cui i combattenti di Hamas avrebbero decapitato quaranta bambini a Kfar Aza, nel Sud di Israele, durante l'assalto del 7 ottobre, ebbe un effetto devastante. Era una grande bugia. Una notizia completamente fabbricata. Inizialmente diffusa da Nicole Zedeck, giornalista israeliana dell'emittente I24 News, la quale citò come fonte i soldati israeliani, che le avevano riferito di aver trovato quaranta neonati con la testa tagliata. Una notizia che qualsiasi giornalista professionale si sarebbe ben guardato dal divulgare, prima di una seria verifica. E invece, la bufala fece subito il giro del mondo, ripetuta non solo dai giornalisti internazionali, ma anche dai politici e dai lobbisti israeliani, dal primo ministro e da vari ministri, e persino dal presidente degli Stati Uniti, Joe Biden.

Non era certo la prima volta, d'altronde, che i presidenti degli Stati Uniti ripetevano notizie false. Proprio come quella delle armi di distruzione di massa trovate in Iraq, anche la storia dei quaranta bambini risultò una totale *fake news*. Ma lo scopo delle fake news è proprio quello di circolare il più possibile, prima che qualcuno le smentisca, durante e dopo. Una volta immessa nell'ecosistema informativo, una fake news ottiene i suoi effetti anche dopo che è stata confutata. Per questo il giornalismo ha il ruolo fondamentale di *non* immettere nell'ecosistema informativo notizie che non siano state verificate. Smentire una notizia falsa non ha alcun impatto. L'unico modo per neutralizzare una notizia falsa è *dare solo notizie verificate*. È l'abc nel nostro mestiere, quello dei giornalisti, racchiuso nella famosa massima: se qualcuno dice che fuori piove, e qualcun altro dice che fuori c'è il sole, il giornalista è colui o colei che apre la finestra e verifica. Ma questo dovere non appartiene solo ai giornalisti: si tratta di un principio che chiunque riceva una notizia è tenuto a rispettare a propria volta, anche i semplici lettori o gli spettatori tv, o gli utenti dei social media. Tanto più se si chiamano Joe Biden e sono presidenti degli Stati Uniti d'America. E invece.

L'11 ottobre 2023, quattro giorni dopo gli attacchi di Hamas in Israele, Biden ha dichiarato, mentendo, di aver visto «immagini confermate di terroristi che decapitano bambini». Non poteva aver visto alcuna immagine «confermata», perché immagini confermate di bambini decapitati il 7 ottobre semplicemente non sono mai esistite. Qualche ora dopo la sua dichiarazione, infatti, un portavoce della Casa Bianca ha chiarito che nessuno, né il presidente né altri funzionari, aveva visto immagini. Ma ormai era tardi. Pochi giorni dopo, un terrorista americano ha ucciso Wadea Al-Fayoume, sei anni, palestinese-americana. Il killer ha dichiarato, secondo la BBC, che a indurlo al gesto era stata «la rabbia a causa delle notizie trapelate sulla guerra fra Israele e Hamas, compresa la notizia che decine di bambini israeliani erano stati decapitati da Hamas».

I primi a smentire la notizia dei bambini decapitati sono stati proprio alcuni media israeliani; il quotidiano *Haaretz* e il canale tv Channel 13 hanno condotto indagini e pubblicato un rapporto investigativo che sfatava molte delle affermazioni emerse dopo il 7 ottobre, fra cui le accuse di decapitazione dei bambini. Una notizia che si è dimostrata falsa dopo aver incrociato l'elenco e l'età delle presunte vittime. Il rapporto aveva anche rilevato che molte di queste informazioni si basavano su fonti militari che avevano diffuso notizie false, o quantomeno errate; oltre a quella dei bambini decapitati, altre notizie false e smentite dai media riguardavano storie di bambini bruciati vivi, o appesi agli stenditoi.

Alcuni giornalisti israeliani hanno verificato i nomi e le età di tutte le persone uccise il 7 ottobre, confrontandoli con il registro civico dei nomi fornito dal ministero della Sanità israeliano e con i dati del ministero dell'Interno, giungendo alla conclusione che la storia dei quaranta bambini decapitati fosse interamente inventata.

La propaganda israeliana era stata originata e amplificata da dirigenti di un'organizzazione di volontariato e salvataggio israeliana di nome ZAKA. Da un'indagine giornalistica della rete israeliana Channel 13 è emerso che ZAKA era sospettata e indagata da anni per aver utilizzato un'organizzazione ombra allo scopo di incanalare milioni di dollari di donazioni a uso privato. L'organizzazione rischiava la bancarotta, era accusata di frode finanziaria; il suo fondatore, Meshi Zahav, ultraortodosso, era stato accusato di stupri e abusi su sei persone, secondo *Haaretz*, e denunciato da uomini e donne, dunque costretto a dimettersi dalla carica nel 2021. Nonostante le accuse gravissime, ZAKA ha ricevuto l'incarico di soccorrere le vittime del 7 ottobre dal governo israeliano, e ha sfruttato quell'occasione per fabbricare menzogne e montare una campagna di propaganda in grande stile. I maggiori quotidiani internazionali ne hanno riciclato le menzogne senza alcuna verifica.

Dopo il 7 ottobre, ZAKA era stata ingaggiata per il delicatissimo compito di raccogliere i resti delle vittime, in modo che potessero ricevere sepoltura secondo le leggi ebraiche. Ma molti dei loro – principalmente ultraortodossi – che si sono trovati sulla scena del crimine sono stati accusati da ufficiali israeliani di contaminarla, raccogliendo i resti in modo approssimativo e commettendo molti errori che hanno reso caotica la scena.

Haaretz ha pubblicato un articolo a fine gennaio 2024, il cui titolo era *Morti e donazioni*, chiedendosi se ZAKA non avesse sfruttato il compito di raccogliere i resti delle vittime per intascare i fondi dell'incarico e per dare vita, sempre a scopo di raccolta fondi, a una campagna di disinformazione, «usando i morti come oggetti di scena».

Nell'inchiesta, altri volontari denunciano che il gruppo ZAKA utilizzava foto e video della sede degli attentati, immagini delle salme – raccolte senza il permesso dei loro familiari –, macchie di sangue e altro per postarli sui social media e raccogliere fondi per l'organizzazione. L'utilizzo delle immagini del 7 ottobre avrebbe fruttato loro ben cinquanta milioni di shekel (circa tredici milioni di dollari) di fundraising; inoltre, nel corso dei primi mesi dell'attacco israeliano su Gaza, nonostante la zona degli assalti del 7 ottobre fosse *off limits* e militarizzata, avrebbero organizzato dei «tour di visita» per i loro donatori.

La loro raccolta fondi era partita immediatamente dopo aver annunciato che si trovavano sul luogo degli attacchi, con un tweet: «I nostri volontari sul campo sono circondati da cadaveri, e dal fuoco delle artiglierie, e hanno bisogno urgente di protezione e di equipaggiamenti».

Il quotidiano israeliano ha inoltre raccontato che i volontari di Zaka avevano estratto le salme raccolte dall'esercito israeliano e messe in sacchi dell'IDF, per inserirle in sacchi bianchi con il loro logo. Interrogati sul perché, alcuni hanno risposto: «Tutti sanno che qui sono in gioco anche questioni di pubbliche relazioni». Ovvero: lo avevano fatto per pubblicare sui loro social media le immagini dei sacchi bianchi con dentro le vittime e il loro logo impresso sopra.

Haaretz ha inoltre accusato ZAKA di aver diffuso una serie di bugie su atrocità che non erano mai accadute, come quella che riguardava una donna incinta e con il ventre squarciato, col bambino ancora attaccato al cordone ombelicale. È stato un funzionario stesso di ZAKA ad ammettere, sollecitato da *Haaretz*, che si trattava di una storia inventata. In un video di ZAKA si vede un volontario dell'organizzazione, in lacrime, raccontare di aver trovato i corpi bruciati di venti bambini in un kibbutz. Ma con i giornalisti il volontario non è mai sembrato sicuro di quale fosse il kibbutz: una volta era quello di Be'eri, un'altra volta quello di Kfar Aza. In nessuno dei due casi la storia è risultata avere il minimo riscontro.

Perché ZAKA si trovava in una postazione militare all'indomani del più grave attacco subìto da Israele da anni, senza che i suoi volontari avessero mai ricevuto un addestramento professionale, né una preparazione per raccogliere evidenze di crimini di guerra? I loro errori, ammesso che di errori si sia trattato, hanno reso molto più complicato il processo di identificazione delle vittime, per non parlare di quanto abbiano complicato la possibilità di provare a comprendere la dinamica degli eventi attraverso la composizione della scena del crimine e l'analisi sui cadaveri.

Ma anche tanti esponenti militari dell'esercito israeliano hanno diffuso attivamente false notizie. Il canale tv Channel 13 ha smentito diverse storie raccontate da ufficiali, fra cui quella di otto bambini uccisi nel kibbutz Be'eri, quella di una donna incinta, quella di un'anziana sopravvissuta ad Auschwitz di nome Jenia e uccisa da Hamas a Be'eri. Tutte, e ciascuna, prive del minimo riscontro. Eppure, queste storie hanno circolato, per giorni, settimane e mesi.

Oltre alla menzogna dei bambini decapitati, anche altre storie dal sicuro impatto emotivo, e dal sicuro effetto mostrificante nei confronti dei palestinesi, hanno cominciato a circolare immediatamente dopo il 7 ottobre senza che ci si preoccupasse di verificarne la veridicità. Fra queste, ad avere l'eco più potente sono state le accuse di stupri di massa nel corso dell'assalto alle postazioni militari, ai kibbutz e al Festival Nova, il festival musicale che era in corso vicino al confine di Gaza la mattina del 7 ottobre.

E mostrificare è precisamente lo scopo che si vuole ottenere con la diffusione delle menzogne costruite ad arte, come già raccontava lo storico Marc Bloch in un libro sulle tecniche di propaganda nate durante la Prima guerra mondiale, intitolato appunto *La guerra e le false notizie*. Contro i mostri ogni reazione è giustificata, anche la più crudele.

Le indagini sugli stupri sostituite dalla propaganda

Insieme alla vicenda dei bambini decapitati, anche quella degli stupri di massa è stata immediatamente usata per fomentare collera e orrore nelle persone.

Ancora una volta è stata ZAKA una delle prime fonti a spargere la notizia che il 7 ottobre fossero avvenuti stupri di massa di donne israeliane da parte dei militanti di Hamas. Un'accusa immediatamente ripresa dai leader israeliani e occidentali, e dai media di tutto il mondo.

Per la mia storia personale e professionale, mi sono battuta come attivista per tutta la vita contro l'uso dello stupro come arma di guerra subìto dalle donne durante il genocidio in Ruanda, così come in Bosnia. Nel 2018, su invito del presidente francese Emmanuel Macron ho scelto di diventare parte di un gruppo di lavoro che presentasse al G7 una serie di proposte per la prevenzione e la lotta contro i crimini sessuali. Insieme a me c'erano Nadia Murad, testimone e vittima degli stupri dell'Isis, premio Nobel per la Pace, e il medico Denis Mukwege, fondatore del primo ospedale per le donne vittime di stupro di guerra in Congo.

Tutte le vittime di stupri e violenza sessuale vogliono e meritano giustizia: la maggior parte di loro ritiene il riconoscimento giudiziario dell'ingiustizia subìta una parte fondamentale del processo di guarigione ed elaborazione del trauma legato alla violenza sessuale.

Quando penso al suicidio di mia madre, alle tantissime vittime di stupri e di violenze sessuali che si sono tolte la vita, penso alla società che negando loro giustizia le ha tradite due volte. Da mamma, da femminista e da giornalista, attivista e umanista, ho sempre creduto alle donne che denunciano le violenze sessuali. E proprio per questo ritengo che le tante voci che, nel caso delle notizie trapelate fin dal primo momento di «stupri di massa», sono state diffuse da organizzazioni come ZAKA e altre, abbiano commesso un atto di grave mancanza di rispetto nei confronti di tutte le vittime di stupro e specialmente di stupro di guerra nel mondo, permettendosi di parlare non *a fianco* di vittime di questi stupri di Hamas, ma *al posto* di eventuali vittime, mai identificate, mai individuate, la cui voce non abbiamo mai sentito. Gli stupri del 7 ottobre di Hamas sono stupri senza donne stuprate. «Perché sono morte» dicono alcuni. Ma anche i corpi delle vittime parlano. Nel caso delle vittime del 7 ottobre, non sono stati trovati neanche cadaveri sui quali concludere che ci fosse stato stupro.

Qual è la verità, dunque? È stato fatto un uso propagandistico sul tema «gli stupri di Hamas», e di che portata? Per me è sconcertante e criminoso che il governo israeliano abbia rifiutato e continui a rifiutare una richiesta di indagine imparziale e indipendente da parte delle Nazioni Unite. Se ci sono vittime di stupri avvenuti quel giorno, il governo sta negando loro giustizia. Perché rifiutare un'indagine internazionale che potrebbe aprire la strada alle Corti internazionali per processare e condannare i presunti stupratori? Non soltanto Israele non consente indagini indipendenti su questo, ma la stessa magistratura israeliana nega che sia stato aperto anche un solo fascicolo d'indagine, o che sia mai giunta una sola denuncia da parte di vittime. All'indomani del 7 ottobre il governo israeliano lanciò una campagna mediatica intitolata «Credete alle donne israeliane», per sostenere un gruppo di attiviste israeliane che non avevano subito stupri quel giorno, ma che ritenevano fossero accaduti. Governo e gruppi di influenza hanno adoperato questo argomento così delicato, così drammatico, la tragica lotta per la giustizia di milioni e milioni di donne nel mondo per far sì che la loro parola valga nei tribunali quando denunciano i loro stupratori, per appropriarsene in chiave propagandistica, e far valere il loro *storytelling*. Ma quando si è trattato di permettere di fare luce sui fatti, il governo stesso si è opposto a indagini indipendenti internazionali. Hamas, al contrario, aveva accettato e anzi auspicato che si effettuasse un'indagine indipendente su questo tema.

Una delle testimoni principali degli articoli pubblicati sui principali quotidiani internazionali, come il *New York Times*, in merito agli stupri che sarebbero avvenuti il 7 ottobre si chiama Shari Greenwald Mendes, una volontaria che lavora nell'obitorio di una base militare israeliana per pulire i corpi dei soldati e delle vittime prima di seppellirli. Proveniente dal New Jersey, si è trasferita in Israele vent'anni fa. Già nel 2014 una sua dichiarazione aveva fatto scalpore: aveva detto che la battaglia per le pubbliche relazioni e per proteggere l'immagine di Israele fosse la più importante, tanto da «far sembrare facile quella sul campo militare».

Il 20 ottobre 2023 Shari Mendes ha dichiarato al *Daily Mail* di aver visto prove di atrocità, brutalità e orrori del massacro di innocenti perpetrato da Hamas. «Quello che ho visto con i miei occhi è peggio dell'Olocausto» ha detto. Un'analogia rifiutata persino da Netanyahu, durante una riunione con i parenti delle vittime in cui ha ricordato che non si poteva paragonare il 7 ottobre all'Olocausto. Shari Mendes ha raccontato di aver assistito a ogni forma di atrocità, dalle teste tagliate ai feti estratti dai corpi alle donne stuprate. Ha detto di aver visto «una donna incinta decapitata e il suo bambino non ancora nato».

A seguito di un'indagine giornalistica di *Haaretz*, le sue parole, che nel frattempo avevano fatto il giro del mondo finendo anche sul *New York Times*, sono state interamente smentite, ed è emerso che Shari Mendes era una propagandista militante in favore di Israele, che già nel 2014 sui suoi profili social scriveva come la battaglia della propaganda fosse «tale da far sembrare semplice ciò che avviene sul campo di battaglia».

La guerra di narrazione, la guerra delle parole, la guerra contro i fatti e contro la verità è molto più importante, per Israele, di quella combattuta dall'esercito. «Il partito ti diceva di rifiutare l'evidenza dei tuoi occhi e orecchie.

Era il loro ordine definitivo, il più essenziale» scriveva George Orwell in *1984*. Il partito, in questo caso, è lo Stato. Lo ha detto in modo inequivocabile Ruth Wisse, ex portavoce del governo israeliano, nel 2021 all'Università di Harvard, dove aveva insegnato fino al 2014: «Pensate se la guerra contro Israele venisse mai combattuta sul suolo israeliano. Devo dirvelo? È un'eventualità impossibile. Quindi è la stessa cosa: non lasciate che la guerra delle parole sia mai combattuta sul terreno della natura di Israele. Difendetevi attaccando». Per Wisse, il dovere di tutti gli ebrei americani è quello di «combattere una battaglia di pubbliche relazioni in favore di Israele», insistendo sul fatto che qualsiasi critica alla politica dello Stato di Israele vada denigrata e attaccata come antisemitismo. Non a caso, si tratta di una delle attività predilette del governo israeliano.

Il 7 ottobre Hamas e gli altri gruppi armati usciti dai varchi aperti con le armi si sono macchiati di crimini di guerra. Tuttavia, nessuna delle atrocità commesse è stata così insistita e persistente sui media come l'accusa di stupro. Oggetto di reali campagne mediatiche, dagli hashtag di Stato #believetheisraeliwomen – un hashtag che si riferiva non alle vittime bensì alle propagandiste – ai documentari, come quello di Sheryl Sandberg, alle inchieste, come quella pubblicata dal *New York Times* su «come Hamas ha usato lo stupro come arma di guerra il 7 ottobre», realizzate da collaboratrici prive di qualsiasi esperienza giornalistica, utilizzando come fonte principale la già citata ZAKA, e citando storie di vittime smentite dai loro stessi familiari. Le accuse di stupro hanno prodotto persino risoluzioni del Congresso americano, in cui si affermava che la polizia israeliana aveva, cito testualmente, prove di «innumerevoli casi di stupro, stupri di gruppo, mutilazioni sessuali e altre prove di violenza sessuale». Ma queste prove della polizia israeliana non sono mai emerse e, come adesso sappiamo, la magistratura israeliana non è stata in grado di istruire neanche un singolo caso di stupro legato agli attacchi del 7 ottobre.

L'allora presidente degli Usa Joe Biden, la vicepresidente Kamala Harris, l'ex segretaria di Stato Hillary Clinton, tutti loro hanno ripetuto all'infinito l'affermazione che il 7 ottobre non solo si fossero verificate violenze sessuali, ma che queste fossero state parte di una strategia militare, ossia che Hamas avesse ordinato l'uso degli stupri come arma di guerra.

Una campagna tanto insistita, senza alcun riscontro reale, implica un obiettivo molto chiaro: indirizzare il sistema mediatico e informativo verso la completa disumanizzazione e mostrificazione dei palestinesi.

Durante un'intervista all'emittente americana CNN nel dicembre 2023, la deputata democratica americana Pramila Jayapal invitava a riflettere sul prezzo umano dei bombardamenti indiscriminati israeliani. Disse che Israele aveva già ucciso quindicimila palestinesi, di cui il 70% erano donne e bambini. Ma la giornalista Dana Bash la rimproverò in malo modo, per aver osato parlare delle vittime civili palestinesi, dicendo: «È terribile, ma almeno non vengono stuprati come le donne israeliane». Ecco cosa sono la mostrificazione e la disumanizzazione.

Dal rigore delle indagini alla nebbia delle mistificazioni

Fin dal primo momento in cui le voci sugli stupri del 7 ottobre hanno cominciato a circolare, ci sono state realtà coraggiose come *The Intercept*, che hanno chiesto prove e hanno esaminato criticamente le notizie, evidenziando i punti in cui le narrazioni crollavano, dove mancavano le prove, dove le storie cambiavano di continuo. Ci sono stati tentativi di fare giornalismo vero, invece di limitarsi a trascrivere meccanicamente tutto ciò che dettavano i portavoce del governo. Ma tutti questi tentativi sono stati bollati come «filo terroristi». I giornalisti che hanno posto dubbi o domande sulle prove di questi presunti stupri sono stati attaccati, denigrati, etichettati come «negazionisti» o come «apologeti dello stupro pro Hamas». La giornalista Briahna Joy Gray è stata licenziata da *The Hill*, per aver messo in discussione questa narrazione.

Qualche mese fa, un portavoce del governo israeliano ha bollato tutti i trecentomila partecipanti a una manifestazione contro il genocidio a Londra come «apologeti dello stupro». L'onnipresente storytelling degli stupri di massa ha cancellato l'attenzione su altri orribili traumi e atrocità che sono stati commessi quel giorno.

Recentemente un quotidiano popolare, *The Times of London*, ha condotto un'indagine sulle presunte accuse di stupro di massa. Il pezzo è molto comprensivo nei confronti del punto di vista israeliano, persino nei confronti dei volontari ultraortodossi di ZAKA, le cui testimonianze più volte smentite avevano costituito il nucleo centrale dei racconti di stupri di massa e di altre atrocità inventate. *The Times of London* ha condotto un'indagine investigativa approfondita sulle accuse di stupro, prendendo di mira direttamente le affermazioni di stupro di massa da parte di Hamas il 7 ottobre, senza trovare alcuna prova a sostegno di tali affermazioni. L'indagine ha concluso in modo inequivocabile che «non ci sono prove forensi di stupro» e che «non ci sono prove video di stupri commessi il 7 ottobre 2023». Il governo israeliano afferma di averne migliaia, ma non ha mai prodotto una sola prova a sostegno delle sue affermazioni. Non è mai stata interrogata una sola vittima di stupro, nonostante la polizia avesse obbligato gli ospedali, a dicembre 2023, a consegnare loro i resoconti di qualsiasi ricovero o cura prestati a presunte vittime di stupro il 7 ottobre.

Nella sua indagine, *The Times of London* si sofferma

anche sulla mancanza di prove a sostegno del rapporto delle Nazioni Unite sulle violenze sessuali del 7 ottobre, condotto da Pramila Patten. In tutti i filmati di Hamas che la squadra di Patten aveva visionato, e in tutte le fotografie, non c'erano immagini di stupro. *The Times of London* ha assunto un ricercatore israeliano leader del *dark web* per cercare prove di immagini, o video, compresi i filmati cancellati da fonti pubbliche, di presunte violenze sessuali. Non è stato possibile trovarne. Esperti israeliani hanno dichiarato al quotidiano che le accuse di stupro sono state così strumentalizzate politicamente da danneggiare i sopravvissuti alle reali uccisioni di massa di quel giorno.

La dottoressa Reut Plonsker, psicologa senior di Safe-Heart ha dichiarato: «Non credo che ci siano state molte violenze sessuali. Ci sono stati molti omicidi. È quello che è successo lì. Le persone si nascondevano e guardavano cose molto orribili».

Ha espresso scetticismo sul fatto che i leader israeliani abbiano in mente gli interessi delle vittime. «I terapeuti sono interessati alle vittime e ai sopravvissuti» dice. «Penso che i politici siano interessati all'immagine di Israele.»

Due esperte israeliane, Aharoni e Sulitzeanu, hanno espresso le loro preoccupazioni per il modo in cui sia i leader politici che altre persone legate al partito Likud del primo ministro hanno trattato la questione. Aharoni ha denunciato: «Hanno usato l'agenda femminista in modo molto opportunistico per una narrazione politica molto specifica associata al governo Netanyahu», con poca preoccupazione per le vittime reali. «La politicizzazione dello stupro da parte del governo israeliano faceva parte dell'agenda politica di questo governo» avverte Sulitzeanu: «La questione di credere alle sopravvissute è diventata un test di fedeltà alla nazione».

Riguardo alla campagna lanciata dal ministero degli Esteri con l'hashtag #BelieveIsraeliWomen, "Credete alle donne israeliane", Aharoni e Sulitzeanu sottolineano: «Non intendevano dire "credi alle donne israeliane". Intendevano "credi a Israele"».

L'indagine di *The Times of London* ha subito scatenato una campagna di pressione e intimidazioni. I tre esperti israeliani intervistati hanno scritto una risposta congiunta, sostenendo che le loro parole erano state, cito, «travisate, distorte e sfruttate». Ma non hanno contestano il fatto che a oggi non ci siano prove, oltre all'assenza totale di denunce.

Il rapporto delle Nazioni Unite di Pramila Patten sulle accuse di violenza sessuale durante gli attacchi del 7 ottobre 2023 ha fornito risultati contrastanti.

L'indagine di Patten ha trovato «ragionevoli motivi per credere» che le violenze sessuali si siano verificate in luoghi specifici come il festival musicale Nova e il Kibbutz Re'im.

Tuttavia, l'indagine non è stata in grado di stabilire che tali violenze erano diffuse, né di identificare in modo definitivo i responsabili a causa della limitatezza delle prove e la mancanza di accesso ai sopravvissuti.

Patten ha sottolineato che il suo mandato non prevedeva un'indagine penale completa, ma piuttosto una raccolta di informazioni.

Sebbene alcune prove circostanziali suggeriscano una violenza sessuale, non sono emerse prove conclusive che possano reggere in tribunale.

Durante la conferenza stampa, una giornalista ha chiesto a Pramila Patten se la fonte delle informazioni che aveva raccolto fosse l'organizzazione ZAKA, già nota a quel punto per aver fabbricato una propaganda fasulla sul 7 ottobre. Patten ha rifiutato di rivelare l'identità di chi ha fornito le informazioni, ma ZAKA ha pubblicato una fotografia di loro volontari insieme a lei. Per discutere il suo rapporto, Patten è stata ospitata dal canale israeliano 12.

La conduttrice israeliana l'ha intervistata in modo ostile e combattivo, partendo dalla domanda: «Perché nel rapporto non ha nominato Hamas? Perché non ha nominato i palestinesi? Non sono stati certo degli olandesi a commettere abusi sessuali!» Patten ha ripetuto quello che aveva dichiarato durante la sua conferenza stampa: «Non mi è mai stato dato accesso a prove che mi permettessero di puntare il dito contro una persona o un'altra».

In tanti rapporti delle Nazioni Unite che ho letto, dai tempi degli stupri di massa in Bosnia, degli stupri in Ruanda, in Myanmar, e su quelli dell'Isis, mai ne avevo trovato uno che fosse così vago e poco conclusivo. Chiaramente realizzato per scopi politici, non ha nulla a che fare con la lotta alla violenza sessuale, né con la richiesta di giustizia per le vittime.

Il genericismo di questo rapporto stride fortemente con la ricchezza di agghiaccianti dettagli contenuti invece in un altro rapporto dell'ONU, quello intitolato *Più di quanto un essere umano possa sopportare* (*More than a human can bear* è il titolo originale) pubblicato a marzo 2025, lungo quarantanove pagine. Un dettagliato elenco sull'uso sistematico della violenza sessuale contro i palestinesi. Si legge nella sua presentazione: «Non si può sfuggire alla conclusione che Israele ha impiegato la violenza sessuale e di genere contro i palestinesi per terrorizzarli e perpetuare un sistema di oppressione che mina il loro diritto all'autodeterminazione. Forme specifiche di violenza sessuale e di genere – come lo spogliarello pubblico forzato e la nudità, le molestie sessuali, stupri, e le aggressioni sessuali – fanno parte delle procedure operative standard delle forze di sicurezza israeliane nei confronti dei palestinesi. Altre forme di violenza sessuale e di genere, tra cui lo stupro e la violenza sui genitali, sono state commesse su ordine esplicito o con l'implicito incoraggiamento dei vertici civili e militari di Israele.» Il rapporto parla anche del clima di impunità anche per quanto riguarda i crimini sessuali e di genere commessi dai coloni israeliani in Cisgiordania occupata, con l'obiettivo di incutere paura, terrorizzare la comunità palestinese e di espellerla. Donne e ragazze sono morte per complicazioni legate alla gravidanza e al parto a causa delle condizioni imposte dalle autorità israeliane che hanno negato l'accesso all'assistenza sanitaria riproduttiva: atti che equivalgono al crimine contro l'umanità dello sterminio.

La Commissione ONU ha riscontrato che le autorità israeliane hanno distrutto in parte la capacità riproduttiva dei palestinesi di Gaza come gruppo, attraverso l'eliminazione sistematica dell'assistenza sanitaria sessuale e riproduttiva. Ciò equivale a due categorie di atti di genocidio secondo lo Statuto di Roma e la Convenzione sul genocidio, tra cui l'inflizione deliberata di condizioni di vita calcolate per portare alla distruzione fisica dei palestinesi e l'imposizione di misure volte a impedire le nascite.

Amnesty International, in una sua dichiarazione, ha evidenziato l'accanimento sulla salute riproduttiva di cui si parla nel rapporto: «La Commissione d'inchiesta delle Nazioni Unite ha concluso che Israele ha compiuto "atti di genocidio" contro i palestinesi a Gaza distruggendo le strutture sanitarie e di salute riproduttiva delle donne e bloccando l'accesso all'assistenza sanitaria riproduttiva. [...] le forze israeliane hanno sistematicamente distrutto le strutture sanitarie per la salute sessuale e riproduttiva in tutta Gaza, compresa la più grande clinica per la fertilità di Gaza, il centro Al Basma, nel dicembre 2023. I bombardamenti dei carri armati hanno distrutto circa quattromila embrioni nella clinica che, secondo quanto riferito, assisteva due-tremila pazienti al mese.

Il rapporto della Commissione rileva che la distruzione

equivale a "due categorie di atti di genocidio nello Statuto di Roma e nella Convenzione sul genocidio, tra cui infliggere deliberatamente condizioni di vita intese a provocare la distruzione fisica dei palestinesi e imporre misure volte a prevenire le nascite". Il capo della Commissione, Navi Pillay, ha dichiarato che gli attacchi contro le strutture sanitarie per la salute riproduttiva, compresi gli "attacchi diretti" ai reparti di maternità e alla clinica di fecondazione in vitro, "uniti all'uso della fame come metodo di guerra, hanno avuto un impatto su tutti gli aspetti della riproduzione". Ha aggiunto che le violazioni "non solo hanno causato gravi danni fisici e mentali immediati e sofferenze a donne e ragazze, ma hanno anche effetti irreversibili a lungo termine sulla salute mentale e sulle prospettive riproduttive e di fertilità dei palestinesi come gruppo"».

Mostrificazione e cancellazione

Il governo israeliano ha utilizzato accuse di stupro mai provate e altri contenuti incendiari come parte di una campagna più ampia per giustificare un genocidio. Non è la prima volta che un governo fa questo. Era già accaduto nel 2014, quando il regime militare in Myanmar ha orchestrato una campagna di propaganda e diffuso disinformazione incitando direttamente all'odio nei confronti delle minoranze Rohingya, prevalentemente musulmane. L'esercito del Myanmar, in quella circostanza, ha sfruttato la piattaforma social Facebook per diffondere propaganda anti-Rohingya, comprese storie inventate come accuse di stupri avvenuti da parte di uomini musulmani nei confronti di donne buddhiste. Questa propaganda fu la scintilla che scatenò la violenza, e fu usata per giustificare il genocidio, come tale riconosciuto dall'ONU, contro i musulmani in Myanmar. Facebook, partecipata dalla società madre, Meta, ha riconosciuto il proprio ruolo nell'esercizio della violenza contro le minoranze musulmane in Myanmar, che le Nazioni Unite hanno definito un genocidio.

La piattaforma ha ammesso di essere stata utilizzata per incitare alla violenza, per amplificare e seminare propaganda d'odio, contribuendo così al genocidio commesso dall'esercito del Myanmar.

La propaganda amplificata da Facebook, e la disinformazione sfruttata e utilizzata dai militari e da altri gruppi nazionalisti per incitare alla violenza ha legittimato l'uccisione di massa, gli stupri e la pulizia etnica di circa settecentomila persone Rohingya.

Attraverso l'argomento degli stupri di massa, Israele ha costruito una storia di mostri, per minimizzare e negare in tempo reale gli orrori subìti dai palestinesi e il genocidio coloniale. Lo ha fatto utilizzando a questo scopo le reali sofferenze di milioni di donne stuprate nel mondo e le battaglie dell'intera galassia femminista internazionale per far sì che le denunce di stupro delle donne vengano ascoltate e credute. Solo che questa volta Israele si è sostituito, come Stato, alle donne vittime, ha preteso di esserne la voce. Ha trasformato la realtà dello stupro e dello stupro come arma di guerra in una leva per fare propaganda, silenziando ogni forma di dubbio, di indagine sulla verità dei fatti e di critica, cancellando la distinzione fra la voce delle vittime e quella di un governo. Questo, come femminista, come donna, mi indigna profondamente.

Ma non mi sfugge la ragione per cui tutto ciò è stato fatto. La «nuova Nakba» che Israele ha abbattuto sul popolo palestinese da ottobre 2023 a oggi è di un livello molto più profondo e violento rispetto a tutte le guerre precedenti. Questa volta Israele sapeva che per portare la distruzione di Gaza al livello desiderato, era necessario un uso ben più feroce e scientifico della disinformazione. Senza quello, le immagini delle vere atrocità commesse contro i bambini e le donne palestinesi avrebbero prevalso; e così è stato, infatti, per una fetta molto ampia dell'opinione pubblica mondiale. L'unico modo per neutralizzare l'impatto di un'atroce verità è crearle una nebbia tutto attorno, in modo che essa si confonda con le bugie. A questo scopo non è sufficiente diffondere propaganda e menzogna; bisogna rivolgere la guerra anche contro coloro che chiedono prove, fanno domande scomode, mostrano atrocità, smentiscono le bufale. In circa diciotto mesi, Israele e i suoi alleati si sono prodotti in una campagna di linciaggio, *character assassination*, intimidazione, repressione, censura, nei confronti di chiunque rivelasse le atrocità che stavano commettendo o smentisse le bugie che raccontavano. Una campagna che ha trovato il suo punto più alto nell'esecuzione di duecentonove giornalisti palestinesi: uccisi mentre svolgevano il loro lavoro, quello di far sapere cosa stesse succedendo a Gaza.

La campagna genocida di Israele contro i civili palestinesi è iniziata con la loro disumanizzazione e criminalizzazione collettiva. Per anni, i programmi televisivi israeliani hanno apertamente definito i palestinesi «subumani»: hanno glorificato le atrocità, i crimini e la violenza sistematica e discriminatoria contro i palestinesi, hanno normalizzato la supremazia ebraica e hanno invocato il genocidio e la pulizia etnica come unica garanzia di sicurezza, e come unica soluzione all'esistenza dei palestinesi. Lo ha scritto chiaramente Amnesty International nel suo rapporto di novembre del 2024, fin dal titolo *Ti senti come se fossi un subumano*: la disumanizzazione è la condizione essenziale su cui è stato eretto, giustificato e commesso il genocidio a Gaza. E lo ha ribadito, in un recente articolo,

Omer Bartov, uno dei massimi esperti di genocidio, istituendo un parallelo con la disumanizzazione degli ebrei nella Germania nazista.

Indottrinamento all'odio

Da anni studio, e propongo anche nei miei corsi all'università, le indagini e la ricerca dell'accademica israeliana Nurit Peled-Elhanan, che ha analizzato a fondo il ruolo dell'educazione scolastica nel plasmare gli atteggiamenti della società israeliana nei confronti dei palestinesi. La sua ricerca fornisce prove significative della disumanizzazione sistematica della popolazione palestinese all'interno dei materiali educativi israeliani e del discorso sociale più ampio. L'analisi prende in esame i libri di testo scolastici israeliani, evidenziando come i palestinesi siano spesso rappresentati in modo razzista, fumettistico o avvilente. Sono ritratti come un nemico amorfo o intrinsecamente violento, mentre la loro sofferenza e umanità sono ampiamente ignorate. I resoconti storici, come l'espulsione dei palestinesi nel 1948, sono riformulati per incolpare i palestinesi e gli Stati arabi della loro condizione, omettendo eventi chiave come i massacri e la pulizia etnica, la distruzione dei villaggi palestinesi. Queste narrazioni rafforzano l'idea che i palestinesi abbiano perso il diritto alla loro terra abbandonandola, perpetuando una giustificazione per la continuazione dell'occupazione e del conflitto. È un'istruzione militarizzata, al servizio della costruzione di una società militarizzata. Fin da piccoli, i bambini sono esposti a narrazioni che equiparano la sopravvivenza nazionale alla forza militare e ritraggono gli arabi come minacce esistenziali. Lo mostra con la forza delle immagini un cineasta israeliano, Eyal Sivan in un film intitolato *Izkor*: «Ricorda».

Questo condizionamento favorisce la disponibilità ad accettare la violenza contro i palestinesi come necessaria e giustificata. Alcuni studi hanno dimostrato che molti israeliani considerano i palestinesi meno evoluti o meno umani su scale psicologiche, il che si correla ad alti livelli di ostilità e di sostegno a politiche aggressive, comprese le punizioni collettive.

Nonostante la sua tragedia personale – la perdita della figlia in un attentato suicida palestinese – Peled-Elhanan ha continuato a criticare apertamente il trattamento riservato da Israele ai palestinesi. Sostiene che sia i bambini israeliani, sia le vittime palestinesi, subiscono una cultura militarizzata e coloniale che privilegia il dominio rispetto alla coesistenza.

La conferma dell'esattezza delle analisi di Peled-Elhanan mi è arrivata una sera, come un pugno in faccia, quando, guardando la tv israeliana ho visto un gruppo di bambini israeliani che cantavano una canzone le cui parole inneggiavano allo sterminio dei palestinese. Dicevano: «Annienteremo tutti» a Gaza, su uno sfondo di distruzione. Il video è stato pubblicato, e poi cancellato, dall'emittente nazionale israeliana. Per sedici mesi ho guardato, sbigottita, giustificare il tifo per i massacri, i bombardamenti e la distruzione di Gaza, ho visto i soldati israeliani vantarsi sui social dei loro crimini, denigrare gli abitanti delle case distrutte in cui entravano, indossare la loro biancheria intima, divertirsi in modo macabro con i giocattoli dei loro bambini. Tutto questo va ben oltre la guerra, e trova un'unica spiegazione nell'indottrinamento sistematico e continuo che porta alla disumanizzazione di un gruppo umano. In un documentario del 2019, in alcune scuole d'Israele i bambini, intervistati sui loro sentimenti nei confronti degli arabi, rispondevano così: «Mi sento come se volessi uccidere i bambini arabi»; «Ci sarà una guerra di massa e tutti gli arabi moriranno»; «Uccideremo tutti»; «La moschea di Al Aqsa crollerà»; «Rimarranno alcuni arabi, ma saranno schiavi».

Vietato umanizzare i palestinesi

Per Israele non si tratta solo di disumanizzare i palestinesi, ma anche di impedire che altri possano umanizzarli. È un tipo molto specifico e molto aggressivo di censura che riguarda ogni racconto volto a mostrare la personalità dei palestinesi, la loro dimensione umana. La loro sofferenza, ma ancor di più la loro gioia. Di questa censura sono stata oggetto io stessa quando nel 2010 è uscito il film *Miral*, tratto dal mio libro *La strada dei fiori di Miral*. La première del film era prevista per il 14 marzo di quell'anno, alle Nazioni Unite, ospitata dal presidente dell'Assemblea generale, lo svizzero Joseph Deiss. Era l'opera di un regista ebreo americano, Julian Schnabel, prodotta da un ebreo americano a sua volta, Jon Kilik, con il finanziamento della casa cinematografica francese Pathè, e un cast importante: oltre alle attrici palestinesi Hiam Abbass, Ruba Blal, comparivano Willem Dafoe, Vanessa Redgrave, Freida Pinto, Alexander Siddig. Il governo israeliano ha protestato contro la proiezione, e anche la comunità ebraica americana si è opposta, inviando una lettera terribile, in cui si stigmatizzava – testuali parole – il fatto che il film *umanizzava i palestinesi*. Israele si opponeva, esplicitamente, all'umanizzazione dei palestinesi condotta tramite un film che racconta la vita di una ragazzina durante la prima Intifada, parlando dell'educazione e dell'istruzione ricevute in un orfanotrofio. Il governo israeliano e l'ambasciatore israeliano alle Nazioni Unite scrissero, per impedire la première, nientemeno che al segretario generale delle Nazioni Unite, che allora era Ban Ki Moon. La première si tenne ugualmente, ma quell'episodio mi è rimasto impresso nella memoria. A testimonianza della reazione scomposta, nevrotica se non addirittura psicotica che l'umanità dei palestinesi, specialmente se rappresentata con linguaggio artistico o creativo, può suscitare in Israele.

Insabbiare la violenza sistematica

Questo odio e la disumanizzazione che lo accompagna sono sempre più sfacciati all'interno della società israeliana, si esprimono in tutta la loro forza barbara e senza filtri. Ma questa esplosività non dipende dalla dirompenza dei fatti. Vittime di sé stessi, gli israeliani odiano innanzitutto sulla base della propaganda che essi stessi producono e subiscono. Oltre alla propaganda sulle vicende storiche, sia il racconto del 7 ottobre nei suoi dettagli e nella sua verità, sia i crimini accaduti a Gaza negli ultimi diciotto mesi sono stati continuamente sottoposti da Israele e dai suoi complici a un annebbiamento, al *gaslighting*, allo scopo di rendere impossibile distinguere il vero dal falso e di scoraggiare attivamente le persone dal provare a farlo.

Nel corso del 2024 il *New York Times* ha pubblicato più di un reportage per descrivere nei dettagli le violenze sessuali usate in modo sistematico da Israele come strumento bellico, e le condizioni dei centri di detenzione dei palestinesi in Israele; a fronte della grancassa mediatica sugli stupri del 7 ottobre, di queste violenze documentate dal quotidiano americano i media non hanno quasi parlato. Si trattava di prigionieri palestinesi, torturati e sodomizzati dai loro carcerieri israeliani nella base militare israeliana di Sde Teiman, trasformata in carcere per prigionieri politici. Nel reportage si legge che i palestinesi sono stati sottoposti a brutali percosse, scosse elettriche, degradazione intenzionale, compresa la costrizione a indossare solo pannolini, e violenza sessuale. Al Hamlawi, il prigioniero più anziano intervistato, ha raccontato che un'ufficiale donna ha ordinato a due soldati di sollevarlo e di premergli il retto contro un bastone di metallo fissato a terra. Ha detto che il bastone gli è penetrato nel retto per circa cinque secondi, facendolo sanguinare e lasciandolo con un dolore insopportabile.

Altri detenuti palestinesi intervistati hanno fornito un resoconto simile. Il rapporto cita un detenuto di 41 anni, che ha detto: «Durante gli interrogatori mi hanno fatto sedere su qualcosa, una specie di bastone di metallo rovente e che sembrava fuoco». E ha anche detto che un altro detenuto è morto dopo che gli hanno infilato un bastone elettrico nell'ano.

La stampa internazionale ha ignorato anche il rapporto pubblicato nell'agosto del 2024 dall'organizzazione israeliana per i diritti umani B'Tselem, intitolato *Benvenuti all'inferno*. Il rapporto descrive il sistema delle prigioni israeliane, dettagliando racconti di abusi sistematici, torture e violenze sessuali contro i palestinesi nei centri di detenzione. Il rapporto si basa sulla testimonianza di sessanta palestinesi detenuti dall'ottobre 2023, la maggior parte dei quali sono poi stati rilasciati senza accuse e senza processo. Le testimonianze hanno messo in luce gravissimi abusi fisici, sessuali, psicologici che B'Tselem descrive come parte di una deliberata politica israeliana, istituzionalizzata, che costituisce una violazione delle leggi internazionali ed è considerata crimine di guerra. La direttrice dell'Ong ha dichiarato: «Ci viene insegnato a uccidere Amalek, che stiamo combattendo contro un branco di animali... non contro altri esseri umani».

Le prove degli stupri contro i detenuti palestinesi sono documentate in un video, trapelato dal centro di tortura di Sde Teiman, in cui è visibile un gruppo di soldati israeliani che violentano un gruppo di prigionieri palestinesi, mentre altri prigionieri palestinesi sono bendati, e immobilizzati nelle vicinanze.

Quando, mesi fa, la polizia giudiziaria si era presentata a Sde Teiman per interrogare le guardie carcerarie e i soldati coinvolti nelle torture, i soldati avevano dato vita a una rivolta davanti al centro per difendere le guardie, appoggiati da esponenti dell'estrema destra israeliana, compresi membri del governo e parlamentari. Alcuni stupratori, come il colono Meir Ben Shitrit, sono stati persino invitati nelle tv israeliane come ospiti televisivi: è stato dato loro lo spazio per difendere il loro diritto di stuprare i detenuti palestinesi, semplicemente perché sospettati – anche senza la minima evidenza o accusa formale – di essere terroristi di Hamas. Ne è nata persino una parvenza di dibattito pubblico, e la situazione è degenerata al punto che in una commissione parlamentare, alla domanda se fosse legittimo stuprare i militanti di Hamas, il parlamentare israeliano del Likud Hanoch Milwidsky ha risposto: «Sì, se è un terrorista, è certamente legittimo!» Nessuno degli indagati per le atrocità di Sde Teiman ha dovuto subire un processo. La magistratura israeliana ha archiviato ogni accusa.

L'escalation militare israeliana è stata accompagnata da un vero e proprio bombardamento propagandistico, che mira a offuscare, negare e screditare qualsiasi giornalista indipendente o le notizie provenienti da Gaza.

Israele ha imposto un *blackout* mediatico: ha vietato ai giornalisti internazionali di entrare a Gaza, di raccontare la guerra e di far vedere la verità e i fatti sul genocidio, mentre al contempo i vertici politici e militari israeliani occupavano tutte le reti tv internazionali, per raccontare la loro versione ufficiale. E i pochi giornalisti che osavano porre domande sui civili palestinesi venivano aggrediti e licenziati.

Come il giornalista Mehdi Hasan, ex dipendente di MSNBC, indotto a lasciare il canale dopo che il suo programma era stato cancellato, a seguito di una sua intervista al portavoce del governo israeliano. O la giornalista afroamericana Joy Reid, licenziata anche lei da MSNBC, che si è vista cancellare il suo programma dopo aver osato criticare i crimini israeliani a Gaza e la complicità del Partito democratico.

Di questo bombardamento propagandistico hanno fatto parte anche episodi che le comunità filoisraeliane, con la complicità di tanti media e giornalisti, hanno cercato di dipingere come atti di antisemitismo in modo strumentale. L'episodio più noto riguarda gli scontri del novembre 2024 ad Amsterdam, fra cittadini olandesi di origine araba e i tifosi della squadra del Maccabi Tel Aviv che prima della partita avevano messo a ferro e fuoco la città, vandalizzando e urlando slogan che inneggiavano alla morte degli arabi. Mentre i media israeliani e occidentali hanno provato a dipingere le vicende come un pogrom contro gli ebrei, a marzo 2025 procura e giudici olandesi hanno smontato l'accusa di antisemitismo costruita dai media europei e dall'ultradestra: hanno condannato tre persone ai lavori socialmente utili, rispettivamente per sei mesi, per un mese e per tre. Mentre cercano ancora nove ultrà israeliani da portare davanti alla giustizia per devastazione. I giudici hanno contestualizzato gli episodi nel quadro delle tensioni per il conflitto in Medio Oriente e hanno riconosciuto responsabilità anche ai tifosi israeliani, elemento assente dalla narrazione ufficiale. Sebbene le espressioni «negazionismo dell'Olocausto» e «odio antiebraico» siano entrate nei dispositivi delle sentenze, in nessun caso hanno avuto un peso determinante, neanche in presenza di chat in cui gli utenti si abbandonavano a giochi di pessimo gusto su Anna Frank e Hitler: «La violenza è stata influenzata dalla situazione a Gaza, non dall'antisemitismo», è stata la posizione della procura.

Quando, nelle primissime settimane della risposta su Gaza, sono emersi i primi numeri sulle vittime palestinesi degli attacchi dell'esercito israeliano, ed è stato subito evidente che il 70% erano donne e bambini, i leader israeliani hanno ammonito di non fidarsi delle cifre che arrivavano da Gaza. Hanno accusato i palestinesi di gonfiare il numero delle vittime; quei numeri sono stati definiti, anche da autorevoli giornalisti italiani, come i «numeri di Hamas».

Per smontare la propaganda disumana sul numero delle vittime è stato fondamentale il ruolo dei giornalisti palestinesi che lavoravano a Gaza. Sono stati loro a fare pressione sul ministero della Sanità palestinese a Gaza affinché rilasciasse i nomi di tutte le vittime, e le loro età. Un gruppo di donne li ha letti uno di seguito all'altro in una serie di video su YouTube: per nominare tutti ci sono volute trentasei ore.

Nonostante i bombardamenti indiscriminati, gli operatori delle camere mortuarie di Gaza hanno rilasciato il nome e l'età di tutte le migliaia di vittime uccise da Israele che era stato possibile identificare.

Il giornalista palestinese Muhammad Shehada ha ricevuto la lista prima che venisse pubblicata, e ha fatto quello che qualsiasi giornalista ha il dovere di fare: ha controllato tutti i nomi. Ha verificato l'elenco, corroborandolo con esami incrociati del registro della popolazione civica di Gaza e con quello di Israele: anche Israele, infatti, tiene un registro civico di tutti colori che nascono e muoiono a Gaza. La registrazione delle nascite e delle morti a Gaza va fatta obbligatoriamente anche in Israele. Muhammad Shehada ha verificato che nella lista delle vittime che aveva ricevuto non c'era un singolo errore. Solo successivamente ha chiamato il *New York Times*, e ha condiviso con loro l'elenco delle vittime, chiedendo ai colleghi di smentire quei politici israeliani e americani, incluso il presidente Joe Biden, che sui numeri delle vittime avevano mentito.

Dopo il rilascio dell'elenco delle vittime, Israele ha cominciato a sostenere che quell'alto numero di persone uccise fosse responsabilità di Hamas, che le usava come scudi umani. Come ha spiegato la diplomatica palestinese Nada Tarbush, per Israele quella degli «scudi umani» è una delle tre categorie in cui va suddivisa la popolazione di Gaza, ovvero 2,3 milioni di abitanti che possono essere solo tre cose: militanti di Hamas, simpatizzanti di Hamas o scudi umani. Tutte e tre le categorie sono considerate, nella dottrina militare israeliana, un obiettivo militare da eliminare.

In realtà sono gli israeliani stessi che a Gaza si avvalgono dei palestinesi come scudi umani. È la conclusione di un'indagine giornalistica del *New York Times* condotta insieme ad alcune organizzazioni umanitarie, come Human Rights Watch. Le testimonianze di soldati israeliani, di detenuti palestinesi e di organizzazioni per i diritti umani hanno documentato numerosi casi di questa pratica criminale, che viola il diritto internazionale. I palestinesi, fra loro civili e bambini, sono stati obbligati dall'esercito israeliano a svolgere compiti pericolosi per la loro vita, come entrare in edifici e tunnel pieni di trappole esplosive, cercare esplosivi o camminare davanti alle truppe israeliane per proteggere i soldati da eventuali attacchi. Il protocollo israeliano di utilizzo degli scudi umani si chiama «Protocollo Zanzara». I soldati israeliani intervistati lo hanno descritto come una pratica diffusa, una routine spesso coordinata col supporto logistico di ufficiali di intelligence israeliani e di altri comandanti. I detenuti usati come scudi umani vengono talvolta vestiti in modo da somigliare ai soldati israeliani, costretti a recarsi in zone pericolose con videocamere attaccate al corpo. Un soldato israeliano ha rivelato che i comandanti giustificano queste azioni dando priorità alla vita dei soldati israeliani rispetto al diritto internazionale. Un soldato dell'IDF ha confessato alla rete americana CBS News e al quotidiano israeliano *Haaretz* che «a Gaza quasi ogni plotone dell'esercito israeliano ha uno scudo umano: un sottoesercito di schiavi palestinesi». Queste indagini confermano che l'esercito israeliano considera tutti i palestinesi a Gaza come terroristi, le cui vite non valgono nulla; esperti militari che lavorano per il ministero della Difesa israeliano hanno confermato che metà della Striscia di Gaza, l'intero nord, era stato designato «Kill zone»: zona con licenza di uccidere. Chiunque si rifiutasse di evacuare il territorio, compresi disabili, malati, bambini o donne incinte, diventava un target militare da eliminare. Due intellettuali israeliani, Ori Goldberg e Daniel Blatman, hanno scritto: «Nessuno ha dato ai soldati del corridoio di Netzarim, che stanno uccidendo persone innocenti, un ordine esplicito di farlo. Ma quelli che lo fanno (e non sono certo tutti i soldati) capiscono che non subiranno conseguenze. Una combinazione di suggerimenti dall'alto (da parte di politici e ufficiali militari) e di illegalità omicida dal basso: è così che si realizza un genocidio». Ulteriori indagini giornalistiche, condotte dal *New York Times* e dalla testata israeliana *+972 Magazine*, hanno rivelato che l'esercito israeliano aveva ricevuto l'autorizzazione a sterminare qualsiasi persona che si avvicinasse al corridoio Netzarim, costruito dall'esercito stesso per separare fra loro Gaza Nord e Gaza Sud. Così si è prodotto uno dei bombardamenti più devastanti della storia moderna. Le immagini dall'alto delle città in macerie durante il cessate il fuoco, senza più un segno di vita tranne il cordone incessante di palestinesi che con i loro bambini, con i loro animali, camminando fra fame e sete tornavano verso le loro case al nord, distrutte materialmente ma non nello spirito, sono la testimonianza imperitura di questo orrore.

Israele non ha esitato a cambiare narrazione ogni volta che ne ha avuto bisogno per giustificare l'uccisione di massa di civili palestinesi; ha dichiarato che Hamas impediva ai civili di evacuare da una zona all'altra, che aveva costruito posti di blocco da cui uccideva i palestinesi. Una menzogna fra le più assurde, visto che Israele ha centinaia di droni che sorvolano Gaza giorno e notte, alcuni dei quali armati per sparare a vista su tutto ciò che, a suo insindacabile giudizio, rappresenti una minaccia. Sono apparecchi sofisticati, con telecamere in grado di discernere con precisione millimetrica tutto quello che accade sul terreno. Molti video sono stati pubblicati dallo stesso esercito israeliano, come quello del drone che ha filmato il capo di Hamas, Yahya Sinwar, nei suoi ultimi istanti di vita.

Il magazine israeliano *+972* ha svelato, in un'indagine investigativa accurata, che Israele adopera una tecnologia di intelligenza artificiale molto sofisticata per definire i suoi obiettivi. Il programma di IA «Where's daddy» (Dov'è papà?) serve a scagliare bombe di due tonnellate su palazzi interi nel momento in cui si intravede l'ingresso di un militante di Hamas, allo scopo di uccidere centinaia di persone insieme a «papà». Grazie ad altre tecnologie a infrarossi, Israele riesce a vedere attraverso le mura degli edifici quante persone si trovano in un palazzo, o quartiere; e, dal calore e dal peso del corpo, si riesce a capire se si tratta di adulti o bambini, di uomini o donne.

Israele possiede tutta la tecnologia per evitare di uccidere indiscriminatamente donne e bambini. Quella dell'esercito è stata dunque una scelta deliberata, dettata dalla disumanizzazione del popolo palestinese nella sua interezza. Sono vere e proprie confessioni i video girati dagli stessi soldati in cui si vantano delle uccisioni di massa, le interviste in cui raccontano ai giornalisti che fra le loro unità si era creata una sorta di competizione a chi uccideva più palestinesi.

Nel racconto che Israele ha fatto della guerra, nessun palestinese ha mai assunto una reale fisionomia di persona. Le uniche persone sono le vittime israeliane, e anche nel loro caso, quelle vittime non contano in quanto persone, bensì solo in quanto israeliane. La propaganda disumanizza anche coloro in nome di cui parla. Molte vittime del 7 ottobre sono state di fatto lasciate a sé stesse dal governo nei mesi successivi, sono state considerate solo nella misura in cui potevano servire alla propaganda, e non per i loro bisogni umani. Quando la giovane Shirel Golan, sopravvissuta all'attacco del Nova Festival, si è uccisa a ottobre del 2024 in occasione del suo compleanno, il fratello, Eyal, ha accusato pesantemente il governo di non aver fornito aiuti né a lei né agli altri sopravvissuti del 7 ottobre: «Se lo Stato si fosse preso cura di lei, niente di tutto questo sarebbe successo. Lo Stato di Israele ha ucciso mia sorella due volte. Una volta a ottobre, mentalmente, e una seconda volta oggi, nel giorno del suo ventiduesimo compleanno, fisicamente» ha dichiarato Eyal. Anche fra i soldati e i riservisti di ritorno da Gaza in questi diciotto mesi sono numerosi i casi di suicidio, a seguito dello stress post-traumatico, e forse anche al senso di colpa. Israele non divulga i numeri di quanti soldati si siano tolti la vita.

Sulla condizione dei soldati israeliani, la dottoressa Daniela Shebar-Shapira ha dichiarato, su *Haaretz*, che se i loro disturbi da stress post-traumatico dovuti alla partecipazione al genocidio non saranno curati, li si condannerà a vite di violenza domestica. «I ragazzi tornano a casa e le loro madri hanno davvero paura di loro.»

Secondo uno studio pubblicato da *Haaretz*, nel 30% delle coppie israeliane in cui uno dei due partner ha prestato servizio si sono verificati episodi di violenza in casa, una percentuale che sale al 45% se ad aver prestato servizio sono entrambi.

Mentire per distruggere

Hasbara in ebraico può significare «interpretare», «fare chiarezza», «gettare luce». Ma il termine è anche un sinonimo diffuso di «propaganda»: comunicare non allo scopo di chiarire, ma per gettare fumo negli occhi. Sulle vittime israeliane, la propaganda d'Israele e del suo governo, la *hasbara*, crea un racconto drammatico che serve agli scopi di Stato; quando le vittime sono palestinesi, invece, le persone semplicemente spariscono. Tutto viene seppellito sotto le macerie e sotto l'etichetta di «terrorismo», senza mai raccontare il contesto storico e politico, la realtà brutale dell'occupazione militare nelle vite dei palestinesi. Ancora una volta, si passa per le bugie spacciandole per verità: per esempio la bugia che Hamas rubasse gli aiuti umanitari, il cui ingresso è stato bloccato e/o limitato da Israele a Gaza per lunghi mesi. Una fake news che mirava a distrarre dal crimine genocidario commesso dallo Stato occupante, ovvero utilizzare la fame come arma di guerra. Un crimine di cui, come abbiamo visto, alcuni leader israeliani si sono persino vantati. David Satterfield, l'inviato di Biden per il Medio Oriente, ha dichiarato che Israele non aveva fornito alcuna prova che Hamas saccheggiasse gli aiuti umanitari. Israele ha anche bombardato in proprio i camion di aiuti, con la scusa che «c'erano figure non autorizzate nei pressi del camion». È così che sono stati uccisi anche i volontari internazionali di World Central Kitchen. Il comandante israeliano che ha dato l'ordine, Nochi Mandel, è uno dei firmatari di una petizione che si opponeva esplicitamente all'ingresso degli aiuti a Gaza. Una lettera a sostegno dell'uso della carestia come arma di guerra, che chiedeva la privazione di tutti gli aiuti umanitari, e l'imposizione di un assedio completo. È anche un colono estremista che vive nella Cisgiordania occupata. Dopo aver ordinato l'uccisione dei volontari di World Central Kitchen, ha ricevuto in regalo fiori e pacchi di cioccolatini da altri coloni.

L'utilizzo della fame come arma di guerra da parte di Israele sui palestinesi di Gaza è stato documentato anche da organizzazioni come Human Rights Watch, che ha registrato il blocco delle consegne di forniture essenziali, come acqua, cibo, carburante, e l'impedimento dell'assistenza umanitaria; e da quotidiani come il *Washington Post*, che ha dimostrato che Israele non solo sfrutta la fame come arma di guerra ma usa bande armate di criminali comuni palestinesi, rilasciati dalle prigioni israeliane e mandati a Gaza con la protezione dell'esercito, per saccheggiare gli aiuti, rendendo ancora più difficile la vita già mostruosamente difficile dei palestinesi. Una tecnica, questa, molto nota: usare i criminali di un popolo contro quello stesso popolo, garantendo loro ogni immunità. Lo faceva Stalin con la mafia russa nei gulag, lo ha fatto Israele a Gaza.

Nonostante tutte queste ricerche abbiano prodotto una mole impressionante di documentazione, fra cui gli stessi documenti ufficiali prodotti dal dipartimento di Stato americano, l'ex segretario di Stato Usa Anthony Blinken ha mentito al Congresso americano dicendo che Israele non ostacola gli aiuti umanitari. La sua dichiarazione ha scatenato una serie di dimissioni di alti funzionari americani, in protesta per la complicità dell'amministrazione Biden sia nell'armare la carneficina di Gaza, sia nello spargere e diffondere la propaganda israeliana, non solo mentendo ma soprattutto violando le stesse leggi americane: la Leahy Law, in particolare, che vieta l'assistenza alle unità militari straniere che commettono abusi e crimini di guerra – esecuzioni extragiudiziali, torture, stupri, sparizioni forzate – e che bloccano gli aiuti umanitari, che usano la fame come arma. In base alla Leahy Law, come ricordato in una lettera al *Washington Post*, il 20 maggio 2024, dallo stesso senatore democratico Patrick Leahy che ne fu il primo firmatario, gli Stati Uniti non avrebbero potuto dare all'esercito israeliano nemmeno un temperamatite.

Anche sulla presenza dei fantomatici «tunnel di Hamas», dei centri di comando e controllo sotto gli ospedali utilizzati dall'organizzazione, Israele non ha mai fornito una sola prova. In nome di un racconto mai dimostrato, Israele ha cercato e trovato legittimazione per distruggere l'intero sistema sanitario di Gaza. L'ospedale al-Shifa è stato bombardato adoperando questa scusa; sotto l'ospedale esiste realmente un complesso di tunnel, ma, come ha dichiarato alla CNN l'ex primo ministro israeliano Ehud Barak, era stato Israele stesso a costruirli, negli anni Ottanta. L'esercito israeliano ha quindi sostenuto che sotto l'ospedale a Gaza City c'era un tunnel che veniva usato da Hamas. Alcuni giornalisti palestinesi hanno contattato l'architetto che aveva disegnato l'ospedale; dalla mappa da lui ricevuta, hanno verificato che in realtà sotto l'ospedale c'era un deposito d'acqua. Mentre lavoravano sotto le bombe, i giornalisti palestinesi hanno smontato in tempo reale la menzogna propagandistica israeliana, condividendo pubblicamente su X le mappe del progetto ricevute dall'architetto. Il loro lavoro è stato riportato dai media arabi, ma non da quelli internazionali.

Tutti gli ospedali bombardati a Gaza hanno subìto l'accusa di essere usati come base militare e centro di comando e controllo da Hamas. Di volta in volta si trattava di un ospedale diverso, di volta in volta veniva distrutto, senza prove, un edificio vitale per garantire la sopravvivenza degli abitanti di Gaza. Di volta in volta, smentire e smontare la fabbrica delle bufale israeliane non è servito a impedire che personale del governo e vari complici in Europa, negli Stati Uniti e altrove le riciclassero, per delegittimare le denunce di genocidio coloniale o di crimini di guerra.

La mattanza dei guardiani della verità

Duecentonove giornalisti palestinesi sono il tributo di sangue che Israele ha preteso da chi ha continuato testardamente a voler raccontare i fatti, mentre questi succedevano. Testimoni del primo genocidio nella storia moderna trasmesso in diretta. La campagna propagandistica israeliana è stata accompagnata da una vera e propria mattanza di giornalisti: omicidi pianificati, mirati ed eseguiti dall'esercito israeliano per mettere a tacere gli unici reporter presenti sul terreno di guerra.

Il 31 luglio 2024, il reporter palestinese Ismail al Ghoul e il cameraman che lavorava con lui, Rami al Refee, sono stati uccisi da un attacco israeliano nel campo profughi di Shati, a nord della città di Gaza. Erano lì per coprire la notizia dell'uccisione di Ismail Haniyeh – capo politico di Hamas, assassinato con un'esecuzione extragiudiziale mentre si trovava in Iran per l'insediamento del nuovo presidente Masoud Pezeshkian – che abitava nei pressi del campo. Israele ha rilasciato una dichiarazione dicendo che Ismail al Ghoul aveva partecipato agli attentati del 7 ottobre, e che era un militante di Hamas fin dal 2007. Ismail nel 2007 aveva appena dieci anni. Nonostante la sua evidente assurdità, questa «notizia» è stata ripresa da alcuni giornali, fra cui il tedesco *Die Welt*, senza alcuna verifica. Ai tempi del fascismo italiano, si chiamavano veline.

Israele ha accusato sistematicamente i giornalisti che ha assassinato di essere terroristi, senza mai fornire nessuna prova. Né i media occidentali gliene hanno mai chiesto conto, nonostante si parlasse di loro colleghi assassinati. Quando il *New York Times* ha pubblicato un articolo che si intitolava *Gaza è il posto più pericoloso al mondo per i giornalisti*, ha omesso di dire chi è che lo rende tale. È Israele a far sì che Gaza sia il posto più pericoloso al mondo per i giornalisti; la propaganda per omissione è una delle più subdole e più usate dai complici de facto della *hasbara*. E il *New York Times* si è dimostrato più volte molto abile nell'utilizzarla. I bambini palestinesi «muoiono», senza mai nominare il carnefice; se i civili sono israeliani, il carnefice è sempre citato. Durante il cessate il fuoco di gennaio 2025, dopo l'accordo per lo scambio degli ostaggi, quelli israeliani venivano chiamati tali, ma quelli palestinesi erano «prigionieri», passando ipocritamente sotto silenzio il fatto che tra loro ci fossero 22 bambini, e 62 donne, mai condannati né accusati di reati, bensì rapiti e imprigionati in regime di detenzione amministrativa, ovvero, nelle parole di Riccardo Noury di Amnesty International, persone imprigionate «senza prove, senza capi d'accusa, senza processo», oppure in base a una legge sui «combattenti illegali», con cui Israele si riserva il diritto di imprigionare palestinesi arbitrariamente, sulla base di puri e pretestuosi «sospetti», e soprattutto senza mai mandarli a processo.

È il linguaggio, quello più generico e disumanizzante, lo strumento sottile che i media occidentali usano per elevare l'umanità di alcune vittime, e sminuire quella di altre. Basti considerare la solidarietà espressa ai giornalisti ucraini che sono stati uccisi o arrestati dalla Russia con la mancanza di solidarietà o di condanne alla mattanza dei giornalisti palestinesi. Nel 2023 PEN America, associazione di scrittori in difesa della libertà di stampa, aveva dedicato il suo intero festival annuale World Voices Festival, al popolo ucraino, invitando numerosi giornalisti e intellettuali ucraini. Su loro richiesta, avevano escluso qualsiasi voce russa, comprese quelle di intellettuali russi dissidenti fra cui Masha Gessen, di origine russo-americana, sulla lista nera di Putin per i suoi libri e articoli; avevano espresso piena condanna dell'invasione della Russia in Ucraina, dichiarando il loro sostegno verso tutti gli sforzi degli ucraini per indagare i crimini di guerra e i crimini contro l'umanità commessi dalla Russia, per garantire e proteggere il patrimonio culturale dell'Ucraina. Nel 2024, durante l'unica giornata dedicata al conflitto a Gaza, la sola voce di origine palestinese invitata a parlare era la mia. Da parte di PEN non solo non era sopraggiunta alcuna condanna del genocidio di Gaza, ma era evidente la volontà di dare sostegno al punto di vista filoisraeliano, bollando come «antisemitismo» ogni protesta contro il genocidio. Sarò per sempre grata a Naomi Klein, mia amica intellettuale ebrea canadese – a cui PEN America aveva chiesto di essere copresidente onoraria del Festival – per aver unito le forze con me e altri ventiquattro colleghi, allo scopo di boicottare pubblicamente l'organizzazione, che tradiva la propria missione schierandosi con Israele mentre l'esercito israeliano cancellava la cultura palestinese, distruggendo università, biblioteche, siti archeologici, scuole, scrittori, insegnanti e giornalisti.

A gennaio 2025, l'American Historical Association (AHA) ha accusato Israele di aver commesso uno «scolasticidio» a Gaza. Il termine «scolasticidio» si riferisce alla distruzione sistematica e premeditata dei sistemi educativi, compresi attacchi alle scuole, agli insegnanti e agli studenti, come si è visto a Gaza durante questi mesi: oltre l'80% delle scuole di Gaza sono state danneggiate o distrutte, con più di 5.479 studenti e 261 insegnanti uccisi dall'ottobre 2023. Questa distruzione ha lasciato 625.000 studenti senza accesso all'istruzione per oltre un anno.

L'eredità di una missione

A Gaza è stato superato in appena un anno il numero di giornalisti uccisi in qualsiasi altro conflitto nel mondo. Spesso senza neanche disporre di elmetto o giubbotti antiproiettile, i giornalisti palestinesi hanno continuato a fare informazione. La loro è una storia straordinaria di coraggio, resilienza e sacrificio. Hanno rischiato e spesso perso la vita per documentare lo sterminio del nostro popolo e la devastante realtà del genocidio, assicurandosi che il mondo ne fosse informato.

Questi eroi non solo coprono la guerra, ma la vivono. Sopportano sfollamenti, perdite e lutti personali, traumi, e nonostante i pericoli e le sofferenze persistono, perché comprendono l'importanza critica della loro missione. Sono gli occhi, le orecchie e le lenti attraverso cui il mondo ha potuto accedere alla verità di quanto accadeva a Gaza e assistere allo sterminio senza poter mai più dire: «Noi non sapevamo». Hanno documentato le storie e amplificato le voci di coloro che altrimenti sarebbero rimasti inascoltati, invisibili al mondo; i loro sforzi straordinari hanno fornito una contronarrazione alla propaganda ufficiale israeliana e hanno sfidato i tentativi di negazionismo del genocidio più documentato dalla storia.

Molti di loro sono stati feriti gravemente mentre realizzavano i reportage; come Safena al Louh, che ha riportato ustioni gravi durante un attacco aereo, e, nonostante ciò, ha continuato a lavorare con la mano fasciata. Altri colleghi hanno perso tutte le loro famiglie, hanno visto le loro case distrutte. Come ha affermato in modo toccante un collega palestinese dopo essere sopravvissuto a un attacco: «Rifiuto una morte a basso prezzo». Questo sentimento cattura l'inflessibile e commovente determinazione dei giornalisti di Gaza a continuare a fare il loro lavoro; le loro storie non solo ispirano ammirazione, ma anche una richiesta di maggiore protezione e riconoscimento per coloro che hanno rischiato tutto per documentare uno dei momenti più bui della nostra umanità.

Mentre i media occidentali, in tutti questi mesi, hanno ospitato molto raramente giornalisti o voci palestinesi per raccontare la tragedia del loro popolo e la loro prospettiva storica, politica e umana, preferendo invece glorificare la propaganda filoisraeliana, sul campo di Gaza professionisti coraggiosi si sono assunti il compito ingrato ma essenziale di difendere la verità e raccontare i fatti.

Per chi come me consuma ogni giorno i prodotti dei media occidentali e arabi, è stato sconcertante, per quanto non sorprendente, vedere come le cosiddette «patrie della libertà di stampa» e di informazione diventavano consapevolmente megafono della *hasbara* israeliana, ufficio stampa del governo Netanyahu, mentre ignoravano, altrettanto consapevolmente, che c'erano in quello stesso momento colleghi palestinesi, i quali, sottoposti alle peggiori intimidazioni e violenze, stavano mantenendo standard altissimi di dignità, di professionalità e di etica. Mentre Israele sterminava i palestinesi, i media occidentali concorrevano cancellandone le voci.

Ma anche in questo senso, non era la prima volta. Israele e gli Stati Uniti avevano già bombardato gli uffici di Al Jazeera a Gaza e a Baghdad durante la guerra in Iraq del 2003. Nel corso della storia sono state ben due le amministrazioni che hanno chiesto ad Al Jazeera di «moderare» la sua copertura mediatica: quella di George W. Bush, repubblicano, durante la guerra in Iraq, e quella di Joe Biden, democratico, durante il genocidio di Gaza.

La vita e la resistenza di Wael Dahdouh

Tanti giornalisti e giornaliste sono protagonisti di storie di vita incredibili, commoventi, che riempiono di rabbia e di ammirazione. Sono convinta che in questo momento, nel cuore di una generazione di piccoli palestinesi, stia crescendo il desiderio di dedicarsi a questo difficile, ma fondamentale mestiere per contribuire alla liberazione del proprio popolo e a mostrare al mondo la loro dignità e forza. Nessuno, tuttavia, incarna la resilienza dei giornalisti di guerra e il tragico costo personale pagato per il proprio servizio della verità, l'incrollabile determinazione e dignità umana di una vita, come Wael Dahdouh, caporedattore di Al Jazeera a Gaza e mio carissimo collega.

Wael è diventato una voce di spicco per i palestinesi dopo aver raccontato per anni tutte le guerre che si sono succedute a Gaza. Ha ottenuto numerosi riconoscimenti, come il Peace through media Award nel 2013 e l'International press freedom Award, nel 2024.

La sua voce calma, nonostante le bombe che gli cadevano attorno, le sue analisi equilibrate e sempre veritiere l'hanno fatto diventare un'icona nel mondo arabo. Una figura rassicurante che entra nelle case di milioni di cittadini mediorientali per raccontare l'impatto dell'assedio israeliano su Gaza, che dura da sedici anni, e l'occupazione militare, che dura da cinquantotto anni.

Mentre il governo israeliano vietava e bloccava le trasmissioni dei canali internazionali, chiudendo gli uffici di Al Jazeera sia in Israele sia nei Territori Occupati palestinesi, nel tentativo di impedire al pubblico israeliano di accedere a informazioni non censurate su ciò che accade nei territori palestinesi, i giornalisti palestinesi a Gaza rifiutavano di arrendersi alla censura e al silenzio.

A ottobre 2023 Israele ha bombardato la famiglia di Wael, uccidendo la moglie, due dei suoi figli, sua nipote e altri otto parenti. Qualche mese dopo, a gennaio 2024, Israele ha ucciso anche suo figlio, Hamza, che era un suo collega giornalista, insieme con il cameraman con cui si trovava. Wael ha continuato a fare reportage. È apparso davanti alle telecamere e ha dichiarato: «Nonostante il mio dolore, sento che il mio dovere è tornare davanti alle telecamere». Poche settimane dopo, Israele ha tentato di uccidere anche lui, bombardando il veicolo su cui si trovava, dopo che già aveva colpito la sua casa e il suo ufficio.

Wael ha saputo che la sua famiglia era stata bombardata in diretta tv. Milioni di telespettatori hanno ascoltato in diretta la telefonata che ha ricevuto da una delle sue figlie, che lo informava dell'attacco. Si è precipitato nella zona dove la famiglia si era rifugiata – una zona che Israele aveva dichiarato sicura – e ha trovato gente che scavava fra le macerie, usando le torce dei cellulari per vedere, urlando i nomi delle vittime nella speranza che alcuni di loro fossero ancora vivi. È così che ha trovato, fra le macerie, il suo nipotino Adam, di diciotto mesi. Subito l'ambulanza ha portato in ospedale le salme della sua famiglia e suo figlio più piccolo, Yahya, 12 anni, che era vivo, con il cranio aperto e la testa intrisa di sangue. Yahya è stato suturato senza anestesia, fra urla di dolore.

Nell'obitorio dell'ospedale, Wael ha trovato il resto della sua famiglia: i corpi di suo figlio Mahmood, 15 anni, sua figlia Shames, 7 anni, sua moglie Amina. Inginocchiato davanti ai cadaveri dei suoi cari ha urlato: «Si sono vendicati di noi attraverso i nostri figli». In un'intervista al quotidiano inglese *The Guardian* lo ha ripetuto, e ha aggiunto che non avrebbe pianto per i suoi figli, perché tutti attorno a lui avevano perso i loro cari. Israele si è vendicato di tante personalità conosciute e amate a Gaza uccidendo i loro figli. Lo ha fatto con Wael, lo ha fatto con il medico Hussam Abu Safiyah. Lo ha fatto usando la stessa tattica adoperata regolarmente dalle mafie.

La notizia dello sterminio della famiglia di Wael ha fatto il giro del mondo e si è diffusa rapidamente sui social media. Il *Guardian* ha dichiarato che Wael era diventato il simbolo della perdita devastante subìta dai palestinesi a Gaza, e della condizione catastrofica e straziante in cui lavorano.

Per settimane, Wael ha continuato a denunciare i bombardamenti indiscriminati, la mattanza dei bambini, i raid aerei che non distinguevano tra civili e militanti, i bombardamenti a tappeto indiscriminati; raccontava le storie davanti alle telecamere, le voci sotto le macerie che tutti sentivano senza poter estrarre le persone vive, perché mancava l'attrezzatura necessaria. Wael ha raccontato al mondo che Israele prendeva di mira i soccorritori.

Ma la storia più dolorosa da raccontare era la sua tragedia personale. Il suo nipotino Adam, che lui aveva trovato tra le macerie, era stato dichiarato morto all'ospedale. Dopo aver guidato le preghiere funebri per la sua famiglia, qualche ora dopo è tornato in onda. Ha ricevuto le condoglianze del conduttore in studio, e poi ha iniziato a parlare in modo molto pacato del suo ruolo di giornalista. Ha dichiarato che era un dovere, in circostanze storiche così eccezionali, continuare a dare copertura con professionalità e trasparenza, nonostante tutto. Quel «tutto» era aver perso la sua intera famiglia.

«Si sono vendicati di noi attraverso i nostri figli»

Sono andata a trovare il collega Wael Dahdouh a dicembre 2024, a casa sua a Doha. Mi ha aperto la porta con un braccio ingessato. Era appena tornato dalla Germania dove si era recato per ricevere cure, dopo che il convoglio in cui si trovava era stato bombardato e lui si era ferito gravemente. Mi ha offerto un dolce col miele, un bicchiere di tè alla menta. Ci siamo seduti in salotto, era circondato di foto della sua famiglia.

Wael è diventato il simbolo della resistenza. La sua tenacia ha umiliato sia gli israeliani, sia alcuni loro alleati in Occidente e soprattutto negli Stati Uniti, che avevano cercato di infangarlo con articoli denigratori, definendolo «propagandista di Hamas», mentre stava ancora seppellendo i suoi cari.

Wael è nato in una famiglia povera e numerosa, di contadini. Gli ho chiesto come si fosse innamorato del giornalismo. «È stato il giornalismo a trovare me» mi ha risposto, dopo che da ragazzino, durante la prima Intifada, aveva subìto un arresto. È stato il primo della sua famiglia a terminare la scuola superiore; aveva ricevuto una borsa di studio per studiare medicina; ma la rivolta popolare palestinese, scoppiata a Gaza nel 1986 e diffusasi in tutti i Territori Occupati, cambiò completamente il corso della sua vita.

Wael fu arrestato a diciassette anni e rilasciato a ventiquattro; l'accusa che gli era stata rivolta era quella di aver lanciato pietre, come la maggior parte dei giovani palestinesi arrestati durante la prima Intifada. Dal 1967, Israele ha arrestato e imprigionato almeno un milione di palestinesi. In quella circostanza Israele aveva demolito la sua casa, costringendo la famiglia a dormire all'aperto, e Wael fu condannato a quindici anni di carcere.

«Mi hanno arrestato poco prima di partire per l'Iraq per studiare medicina» ha raccontato. «In verità, fin da quando ero bambino, avevo sempre sognato di fare il medico. Poi scoppiò la prima Intifada. Fui condannato a quindici anni, fortunatamente ne scontai solo sette. La mia passione per il giornalismo deriva dalla mia passione per le questioni umane: mi piacciono le persone e mi piace molto aiutarle. Il giornalismo è per me un mezzo utile per occuparmi delle varie questioni del mondo e un modo, nei miei limiti, per aiutare gli altri.» Il suo mestiere e il suo modo di viverlo sono stati forgiati dagli anni vissuti in prigione. «Quando prendo una decisione – specialmente se riguarda valori fondamentali e questioni di grande importanza – ci credo con tutto me stesso, anche a costo di vivere sacrifici significativi, così come ho imparato in prigione: la prigionia significa, in fin dei conti, lottare. La mia formazione personale e culturale è senz'altro legata alla mia prigionia.»

Il carcere in cui fu portato Wael non era una vera e propria prigione; era un campo recintato nel deserto del Negev. La notte faceva freddissimo, e di giorno l'acqua era razionata. I prigionieri non facevano il bagno per settimane, le fogne traboccavano regolarmente. I prigionieri venivano intenzionalmente affamati. In sette anni, Wael ha visto la sua famiglia solo due volte. «Le nostre sono state esperienze molto dure; per questo parlo di lotta quotidiana. Avevamo già al tempo, seppur ragazzi, una chiara comprensione della strategia israeliana che – tramite politiche talora durissime, talora apparentemente più attenuate – aveva e ha lo scopo di continuare la sua occupazione, a spese dei legittimi abitanti della terra, della popolazione locale. Israele ha cercato e cerca di continuo di spogliarci del nostro patriottismo, di privarci della nostra determinazione e di sminuire il nostro orgoglio. Con queste prigioni avevano il preciso intento di umiliarci e di distruggere il nostro sogno patriottico. Ma hanno ottenuto l'effetto esattamente opposto. Il carcere mi ha insegnato tanto; mi ha chiarito le idee, e i miei valori ne sono usciti ancora più saldi.»

Dopo gli anni trascorsi in carcere, prosegue il racconto di Wael, «ho tentato di lasciare Gaza per proseguire gli studi, ma senza successo. In quel periodo, ricordo, l'Università Islamica aveva appena inaugurato il primo dipartimento di media e giornalismo nei territori palestinesi. Prigioniero per anni, con una solida formazione civica e un forte sentimento verso la causa pubblica: era per me un'occasione irripetibile. Il mestiere del giornalista sarebbe stato inoltre decisamente compatibile con il mio carattere. Mi sono così iscritto immediatamente alla facoltà e, durante il mio percorso di studi, ho messo su famiglia».

«Terminata l'università, è stato per un po' difficile trovare lavoro finché non è arrivata l'Intifada di Al Aqsa, la Seconda intifada, nel 2000. Al tempo lavoravo con *Al Quds* – il più importante quotidiano palestinese, dal nome di «Gerusalemme» in arabo –, come giornalista da Gaza.

Dopo vari anni da freelance, ho iniziato a lavorare ad Al Jazeera, l'emittente araba del Qatar, seguita da cento milioni di telespettatori.» Al Jazeera è considerata la voce della popolazione araba, perché fu il primo canale nella storia della televisione araba a ospitare i punti di vista delle masse, delle opposizioni sia di destra sia di sinistra, laiche e religiose, con particolare attenzione alla sofferenza delle popolazioni arabe oppresse dalle dittature.

Wael ha raccontato tutte le guerre su Gaza, comprese quelle minori, e l'assedio ventennale. «Potremmo definirla un'unica guerra continuata. E la vita ha continuato in tutti questi anni a essere durissima. Intere generazioni sono nate in queste condizioni e la loro formazione è inevitabilmente legata allo stato di assedio della Striscia. Ricevere cure adeguate è un sogno. La possibilità di lavorare è un sogno. Viaggiare è un sogno. Negli anni la nostra libertà è stata soffocata. La situazione a cui ci siamo abituati nella Striscia è la totale instabilità, l'incertezza: si nasce e si cresce in questo quadro. Questo stesso ambiente arduo è anche terreno fertile per formare persone straordinarie: quando l'essere umano è messo alle strette, con il nemico alle sue spalle e di fronte a sé solo il mare, come una goccia inizia a scavare nella roccia, con costanza e determinazione. Ed ecco che si dispiegano capacità e creatività che si credevano inaccessibili.»

È questo passato lunghissimo di resistenza, secondo Wael, «ad averci preparato, in un certo senso, a questa ultima guerra, la più spaventosa. Solo nel primo mese gli effetti sono stati più gravi e terrificanti di tutte le precedenti guerre messe assieme: la corrente elettrica è stata interrotta subito. L'erogazione dell'acqua è stata tagliata. Il cibo iniziava a scarseggiare. La vita si è letteralmente fermata. I giornalisti stranieri sono stati impossibilitati ad entrare.» Perché Israele gliel'ha impedito? «L'intento era innanzitutto evitare che i supporter filoisraeliani nel mondo vedessero le immagini che sarebbero venute fuori da Gaza. Sapevano esattamente cosa stessero facendo e si preparavano a rispondere al 7 ottobre nel più brutale dei modi. L'obiettivo era evidente: manipolare e offuscare i fatti, in modo che i giornalisti occidentali restassero confinati a una visione superficiale, senza la possibilità di testimoniare direttamente la catastrofe che si stava compiendo.» Questo ha caricato di una responsabilità enorme i giornalisti palestinesi. «Ciò che accadeva a Gaza era mostrato in diretta televisiva; ovunque abbiamo portato le nostre telecamere, sono state innanzitutto le immagini a parlare in modo inequivocabile. Quelle stesse immagini sono state in seguito la prima prova dei crimini commessi da presentare alle Corti internazionali. E per quanto un giornalista possa essere influenzato dalle sue ideologie, la realtà finisce sempre per scontrarsi con la malafede di chi tradisce l'essenza stessa del nostro mestiere.»

Israele aveva anche l'obiettivo di disciplinare e punire i giornalisti nella Striscia, fin da subito. Ma anche in questo ha fallito. I giornalisti palestinesi sin dal primo giorno si sono distinti per coraggio e determinazione. Il loro lavoro è stato fondamentale e ha rappresentato un enorme peso per Israele, in quanto rendeva evidente al mondo intero gli orrori commessi. L'opinione pubblica era diventata critica e questo era per loro molto più grave dei missili che partivano dalla Striscia. «La simpatia di cui lo Stato d'Israele aveva goduto negli anni in quanto democrazia stava scomparendo. Nella mente di molti si è piantato il seme del dubbio sulla sua vera natura. Ma la questione più importante riguarda i massacri: se può essere comprensibile l'attacco compiuto verso basi militari, la distruzione di interi edifici dove si trovano civili inermi è totalmente inaccettabile. Le immagini delle donne e dei bambini trucidati erano e sono immagini quotidiane. Tutto questo è indubbiamente criminale. Di conseguenza, Israele non ha voluto che si diffondesse il lavoro dei giornalisti, fossero essi palestinesi oppure occidentali.»

Quando un giornalista palestinese compie il suo lavoro diventa un obiettivo da colpire: a marzo 2025 erano duecentonove i giornalisti palestinesi uccisi. Mi vengono in mente i colleghi Ismail Al Ghoul, 27 anni, Hassan Hamad, 19 anni, Hossam Shabat, 23 anni, Mohammed Mansour, 29 anni, ma i nomi sono davvero tanti. In nessuna guerra precedente al mondo è mai accaduta una cosa del genere e questo enorme numero ci dice che i giornalisti sono un obiettivo in quanto tali. «Quando a colpirti è un drone, che proietta in tempo reale l'immagine di ciò che sta per attaccare su uno schermo lontano, significa che l'intenzione è ben precisa, significa che si è consapevoli di ciò che si colpisce. In questa guerra prendiamo tutti le massime precauzioni per proteggerci: elmetto e giubbotto antiproiettile, la scritta PRESS sempre ben visibile. Non abbiamo nulla da nascondere e non dobbiamo nasconderci: il nostro dovere ci impone di raccontare limpidamente cosa succede. Purtroppo, la realtà ci dice che siamo presi di mira proprio per il nostro lavoro, sebbene Israele cerchi sempre di far apparire le nostre esecuzioni come non intenzionali.»

«L'intenzione israeliana in questa guerra» racconta Wael «è quella di colpirci in maniera diversa e ancora più dolorosa rispetto al passato: hanno ammazzato mia moglie e due dei miei figli mentre lavoravo, in diretta televisiva. Mi sono precipitato nel campo profughi di Nuseirat, nel cuore di Gaza, dove la mia famiglia si trovava nel momento del bombardamento. Erano lì da alcuni parenti perché quella zona era stata designata come sicura dalla stessa Israele. Li ho sepolti a Deir al-Balah.

In quei giorni molte persone, tra cui diverse organizzazioni umanitarie e giornalisti, sono andate via da Gaza. Io ho deciso di rimanere in città. Avevo la completa responsabilità e la piena consapevolezza dell'enorme rischio che correvo. I miei figli non volevano separarsi da me e li ho così portati in un appartamento nei pressi dell'ospedale di al-Shifa a Gaza. Lo stesso giorno ho chiesto ad Al Jazeera di poter tornare in onda. Naturalmente erano molto preoccupati e hanno cercato di dissuadermi. «Riposati, *Abu Hamza*, datti del tempo» mi dicevano. Abu Hamza, «padre di Hamza», dal nome del primogenito di Wael, nasce dal modo affettuoso con cui nel mondo arabo si chiamano i padri e le madri: attraverso i nomi dei loro figli. «Erano anche spaventati: avevano paura potessi star reagendo emotivamente. Avevano paura potessi essere colpito in diretta. Date le circostanze, nessuno si aspettava che potessi essere così dedito al mio lavoro. Hanno accettato e ho subito ricominciato a lavorare. Le emozioni che ho provato erano surreali. In verità tutto il contesto era surreale. Mi sembrava tutto così lontano dal sentimento umano. Ma avevo preso una decisione: non sarei tornato indietro. Se avessi pensato a ciò che era successo, alle disgrazie, mi sarei indebolito e non volevo essere abbattuto da tutto ciò. Non volevo renderli soddisfatti della mia sconfitta, e non volevo mi guardassero diventare debole. Allo stesso tempo ero consapevole del mio ruolo tra le persone, di tutte quelle che vedevano in me un simbolo. Dopo il massacro ci si aspettava da me che io mi assentassi almeno per un po', ma ho sorpreso tutti quando sono subito tornato in onda. Se è vero che le persone erano scioccate nel vedermi di nuovo subito in tv è anche vero che il loro morale era decisamente sollevato. E questo ha ovviamente infastidito Israele, che ha visto nella mia reazione una controsfida, una risposta al loro atto di sfida nei nostri confronti.

Il mio ritorno è stato importante, ma ancor di più è stato il come: la mia determinazione nel resistere e tornare in onda con lo stesso spirito di prima doveva essere tale che chi non avesse visto me e la mia famiglia attraversare quel dramma, o non si fosse informato su quanto accaduto, non avrebbe notato alcuna differenza in me. Questo è stato il messaggio più potente, dal mio punto di vista. Quando sono tornato in onda, il conduttore e tutta la redazione erano ovviamente in subbuglio ma, appena ricevute le loro condoglianze, ho subito ricominciato a parlare di Gaza.»

Parlando subito di Gaza, Wael Dahdouh parlava di sé. Della sua storia e della sua stessa resistenza. Un ulteriore affronto per Israele. Che lo ha preso nuovamente di mira. «Un giorno il mio collega fotoreporter Samer Abu Daqqa e io siamo stati a Khan Younis, insieme a tre operatori della Protezione Civile, in coordinamento con la Croce Rossa. La missione della squadra della Protezione Civile consisteva nel recupero di un macchinario che si trovava in una delle scuole precedentemente adibite al rifugio per gli sfollati; avrebbero poi dovuto aiutare una famiglia palestinese la cui casa era stata bombardata e assediata. La zona di Khan Younis era molto pericolosa data la guerriglia, ed era quindi necessario ottenere l'autorizzazione israeliana. Ottenuto il permesso siamo quindi partiti a bordo di un'ambulanza della Protezione Civile, un tipo di veicolo che può circolare solo previa autorizzazione israeliana. Il nostro tragitto non è stato facile, date le condizioni delle strade e la distruzione immane che ci circondava; abbiamo incrociato alcuni dipendenti dell'UNRWA (Agenzia delle Nazioni Unite per il soccorso e l'occupazione dei profughi palestinesi in Medio Oriente) che stavano riparando un trasformatore elettrico, in un tentativo di riportare un minimo di energia nelle aree colpite. Nei pressi del castello di Barquq, nel mezzo di Khan Younis, abbiamo poi continuato a piedi, a causa delle strade crivellate di detriti. All'incirca due chilometri separavano me e Samer dall'arrivo. Camminando, nelle nostre orecchie si alternava il fragore dei bombardamenti al suono incessante dei droni, che volavano bassi sopra le nostre teste. Arrivati alla scuola, gli operatori della Protezione Civile hanno controllato il macchinario e si sono resi conto che aveva smesso di funzionare: necessitava di un pezzo di ricambio. Quando siamo tornati avevo un brutto presentimento. Ero molto preoccupato. Ho quindi proposto agli altri di separarci cosicché, se ci avessero colpiti, forse qualcuno di noi si sarebbe salvato: quindi io e Samer ci siamo sistemati da un lato, e gli operatori della Protezione Civile dal lato opposto della strada. A quel punto ho avuto la netta sensazione che ci avessero presi di mira, ma era ormai troppo tardi: poco dopo esserci separati ricordo un rumore assordante e il mio microfono volare via assieme al mio elmetto. Ho perso la cognizione di ciò che mi accadeva attorno, ma solo per poco tempo. Ho subito cercato gli altri, pensando anche che probabilmente ci avrebbero colpiti ancora. Pensavo sarei morto. Poco più avanti ho trovato i corpi dei ragazzi della Protezione Civile. Samer era più distante, gravemente ferito ma ancora vivo. Muoveva la mano in cerca di aiuto. Esausto, mi sono mosso per andare in suo soccorso ma mi sono accorto che la mia mano era gonfia e sanguinante. I miei vestiti grondavano sangue. Mi sono reso conto di essere inutile a Samer e quindi per cercare soccorso, a fatica, mi sono mosso per arrivare in fondo alla strada, dove l'ambulanza avrebbe dovuto trovarci. Ho iniziato a camminare, sfinito. Poco dopo ho intravisto qualcosa. Ho gridato a squarciagola. Continuavo ad avvicinarmi e ho visto due persone e un'ambulanza, ma nessuno si muoveva. Pensavo che probabilmente sapessero cos'era successo, e che avvicinarsi sarebbe stato estremamente pericoloso. Non ce la facevo più. Continuavo ad avvicinarmi a loro, gridando aiuto. Arrivato abbastanza vicino si sono precipitati in mio soccorso. Mi hanno caricato in ambulanza e io ho continuato a gridare il nome di Samer, dicendo loro che era vivo, che andava salvato. Non mi ascoltavano. Mi hanno portato in ambulanza e siamo partiti. Sapevo, e loro sapevano, che le ambulanze sono un target. Non eravamo quindi sicuri che saremmo riusciti ad arrivare in ospedale, siamo stati fortunati. Mi hanno portato in sala operatoria ma io continuavo a chiedere di salvare Samer. So che una squadra di soccorso è poi andata a cercarlo: arrivati sul posto hanno trovato il suo corpo lontano da dove era stato colpito. Era evidentemente riuscito a togliersi il giubbotto antiproiettile per poi trascinarsi poco distante. Potrebbe essere morto martire cercando di spostarsi, oppure bersaglio di un altro bombardamento col preciso intento di ucciderlo e distruggere la sua fotocamera, proprio per evitare che le immagini da lui riprese potessero fare il giro del mondo. Il giorno successivo sono uscito dalla mia stanza per partecipare al funerale di Samer. Poi sono tornato al mio lavoro.»

Il modus operandi degli israeliani nei confronti dei giornalisti palestinesi, nel corso di questo genocidio, è molto chiaro: uccidere la verità. Per questo sono un bersaglio costante. «Si tratta anche di una guerra alle menti» sostiene Wael. «Una guerra della narrazione. Quando noi giornalisti portiamo alla luce la verità e sveliamo gli orrori, l'impatto sull'opinione pubblica è inevitabile. Non credo ci sia essere umano che alla visione di tali massacri possa esimersi dal sentirsi coinvolto. Non è umanamente possibile. Ed è questa la paura israeliana: vedere la loro immagine fosca, macchiata.» Eppure, sono proprio loro che continuano a riprodurre quella stessa macchia.

«Più aumentano odio, prepotenza e violenza, più ci si avvicina a perdere la ragione. E quando la ragione svanisce ci si allontana dalla propria umanità, scivolando nella miseria dei propri crimini e dei beceri tentativi di negarli. È esattamente questo ciò che è successo: Israele ha provato in ogni modo a nascondere i suoi crimini, ma alla fine è stato proprio tramite questi fallimentari tentativi di nasconderli, che la narrazione è finita per ritorcersi contro di loro. Gli stessi sfrontati soldati israeliani si fotografavano e condividevano raccapriccianti foto e video dei loro crimini sui social: festeggiavano mentre uccidevano, torturavano detenuti, bruciavano le loro case. Chi può oggi credere che oltre duecento giornalisti siano morti per sbaglio? Chi può credere che la famiglia di un giornalista come me che espone i soli fatti – senza usare un linguaggio istigatorio, senza essere provocatorio, impegnandosi anzi a fare il proprio lavoro nella maniera più professionale possibile – diventi un obiettivo? Chi può credere che il suo ufficio e la sua casa possano diventare un obiettivo? E chi può credere che dopo tutto questo io resti comunque ligio all'etica del mio lavoro, e anzi torni subito in onda con la stessa determinazione di prima, con lo stesso spirito moderato nell'esposizione? È proprio grazie a storie come questa che l'opinione pubblica è stata scossa, e questa è inevitabilmente una minaccia enorme per loro.»

Pochi giorni dopo il bombardamento a Khan Younis, l'esercito israeliano si è assicurato di uccidere anche Hamza Dahdouh. Il primogenito di Wael era un giornalista come lui, un fotoreporter, e come lui lavorava per Al Jazeera. Si trovava a Rafah con il collega Mustafa Frayah per delle riprese, mentre il padre, Wael, era a Khan Younis. «Ho ricevuto una chiamata da un amico e sono subito andato a Rafah. Mi era stato detto che fosse gravemente ferito, ma mi stavo preparando al peggio. Sono arrivato sul posto. Ho visto il fumo della loro auto in fiamme. Non sono riuscito a scendere. Tutt'attorno si era creato un gruppo di persone, mi hanno detto che avevano già portato via Hamza. Sono quindi andato in ospedale.» L'auto su cui si trovavano Hamza e Mustafa era stata colpita da un missile. «Di solito gli attacchi missilistici arrivano in coppia. Ne lanciano uno, e subito dopo un secondo. Così da assicurarsi che nessuno ne esca vivo.»

Il 24 marzo 2025 l'esercito israeliano ha ucciso, in due attacchi mirati separati, i giornalisti Hossam Shabat e Mohammed Mansour. Sapevano entrambi di essere un bersaglio. Hossam Shabat, prevedendo una fine imminente, aveva già predisposto la sua lettera di commiato. È stato ucciso a 23 anni. Ecco il suo ultimo messaggio:

«Se stai leggendo queste parole significa che sono stato ucciso – molto probabilmente preso di mira – dalle forze di occupazione israeliane. Quando tutto ciò è iniziato avevo 21 anni, ero uno studente universitario con sogni come chiunque altro.

Negli ultimi diciotto mesi, ho dedicato ogni momento della mia vita alla mia gente.

Ho documentato gli orrori nel nord di Gaza minuto per minuto, determinato a mostrare al mondo la verità che hanno cercato di seppellire. Ho dormito sui marciapiedi, nelle scuole, nelle tende, ovunque potessi. Ogni giorno era una battaglia per la sopravvivenza. Ho sopportato la fame per mesi, ma non ho mai abbandonato la mia gente.

Ho adempiuto al mio dovere di giornalista.

Ho rischiato tutto per raccontare e documentare la verità, e ora sono finalmente a riposo.

Ho fatto tutto questo perché credo nella causa palestinese. Credo che questa terra sia nostra, ed è stato il più alto onore della mia vita morire per difenderla e servire il suo popolo.

Vi chiedo ora: non smettete di parlare di Gaza.

Ora vi chiedo: non smettete di parlare di Gaza. Non lasciate che il mondo distolga lo sguardo. Continuate a lottare, a raccontare le nostre storie, finché la Palestina non sarà libera.

Per l'ultima volta, Hossam Shabat, da Gaza».

Si prendono di mira i giornalisti solo quando il nemico è la verità.

Uccidere i giornalisti non serve solo a creare un blackout e a minare la copertura mediatica, ma soprattutto a distruggere deliberatamente le prove dei crimini.

Ecco perché Israele ha ucciso duecentonove giornalisti, il tasso più alto mai registrato a livello globale in qualsiasi conflitto della storia umana.

I giornalisti, come i primi soccorritori, sono sempre i primi ad arrivare sulla scena di un crimine.

Sono custodi di enormi quantità di informazioni (testimonianze, nomi, luoghi, contatti, foto, video, resoconti personali).

Stiamo assistendo allo sterminio dei veri guardiani della verità, dei testimoni scomodi di questo genocidio coloniale.

Il prezzo pagato da Wael, il prezzo in cambio di un contributo inestimabile al popolo palestinese e al mestiere del giornalista, è il più alto possibile. Ora Wael Dahdouh è un simbolo vivente della lotta palestinese per esistere. «Il prezzo che noi giornalisti tutti abbiamo pagato in questi mesi è profondamente doloroso, non si può stimare. È lo stesso prezzo pagato anche dalle nostre famiglie, dai nostri amici. I nostri vicini, la patria, la memoria, tutto è stato preso di mira e distrutto. Chi ripagherà questo prezzo? Come si può pensare di compensarlo? Non è possibile. Tuttavia, il messaggio che abbiamo dato al mondo è importante: il nostro dolore, il lavoro, le paure, la nostra determinazione e i nostri sacrifici sono arrivati alle persone, agli occidentali prima ancora che agli arabi. Il mondo deve ascoltare il nostro racconto: un racconto basato sugli elementi cardine della nostra professione, mentre l'aggressore gode di sostegno da parte di persone che credono alle bugie diffuse. Il mondo deve sapere che c'è un popolo che sta subendo un genocidio, che i giornalisti vengono uccisi, che le libertà vengono strangolate fino ad essere soffocate. Il tutto in diretta tv.»

«Se altrove il giornalismo è la professione del dare fastidio, a Gaza è la professione della morte» ha detto Wael quando è stato ospite al parlamento italiano di una delegazione di deputati italiani a Roma, nel febbraio 2025. «A volte non credo di essere vivo e di essere sopravvissuto a tutto quello che ho visto. La guerra a Gaza è fuori da ogni schema e così anche il nostro lavoro. Abbiamo raccontato tutto di quel conflitto, soprattutto a chi era fuori e non aveva altra fonte che noi. Noi giornalisti non siamo di una parte o dell'altra: siamo professionisti e seguiamo le regole deontologiche. Ma abbiamo comunque pagato un prezzo altissimo: duecentonove giornaliste e giornalisti sono stati uccisi, molti di loro mentre svolgevano il loro lavoro ed erano riconoscibili come operatori dei media.»

Israele non è al di sopra della legge, o non dovrebbe esserlo. Le persone responsabili di tali atrocità dovrebbero essere processate e condannate così che non si ripetano l'assassinio extragiudiziale di Shireen Abu Akleh o della famiglia Al Dahdouh. Shireen, che è stata assassinata a Jenin, nella Cisgiordania occupata, nel 2022 con un colpo alla testa di un cecchino israeliano. Un crimine ritenuto senza colpevoli dai tribunali israeliani. La famiglia Al Dahdou, che ha subito un'esecuzione punitiva, a Gaza, durante il genocidio iniziato nel 2023 e andato avanti per tutto il 2024. Il giornalismo non è un crimine. Non c'è alcuna giustificazione al mondo per l'assassinio di un giornalista che compie il suo lavoro. «La mia speranza è che il nostro lavoro sia utile a favorire un racconto equilibrato e veritiero della guerra. È questo ciò che vogliamo. E vogliamo che la guerra finisca il prima possibile. Ciò che chiediamo è davvero il minimo indispensabile. Sapere che Netanyahu oggi è un ricercato dalla Corte penale internazionale provoca sentimenti ambigui nel nostro popolo, diversi da quelli della maggior parte delle persone in occidente. Noi siamo le vittime, i martiri sopravvissuti, siamo i testimoni di ciò che è accaduto. Perdipiù, negli anni, ci siamo abituati ad avere un rapporto amaro con le leggi del diritto internazionale. Da un lato abbiamo avuto la sensazione che questa decisione rappresentasse un precedente importante; d'altra parte, persiste la consapevolezza che l'allineamento dei partner occidentali non consentirà, neanche questa volta, di raggiungere la volontà politica per rendere effettiva la decisione. Ciò che abbiamo visto e purtroppo continuiamo a vedere a Gaza avrebbe già dovuto rappresentare ampia testimonianza in tal senso.»

Il volto feroce di Israele si è mostrato in mondovisione

Ciò che i palestinesi hanno visto, e hanno vissuto, è una devastazione inenarrabile che ha superato persino le proporzioni di tragedie come la Seconda guerra mondiale, in quanto a impatto distruttivo sul territorio, se solo si pensa che alla fine della Seconda guerra mondiale Berlino era distrutta «solo» al 30%, mentre a Gaza la distruzione è pressoché totale. «Non esiste alcuna giustificazione per ciò che abbiamo visto a Gaza. Penso che Israele sia vissuta tutti questi anni grazie al potere della deterrenza – data dalla superiorità militare e dal sostegno dell'Occidente – e alla guerra psicologica. Il 7 ottobre tutto ciò è scomparso. La deterrenza è fallita e il regime ha perso ogni sensazione di protezione e sicurezza. Tutto ciò che hanno costruito nei decenni è crollato. La brutale e surreale risposta israeliana al 7 ottobre s'inquadra nella volontà del ritorno alla deterrenza come strumento funzionale a dominio e repressione, non solo come monito ai palestinesi, ma a tutto il mondo arabo e musulmano. Col terrificante risultato di una ferocia che si manifesta senza ormai più nessun freno inibitorio. Ma la risposta israeliana ha in vero scosso le masse, e anzi, ora si è diffusa la consapevolezza che questo regime è fallibile; ha inoltre diffuso l'idea che quella che vediamo in azione non sia affatto una democrazia avanzata, ma uno Stato che non differisce dalle varie dittature del Medio Oriente. L'aspetto più importante di questa guerra è stato che ha svelato la realtà di una serie di questioni che riguardano il nostro mondo: dalle libertà individuali ai modelli democratici.»

Anche gli israeliani dovranno fare i conti con la distruzione che il loro esercito ha prodotto a Gaza, con gli orrori inflitti contro i civili palestinesi. «Non era mai successo che l'esercito israeliano perdesse così tanti soldati, che avesse così tanti fronti aperti simultaneamente e che nella popolazione israeliana permanesse così tanto spavento. E in più, dopo aver visto la devastazione di Gaza, ora il mondo guarda a Israele in una maniera diversa.» Gli israeliani dovranno guardarsi allo specchio e comprendere che l'occupazione e la colonizzazione non li proteggono, e che centocinquanta milioni di dollari stanziati dal governo israeliano per la propaganda non potranno abbattere né sconfiggere la verità. Che i crimini di Hamas non giustificano quanto Israele ha commesso a Gaza, e che il genocidio coloniale macchierà lo Stato d'Israele per sempre. Nonostante la distruzione e l'annientamento di Gaza, i settantamila palestinesi uccisi, i trentottomila orfani, le centinaia di migliaia di feriti, e lo strisciante genocidio nella Cisgiordania occupata; nonostante la vendetta di stampo medievale, i venti miliardi di dollari in armi americane, nonostante tutto questo, la causa palestinese è più viva che mai.

5

La guerra alle Nazioni Unite

Il motto delle Nazioni Unite è: pace, dignità, e uguaglianza.

L'organizzazione internazionale fu creata nel 1945, dopo la fine della Seconda guerra mondiale. Il suo obiettivo era mantenere la pace internazionale. È composta di 193 Paesi, spesso chiamati Stati membri. Ogni membro deve contribuire al bilancio dell'organizzazione, che finanzia le operazioni di mantenimento della pace in tutto il mondo. L'anno scorso sono stati spesi più di sei miliardi di dollari per il mantenimento della pace.

Sabotare la pace dal primo momento

Pochi anni dopo la nascita, il 29 novembre 1947, l'Assemblea Generale delle Nazioni Unite votò a favore di una raccomandazione per la creazione dello Stato israeliano in Palestina, attraverso l'adozione della risoluzione 181. L'ONU legittimò lo Stato israeliano su circa il 56% del territorio, e uno Stato palestinese sul 43%, con Gerusalemme come *corpus separatum* sotto l'amministrazione delle Nazioni Unite.

La risoluzione servì come base legale per la successiva dichiarazione di indipendenza di Israele del 14 maggio

1948, quando David Ben-Gurion proclamò l'istituzione dello Stato di Israele dopo la scadenza del mandato britannico.

La dichiarazione di indipendenza di Israele afferma che tutti i cittadini saranno uguali, indipendentemente dalla razza, dalla religione e dal sesso.

Pochi mesi dopo la Dichiarazione d'Indipendenza, un diplomatico svedese mediatore delle Nazioni Unite, il conte Folke Bernadotte, fu assassinato a Gerusalemme da membri del gruppo paramilitare sionista Lehi, noto anche come banda Stern. Era il 17 settembre 1948. Bernadotte era stato incaricato dalle Nazioni Unite di mediare nel conflitto arabo-israeliano che si era scatenato fra Israele e i Paesi arabi vicini dopo il Piano di partizione dell'ONU del 1947 e la dichiarazione d'indipendenza, e per proporre una soluzione alternativa al piano di partizione votato dall'ONU il 29 novembre 1947.

Il suo impegno comprendeva la richiesta di un cessate il fuoco e la presa in considerazione della situazione dei quasi ottocentomila rifugiati palestinesi, cacciati via con la pulizia etnica durante la guerra del 1948.

Le proposte di Bernadotte includevano l'affermazione del diritto dei rifugiati palestinesi di tornare alle loro case o di ricevere un risarcimento per le perdite subìte. Suggerì, inoltre, di modificare i confini territoriali e propose un controllo internazionale su Gerusalemme. Queste raccomandazioni furono accolte come una minaccia dai gruppi estremisti israeliani, che volevano impedire ogni sforzo politico e diplomatico per risolvere la questione dei rifugiati palestinesi.

Bernadotte era il presidente della Croce Rossa svedese. Durante la Seconda guerra mondiale aveva curato e partecipato al salvataggio di cittadini ebrei, era stato un testimone della pulizia etnica degli ebrei europei, comprendeva quali fossero le ramificazioni legali, politiche e morali del problema della condizione disumana di rifugiati. Giunto in Palestina convinto di dover ancora aiutare gli ebrei come aveva fatto in Europa, si rese ben presto conto che lì le parti si erano rovesciate e che a rischiare erano i palestinesi. Bernadotte temeva fortemente che in Palestina si potesse arrivare a una condizione in cui una pulizia etnica permanente, ed eventualmente il genocidio, diventassero l'unica soluzione alla questione di rifugiati.

Un mese dopo l'inizio del suo mandato inviò un primo rapporto agli alti vertici dell'ONU, insistendo che ai rifugiati fosse permesso di tornare nelle loro case della Palestina storica, da cui erano stati cacciati. In seguito al mancato rispetto israeliano della seconda tregua del luglio 1948, il conte Bernadotte inviò un secondo rapporto alle Nazioni Unite, il 16 settembre 1948, in tre parti, che si concentravano su «lo sforzo di mediazione che si propone e su un'analisi politica della situazione», «la supervisione delle due tregue» e «l'assistenza ai rifugiati». Fu nel contesto dell'opposizione feroce alle sue proposte e all'aumento delle tensioni che ne seguì, che il conte Bernadotte fu assassinato il 17 settembre 1948. Il giorno dopo avrebbe presentato un nuovo rapporto, che includeva anche la proposta di un nuovo piano di partizione.

Il Lehi orchestrò un'imboscata al corteo di Bernadotte a Gerusalemme. L'assassinio fu eseguito da una squadra di quattro persone guidata da Yehoshua Cohen, con l'approvazione della leadership di Lehi, tra cui Yitzhak Shamir, che in seguito divenne primo ministro di Israele. Bernadotte e il colonnello André Serot, investito anche lui da un mandato dell'ONU come capo degli osservatori militari francesi in Palestina, e che lo accompagnava in quella missione a Gerusalemme, rimasero uccisi durante l'attentato.

L'assassinio provocò indignazione internazionale e mise a dura prova le prime relazioni diplomatiche di Israele. In risposta, il governo israeliano dichiarò il Lehi un'organizzazione terroristica e arrestò molti dei suoi membri. Tuttavia, nessuno fu formalmente accusato o condannato per l'omicidio di Bernadotte. Alcuni membri del Lehi raggiunsero in seguito posizioni di rilievo nella politica israeliana, tra cui Shamir.

L'assassinio di Bernadotte sottolineò il rapporto conflittuale che fin da subito si costruiva fra lo Stato d'Israele e l'organizzazione internazionale dedicata alla pace e alla diplomazia, la stessa che aveva legittimato la creazione dello Stato israeliano.

Un alto funzionario dell'ONU sacrificò la vita per aver difeso il diritto dei rifugiati palestinesi. Oggi, a Gaza, si trovano tantissimi dei discendenti di quei rifugiati che furono scacciati con la Nakba dalla Palestina storica.

La difesa dei diritti dei rifugiati palestinesi perseguita da Bernadotte gettò le basi per la risoluzione 194 (III) dell'Assemblea Generale delle Nazioni Unite dell'11 dicembre 1948, adottata dopo lunghi negoziati, che riconobbe il principio del diritto al ritorno dei rifugiati. Tuttora, la risoluzione viene osteggiata da Israele e dai suoi alleati occidentali.

La nascita dell'UNRWA

Dopo l'assassinio di Bernadotte, l'Assemblea Generale decise di creare una commissione, la Commissione di conciliazione per la Palestina (CCNUP), composta da tre Stati: gli Stati Uniti alla presidenza, la Turchia e la Francia allo scopo di portare avanti il mandato di mediazione che era stato del diplomatico svedese. Questa commissione era stata concepita dallo stesso conte Bernadotte già subito dopo il suo arrivo in loco, e aveva lo scopo di indurre le parti a discutere dei punti precisi, di fare rispettare le decisioni che sarebbero state prese e di favorire lo stabilimento della pace nella regione. Il compito della Commissione era cercare una soluzione più a lungo termine che includesse il ritorno dei rifugiati nelle loro case. Gli americani presero l'iniziativa per cercare di convincere Ben-Gurion, che era diventato il primo premier israeliano. La risposta di Ben-Gurion fu «non succederà», giacché gli israeliani erano fermamente decisi a continuare nella loro opera di conquista territoriale.

Così gli americani, nell'estate del '49, iniziarono a cercare strade alternative.

Fu l'ambasciatore americano al Cairo a pensare che sarebbe stata una buona idea coinvolgere Gordon Club – il presidente della Tennessee Valley Authority, agenzia federale americana incaricata di fornire servizi per la vivibilità agli abitanti della valle del Tennessee – in uno studio di fattibilità, per verificare se quanto realizzato negli Usa fosse replicabile in un così diverso contesto. Lo studio fu portato avanti nel settembre-ottobre del 1949 e portò alla raccomandazione di creare un'agenzia che assumesse questo ruolo.

Nel frattempo, nell'autunno del 1949 le agenzie umanitarie che avevano fornito i primi soccorsi ai rifugiati – la Lega della Croce Rossa, la Croce Rossa, l'American Friends Service Committee a Gaza – annunciarono che non erano in grado di continuare le loro operazioni di soccorso oltre la primavera del 1950. Così, le Nazioni Unite dovettero anche prevedere un meccanismo di soccorso alternativo. Fu attraverso questi processi che l'UNRWA prese forma come Agenzia delle Nazioni Unite per il Soccorso e l'Occupazione per i rifugiati palestinesi in tutto il Medio Oriente.

La bozza di risoluzione iniziale per istituire l'UNRWA fu presentata dagli americani. La risoluzione 194 (III) è il primo riferimento giuridico per la questione dei rifugiati palestinesi a stabilire un parallelo fra lo statuto di rifugiato e il diritto al ritorno. La creazione dell'UNRWA doveva consentire di rispondere alle emergenze economiche e alimentari dei rifugiati (che Bernadotte aveva rilevato fin dai primi giorni del suo mandato) e fungere da base per il lavoro della CCNUP. Per questa ragione, i Paesi arabi che avevano accolto quasi ottocentomila palestinesi si mostrarono molto critici. Successivamente, gli americani modificarono il linguaggio e dissero che la nuova risoluzione non metteva a rischio il diritto al ritorno. Ma in realtà, adottando la risoluzione che istituiva l'UNRWA, l'Assemblea Generale nel giro di dodici mesi era passata da un approccio alle soluzioni basato sul rimpatrio volontario, a un approccio alle soluzioni basato sull'integrazione locale nei Paesi limitrofi.

Così si certificava il destino dei palestinesi: vivere in una condizione permanente di rifugiati. Una condizione che dal 1948 al 2025 ha prodotto circa cinque generazioni di palestinesi con statuto di rifugiati. Nelle parole dell'attuale commissario generale dell'UNRWA, Philippe Lazzarini: «I palestinesi speravano di ricevere uno Stato. Invece di uno Stato, hanno ricevuto l'UNRWA».

Invisa, ma necessaria

L'UNRWA è nata da quel *peccato originale*: la comunità internazionale non fece pressione su Israele per rispettare la risoluzione ONU 194, trasformando il diritto sacrosanto al ritorno, protetto dalla legalità internazionale, in una condizione negoziabile, e utilizzando l'agenzia come uno strumento politico per aggirarlo.

Il conte Bernadotte, che aveva visto durante la Seconda guerra mondiale gli spostamenti e i trasferimenti forzati, aveva chiaro che si trattava di crimini di guerra, e che il diritto al ritorno, contrariamente all'integrazione locale e al reinsediamento in Paesi terzi, rappresentava un requisito fondamentale per tornare a far valere il diritto internazionale. Gli spostamenti forzati implicavano sia le responsabilità penali individuali, sia le responsabilità di Stato, dunque la necessità di riparazioni e risarcimenti. La Commissione di conciliazione delle Nazioni Unite per la Palestina avrebbe dovuto essere garante di tutto ciò: del diritto al ritorno dei palestinesi, del diritto alla restituzione e al risarcimento.

Ma la comunità internazionale decise di delegare all'UNRWA un'interpretazione ben più riduttiva del mandato, escludendo soluzioni strutturali e durature.

Dopo il 1967, anno in cui occupò i territori palestinesi, Israele si rese conto che in quanto forza occupante era obbligata ad assumersi la responsabilità dei servizi sociali e sanitari, istruzione e servizi di base, nei confronti di milioni di palestinesi: un'obbligazione giuridica della potenza occupante che si trasforma in un onere finanziario nei confronti delle popolazioni occupate. Quindi lo Stato israeliano chiese formalmente all'UNRWA di continuare a fornire quei servizi. L'accordo avvenne attraverso uno scambio di lettere, il cosiddetto «scambio Comay-Michelmore», dai nomi rispettivamente del consulente del ministro degli Esteri israeliano, Michael Comay, e del Commissario generale dell'UNRWA, Laurence Michelmore. Nello scambio si specificava che l'UNRWA avrebbe provveduto, su richiesta del governo israeliano, a fornire assistenza ai rifugiati palestinesi, e che il governo avrebbe garantito «la protezione e la sicurezza del personale, delle installazioni e delle proprietà dell'UNRWA», oltre che la libera circolazione delle persone e una serie di altri servizi.

Tuttavia, nonostante gli accordi, durante gli anni Sessanta e Settanta l'Agenzia fu spesso oggetto di attacchi molto duri, sebbene non come quelli che sarebbero arrivati nel 2023, volti a metterne in forse la stessa esistenza.

Il primo problema che Israele dovette affrontare dopo il 1967 fu quello dei libri scolastici. Israele stesso era infatti ormai responsabile del sistema educativo per i bambini palestinesi nella Cisgiordania occupata e nella Striscia di Gaza. Così scoprì che le scuole utilizzavano libri di testo egiziani e giordani; libri che esponevano senza reticenze la storia del conflitto, inclusi i massacri del 1948. Piuttosto che affrontare la questione con l'Egitto e la Giordania, Israele preferì criticare e attaccare l'UNRWA per l'uso di quei libri di testo. Fu coinvolta l'UNESCO. Fu istituito un vero e proprio comitato di censura che prevedeva il vaglio preventivo di ogni singolo libro di testo da parte israeliana, prima di poterlo utilizzare nelle scuole. Il processo di controllo dei libri di testo è proseguito fino a oggi.

Attaccare per deflettere

Il conflitto tra Israele e le organizzazioni internazionali, l'ONU in primis, ha radici molto lontane. Ma la campagna genocida lanciata a ottobre del 2023 è stata subito accompagnata da una esplicita dichiarazione di guerra contro le Nazioni Unite, e contro tutte le sue agenzie nei territori occupati palestinesi. Il segretario generale delle Nazioni Unite António Guterres è stato attaccato in prima persona fin dall'inizio, e dopo qualche mese dichiarato *persona non grata* in Israele. Qualsiasi funzionario ONU che abbia osato criticare la condotta e i crimini di Israele, compresi coloro che hanno chiesto indagini internazionali indipendenti sui crimini commessi da Israele a Gaza, oltre che sui crimini di Hamas commessi il 7 ottobre, o coloro che hanno invocato la creazione di uno Stato palestinese come soluzione al conflitto, sono stati tutti fatti oggetto di attacchi violenti e diffamatori, di linciaggi sui social media o altri tipi di intimidazioni. Il commissario generale dell'UNRWA, Philippe Lazzarini, è stato attaccato senza ritegno sui social media. Sono state ripetutamente richieste le sue dimissioni, e gli è stato impedito di entrare sia a Gaza sia a Gerusalemme. «Se davvero fossero stati attacchi contro di me come persona, mi sarei dimesso» spiega Lazzarini. «Ma non erano contro di me come persona, erano contro di me per la mia carica e per il mio mandato. Ecco perché non mi sono dimesso, perché avrebbero in ogni caso continuato ad attaccare l'UNRWA.»

Anche Francesca Albanese, relatrice speciale ONU sulla situazione dei Territori Occupati, è stata più volte linciata mediaticamente, fatta oggetto di attacchi verbali, e per un periodo, di minacce fisiche. «Oltre ad aver richiesto più e più volte le mie dimissioni, per un periodo ho anche subito minacce vere e proprie, che chiamavano in causa i miei figli» racconta. «Per fortuna la polizia mi ha sempre protetta, e dopo qualche mese, si sono fermati; ma è certamente la più grande paura su cui può agire chi vuole intimidirti con metodo mafioso, quella di evocare il male per i tuoi figli.» Riecheggiano le parole che abbiamo già sentito da Wael al Dahdouh: «Si vendicano di noi attraverso i nostri figli».

Il mandato del relatore speciale ONU dai Territori Occupati, racconta Albanese, è sempre stato inviso a Israele. «Prima di me anche Richard Falk e Michael Lynk hanno subìto attacchi molto pesanti; è una guerra che si è inasprita con la leadership della destra, di Netanyahu, e che dentro gli uffici ONU è stata portata avanti per molti anni dall'ex ambasciatore israeliano alle Nazioni Unite di New York, Gilad Erdan. Erdan aveva trasformato in abitudine l'offesa gridata, l'ingiuria contro ufficiali e funzionari delle Nazioni Unite, che i suoi collaboratori riprendevano in video e trasmettevano. È stato il primo ambasciatore a sdoganare l'attacco contro le Nazioni Unite in quanto "covo di antisemiti, di terroristi".»

Quando la comunità internazionale a maggio del 2024 ha votato una risoluzione per una soluzione diplomatica e politica e per riconoscere lo Stato palestinese, l'ambasciatore israeliano presso le Nazioni Unite è salito sul podio dell'Assemblea Generale con un tritacarte. Mentre faceva letteralmente a pezzi la carta dell'ONU, ha dichiarato: «L'adesione della Palestina distruggerebbe le fondamenta stesse dell'ONU». Ha poi aggiunto: «State distruggendo la carta delle Nazioni Unite» mentre era proprio lui che, fisicamente, la stava disintegrando. La carta i cui principi lo Stato di Israele ha violato, sistematicamente, per settantotto anni.

Mentre Israele, con questo e altri gesti, dichiarava di fatto guerra alle Nazioni Unite, i membri permanenti del Consiglio di Sicurezza – Stati Uniti, Regno Unito, Russia, Cina e Francia – decidevano di ignorare la gravità e le conseguenze di tale criminalizzazione. Il loro silenzio è stato interpretato da Israele come complicità, dandogli il via libera nell'approfondire ancora di più i suoi attacchi.

I membri del governo di Israele hanno dichiarato più volte l'UNRWA un'organizzazione terroristica, complice di Hamas. Israele ha cominciato a bombardarne le strutture a Gaza, oltre che ad attaccare le loro scuole e altri centri in Cisgiordania e a Gerusalemme Est, uccidendo in totale, da ottobre 2023 a oggi, oltre duecento dipendenti UNRWA – il numero più alto di vittime in un conflitto in tutta la storia dell'ONU – e distruggendo il 90% delle sedi delle Nazioni Unite a Gaza.

A settembre del 2024, il primo ministro israeliano Benjamin Netanyahu – il suo vero cognome è Milejkowski: il padre di Netanyahu, Benzion, lo cambiò dopo che la famiglia si era insediata in Palestina, intorno agli anni

Venti del Novecento – ha scelto di dare l'ordine di bombardare il Libano subito dopo aver parlato alle Nazioni Unite a New York. Lo scopo dell'attacco, diretto al Sud del Libano, era quello di assassinare il leader di Hezbollah Hassan Nasrallah. Netanyahu ha reso pubblica la foto in cui dà l'ordine di attaccare, da un albergo molto vicino alla sede delle Nazioni Unite. Nel corso del solo mese di ottobre 2024, Israele ha bombardato trenta volte le postazioni dei caschi blu dell'Onu in Libano.

Per molti libanesi è stato difficile non andare con la memoria al 18 aprile 1996, quando le forze israeliane effettuarono un devastante attacco di artiglieria contro un complesso delle Nazioni Unite a Qana, nel sud del Libano, uccidendo 106 civili e ferendone circa 116. Nell'attacco rimasero gravemente feriti anche quattro operatori di pace delle Nazioni Unite. Era parte dell'operazione *Grapes of Wrath*, durante la quale circa ottocento civili libanesi avevano cercato rifugio nel complesso delle Nazioni Unite per sfuggire ai bombardamenti israeliani. Il complesso apparteneva al battaglione figiano della Unifil – acronimo di United Nations interim force in Lebanon, forza provvisoria delle Nazioni Unite in Libano – ed era chiaramente indicato sulle mappe israeliane.

Le truppe Unifil in Libano sono circa diecimila, provenienti da cinquanta Paesi diversi. La Spagna ha più di seicento soldati, la Malesia ne ha ottocento, la Corea del Sud quasi trecento, il Ghana quasi novecento. L'Indonesia e l'Italia sono presenti con più di mille soldati. La loro missione è monitorare la cessazione delle ostilità, accompagnare e sostenere le forze armate libanesi nel loro dispiegamento in tutto il Libano meridionale, fornire assistenza per garantire l'accesso umanitario alla popolazione civile nella area di operazioni; hanno un ruolo cruciale nel promuovere la stabilità, la sicurezza e la cooperazione tra le comunità.

Quel giorno di aprile del 1996, l'artiglieria israeliana sparò trentasei proiettili ad alto potenziale esplosivo che colpirono direttamente il complesso delle Nazioni Unite. In quella circostanza un'unità delle forze speciali israeliane, al comando di Naftali Bennett, che successivamente sarebbe divenuto premier d'Israele, si vantò pubblicamente di aver ucciso molti arabi. Nelle parole di Bennett stesso: «Ho ucciso molti arabi nella mia vita e non vedo dove stia il problema».

L'indagine delle Nazioni Unite rivelò prove cruciali che contraddicevano le affermazioni iniziali di Israele sulla dinamica: una registrazione video dell'Unifil mostrava la presenza di un drone israeliano e di due elicotteri durante l'attacco.

Come da schema collaudato, Israele inizialmente negò l'esistenza del drone, per poi ammetterne la presenza dopo che erano emerse le prove, incolpandone Hezbollah.

L'indagine delle Nazioni Unite concluse che il bombardamento israeliano alla base era stato deliberato. Il massacro provocò una forte reazione di condanna internazionale e pressioni diplomatiche, portando Israele a terminare l'operazione *Grapes of Wrath* prima del previsto. L'indagine di Amnesty International concluse che le Forze di difesa israeliane (IDF) avevano attaccato intenzionalmente il complesso delle Nazioni Unite. Il massacro è a oggi uno dei più gravi attacchi mai avvenuti a una struttura delle Nazioni Unite.

L'accusa di terrorismo e le campagne coordinate

Dopo il parere cautelare della Corte internazionale di giustizia del 26 gennaio 2024, in base al quale Israele stava plausibilmente commettendo genocidio a Gaza, sulla base di un dossier presentato dal Sudafrica e basato su numerosi rapporti provenienti da funzionari UNRWA, Israele ha accusato una manciata di dipendenti dell'agenzia di aver partecipato all'operazione del 7 ottobre. L'agenzia, come mi ha raccontato il commissario Philippe Lazzarini, ha preso sul serio le accuse, conducendo indagini in proprio; al termine delle indagini, nove dipendenti sono stati licenziati, come misura cautelare, per via di accuse gravi e tuttavia provenienti da un'unica fonte, dunque prive di ulteriori riscontri.

Ma l'attacco di Israele non si è fermato. Ha invitato gli Stati a ritirare i loro finanziamenti a UNRWA, incassando subito il sì degli Stati Uniti, cui sono seguiti altri sedici Paesi. Nei mesi successivi alcuni di questi hanno ripristinato parte dei finanziamenti, visto che Israele non aveva mai condiviso informazioni né prove che corroborassero le sue accuse; tanti Paesi hanno ripreso le donazioni all'agenzia, fra questi anche l'Italia, sebbene abbia fatto, in seguito, di nuovo marcia indietro. Nel complesso, all'UNRWA sono stati tagliati circa quattrocentocinquanta milioni di dollari di finanziamenti dai governi occidentali, durante una guerra di fame e annientamento.

Nonostante il danno economico inflitto, molto pesante, la strategia del governo israeliano di fare terra bruciata attorno all'UNRWA non ha funzionato, nell'insieme, come hanno riconosciuto in dichiarazioni non ufficiali gli stessi funzionari israeliani. Non esiste alternativa all'UNRWA, infatti, se non uno Stato palestinese. Le indagini indipendenti condotte dalle Nazioni Unite hanno rilevato che le accuse di terrorismo ai dipendenti dell'Agenzia mosse da Israele erano state mosse senza potersi basare su prove credibili. La maggior parte degli Stati che avevano interrotto i finanziamenti, e in particolare Germania, Francia, Canada, Australia, Svezia e Giappone, li hanno ripresi. I diplomatici europei hanno citato l'assenza di alternative valide al lavoro umanitario dell'UNRWA a Gaza e la mancanza di rivendicazioni israeliane fondate come ragioni per invertire il blocco dei finanziamenti. Un diplomatico dell'UE ha dichiarato che le prove «non dimostravano a sufficienza l'esistenza di un fenomeno diffuso».

L'aggravarsi della crisi della carestia a Gaza ha reso inevitabile per i Paesi donatori il mantenimento del sostegno dell'UNRWA, per la ragione che a oggi nessuna organizzazione è in grado di sostituire l'infrastruttura di aiuti che UNRWA gestisce per Gaza. Il fallimento della campagna evidenzia le difficoltà di smantellare un'istituzione centrale per gli aiuti ai rifugiati palestinesi, nonostante gli sforzi mediatici e diplomatici concertati. A febbraio 2025, i finanziamenti degli Stati Uniti e del Regno Unito sono ancora sospesi.

In queste circostanze già poco chiare, l'Italia si è particolarmente distinta per la sua ambiguità. A maggio 2024 la Farnesina aveva annunciato la ripartenza dei fondi all'organizzazione umanitaria: dopo le conclusioni del rapporto della commissione indipendente incaricata di verificare il rispetto del principio di neutralità dell'agenzia UNRWA, il governo Meloni aveva deciso di riaprire la linea di finanziamenti, seppur con budget più ridotto. Il governo italiano ha in seguito ritirato la decisione, nel gennaio 2025, a seguito di una dichiarazione di un ostaggio liberato, una donna che ha dichiarato di essere stata tenuta in cattività in una delle sedi di UNRWA nel nord di Gaza. Una sede di cui però UNRWA *non era più responsabile*, avendole evacuate tutte già da tempo dopo l'esplicito ordine ricevuto dal governo israeliano.

Il governo italiano, per bocca del ministro degli Esteri Antonio Tajani, ha dichiarato che l'Italia non lavorerà più con l'UNRWA a Gaza, e ha pure aggiunto che l'Italia non riconoscerà lo Stato palestinese perché quello Stato al momento non esiste, e perché il riconoscimento costituirebbe un «segnale contro la pace».

Nel marzo 2024, il Congresso Usa ha approvato il Further Consolidated Appropriations Act, (Public Law 118-47), che ha vietato tutti i finanziamenti statunitensi all'UNRWA fino al 25 marzo 2025. Questo divieto si applicava ai fondi dell'anno precedente, agli stanziamenti dell'anno 2024 e a quelli dell'anno 2025. Nel febbraio 2025, il presidente Trump ha emesso un ordine esecutivo che prevede il ritiro degli Stati Uniti da alcune organizzazioni delle Nazioni Unite e la fine dei loro finanziamenti. Ha interrotto definitivamente tutti i contributi statunitensi all'UNRWA, adducendo come motivazione l'infiltrazione di componenti di gruppi terroristici designati come tali dagli Stati Uniti. Ha ritirato il sostegno degli Stati Uniti alle operazioni di UNRWA, e ha chiesto al dipartimento di Stato di notificare alle Nazioni Unite questa decisione. Ha fatto riferimento al divieto di stanziamenti per l'anno 2024, ma ha esteso la decisione a tempo indeterminato.

Trump aveva cancellato i finanziamenti all'agenzia già nel 2018, come risposta alle critiche ricevute per aver deciso di spostare l'ambasciata americana a Gerusalemme, e per aver dichiarato che Gerusalemme è la capitale dello Stato di Israele, e soltanto di Israele. Secondo le risoluzioni ONU, Gerusalemme Est è un territorio palestinese sotto occupazione israeliana, ma Trump decise di bypassare la legalità internazionale e di violare, con un decreto presidenziale, le risoluzioni dell'ONU. Su Twitter, Trump inveì contro l'ingratitudine dei palestinesi per i finanziamenti statunitensi, in realtà un'inezia rispetto a quelli che gli Stati Uniti forniscono a Israele. L'allora ambasciatrice statunitense all'ONU Nikki Haley dichiarò che i finanziamenti all'UNRWA sarebbero stati sospesi fino a quando i palestinesi non fossero tornati «al tavolo dei negoziati», cioè che non avessero deciso di collaborare alla definizione degli accordi di Abramo: una serie di accordi commerciali e militari fra Israele e vari regimi arabi, che però escludevano i palestinesi. Quello dell'amministrazione Usa era dunque un approccio basato sul ricatto e sul bullismo diplomatico, affinché i palestinesi accettassero i diktat israeliani e americani.

Durante il primo mandato Trump gli Stati Uniti tolsero i finanziamenti a UNESCO e UNRWA per due anni, per poi ricominciare a finanziarli grazie a una deroga condizionata dal Congresso. Fu una reazione al fatto che nel 2011 la Palestina era diventata membro a pieno titolo dell'UNESCO, un passo significativo negli sforzi per essere riconosciuta come Stato indipendente. Nel novembre 2012, la Palestina ottenne anche lo status di Stato osservatore non membro delle Nazioni Unite. L'Assemblea Generale dell'ONU proclamò il 2014 l'anno internazionale di solidarietà con il popolo palestinese, e la Palestina divenne membro della Corte penale internazionale nel 2015. Una serie di risultati diplomatici che fecero infuriare non poco sia gli israeliani sia gli americani. In quanto Stato non membro, la Palestina otteneva anche il diritto di aderire a una serie di agenzie e organismi, fra cui l'Organizzazione Mondiale della Sanità e l'AIEA, l'Agenzia internazionale per l'energia atomica. Ma già negli anni Ottanta le lobby israeliane negli Stati Uniti avevano fatto passare una legge che obbligava gli Stati Uniti a interrompere i finanziamenti a qualsiasi agenzia ONU che riconoscesse e accogliesse lo Stato di Palestina. Una sezione di questa legge riguardava in particolare l'UNRWA, vincolandone l'assegnazione di fondi all'agenzia sulla base di una specifica certificazione del segretario di Stato, il quale deve riferire al Congresso e alle commissioni di intelligence e finanza sulla condotta, in modo da verificare il costante allineamento con gli interessi – e con i ricatti – politici di Israele. Nessun fondo può essere concesso all'UNRWA a meno che il segretario di Stato non certifichi e riferisca una lunga lista di monitoraggio della spesa, che può andare solo e rigorosamente a scuola e sanità.

Dopo la vittoria di Biden nel 2020, gli aiuti americani all'UNRWA sono stati ripristinati, e poi di nuovo sospesi dopo il 7 ottobre 2023: ancora una volta una reazione punitiva che colpiva tutti i palestinesi per i crimini commessi da Hamas.

A marzo del 2024 il quotidiano israeliano *Haaretz* ha pubblicato un articolo di grande rilievo, in cui raccontava come le accuse contro UNRWA in Israele fossero state coordinate da tre sedicenti siti d'informazione – UnFold Magazine, Non-Agenda, The Moral Alliance – che, tramite la creazione di centinaia di account fake sui social media, inondavano le piattaforme di messaggi propagandistici filoisraeliani, alcuni dei quali contenevano accuse contro i dipendenti dell'UNRWA, tacciati di terrorismo; messaggi postati in particolare sotto i profili social di deputati e senatori democratici statunitensi, e in particolare sotto i profili di rappresentanti afroamericani. La campagna aveva fatto uso anche di strumenti di intelligenza artificiale, come ChatGPT, per generare post allo scopo di amplificare le false accuse sui legami UNRWA-Hamas. Nei mesi successivi, altri media, come la rivista *Wired* e le Nazioni Unite stesse, con un comunicato ufficiale hanno riferito che il governo israeliano aveva acquistato annunci Google per fare in modo di associare l'UNRWA al terrorismo quando si effettuavano ricerche sull'agenzia sul motore di ricerca. Gli annunci indirizzavano gli utenti su pagine ufficiali del governo israeliano che reiteravano accuse non provate.

L'ordine esecutivo del 2025 riflette un cambiamento radicale nella politica statunitense. Gli Stati Uniti riducono infatti il loro coinvolgimento in tutti gli organismi delle

Nazioni Unite percepiti come antisraeliani: tra questi, oltre all'UNRWA, si sono finora ritirati dall'UNESCO e dal Consiglio per i diritti umani.

Si allineano in questo modo per intero a Israele, liquidando la questione dei rifugiati palestinesi, ma soprattutto mandano al mondo il chiaro messaggio di non credere più nel sistema della legalità internazionale come strumento della politica. Lo schema seguito, in realtà, è ben collaudato, come ha confermato un funzionario americano, Josh Paul, che ha lavorato come direttore del dipartimento di Stato americano per vent'anni. Durante un'intervista alla CNN, Josh Paul ha raccontato che il governo americano aveva ricevuto una denuncia e un'indagine articolata e approfondita, con prove conclamate, da parte di una Ong palestinese – Defense for Children International-Palestine – su un caso di stupro di un bambino di tredici anni all'interno del centro di tortura e detenzione a Gerusalemme Ovest, il famigerato Al-Mascobiyya. Paul ha dichiarato che il governo americano aveva trasmesso il fascicolo al governo israeliano, nella speranza che Israele indagasse su sé stesso. E invece, Israele ha fatto irruzione nella sede dell'organizzazione che aveva trasmesso il caso: ha confiscato i loro computer e i documenti, e l'ha designata come organizzazione terroristica.

Israele ha così punito una Ong per aver denunciato al dipartimento di Stato americano lo stupro di un bambino palestinese di tredici anni nel centro di detenzione di Al-Mascobiyya, a Gerusalemme Ovest.

Alla fine del 2024 la Knesset israeliana ha approvato a stragrande maggioranza due leggi che statuiscono la messa al bando delle attività dell'UNRWA e il divieto ai funzionari israeliani di qualsiasi contatto con l'UNRWA, complicando ulteriormente la sua capacità di operare nei Territori Occupati. Una legge proibisce tutte le attività dell'UNRWA sul territorio israeliano. Questa messa al bando e questo divieto includono Gerusalemme Est, che la maggior parte del mondo e il diritto internazionale considerano territorio occupato, e che fu annessa da Israele dopo la guerra arabo-israeliana del 1967. La legge non vieta le attività dell'UNRWA a Gaza o in Cisgiordania, ma limiterà l'accesso dell'UNRWA a questi territori attraverso Israele.

L'altra legge approvata vieta qualsiasi contatto tra funzionari israeliani e l'UNRWA o chiunque agisca per conto dell'organizzazione. Le restrizioni sono entrate in vigore alla fine di gennaio 2025. La legge prevede inoltre che un'agenzia governativa israeliana riferisca regolarmente al parlamento israeliano sull'applicazione della legge stessa, e sottolinea che Israele può ancora intraprendere azioni legali contro i dipendenti dell'UNRWA.

Il 26 gennaio 2025, Israele ha ordinato all'UNRWA di lasciare i suoi locali di Gerusalemme Est occupata, e di cessare tutte le operazioni. Questa decisione sottolinea l'intento del governo israeliano di mettere fuori legge le istituzioni delle Nazioni Unite. Il segretario dell'ONU, António Guterres, ha affermato che le sedi che gli operatori umanitari hanno ricevuto l'ordine di lasciare a Gerusalemme Est sono proprietà delle Nazioni Unite, dunque sono protette dal diritto internazionale.

Il 18 febbraio 2025, le forze israeliane e il personale della municipalità di Gerusalemme hanno evacuato con la forza tre scuole e un centro di formazione UNRWA a Gerusalemme Est, colpendo circa trecentocinquanta studenti, che erano presenti nelle scuole e nel centro al momento dell'irruzione israeliana, con gas lacrimogeni e bombe sonore. In totale, Israele ha lasciato senza istruzione almeno duecentocinquanta bambini di tre scuole, e oltre trecentocinquanta tirocinanti nel Centro di formazione di Kalandia, un grande complesso delle Nazioni Unite.

«Senza garantire a questi bambini il diritto all'istruzione, cos'altro ci si può aspettare da loro, se non che radicalizzino sotto alcune forme di violenza i sentimenti che provano?» è il commento di Philippe Lazzarini.

Dopo aver attaccato per sedici mesi le sedi delle Nazioni Unite, mentre ospitavano sfollati interni, malati e operatori di pace; dopo aver ucciso oltre duecento membri del personale delle Nazioni Unite in meno di un anno; dopo aver diffamato e calunniato alti funzionari e organizzazioni delle Nazioni Unite, e impedito al segretario generale di entrare nei territori palestinesi occupati, l'atto finale per Israele è mettere fuori legge l'Agenzia per i rifugiati palestinesi delle Nazioni Unite, organo sussidiario dell'Assemblea Generale. Un colpo mortale per la Carta delle Nazioni Unite e per il sistema multilaterale. Un colpo con un obiettivo molto chiaro: accelerare la cancellazione del diritto all'esistenza dei palestinesi, anche attraverso atti dalle conseguenze umanitarie catastrofiche.

Il 4 gennaio 2024, durante una riunione della Knesset, un ex funzionario israeliano, Noga Arbell, ha dichiarato: «È impossibile per Israele vincere la guerra senza distruggere l'UNRWA. Israele sta perdendo militarmente e non ha raggiunto alcun obiettivo militare, ora deve migliorare la sua punizione collettiva cercando di distruggere l'UNRWA».

Nel corso dell'ultimo anno e mezzo, Israele ha attaccato le forze di pace dell'ONU in Libano, ha sequestrato la sede dell'ONU a Gerusalemme Est occupata, ha vietato l'accesso a tutti gli investigatori dell'ONU, ha ucciso centinaia di membri del personale dell'ONU, ha rapito, imprigionato e torturato dipendenti delle agenzie ONU, ha attaccato decine di strutture dell'ONU, ha distrutto scuole e cliniche dell'ONU, ha saccheggiato i beni dell'ONU, ha bloccato gli aiuti dell'ONU, ha spiato e calunniato ripetutamente l'ONU. Una scuola delle Nazioni Unite nel campo profughi di An Nuseirat, che ospitava seimila sfollati, è stata colpita nel giugno 2024, causando quaranta morti, tra cui bambini e donne. L'esercito israeliano si è giustificato affermando che gruppi armati operavano all'interno della scuola, ma non ha dato, come sarebbe stato obbligato a fare, alcun preavviso prima dell'attacco. Più di centottanta edifici dell'UNRWA sono stati danneggiati dall'escalation delle ostilità e più di quattrocentocinquanta sfollati sono stati uccisi in queste strutture.

A Gerusalemme Est, i coloni hanno più e più volte sferrato contro il quartier generale ONU gli stessi attacchi che riservano ai villaggi palestinesi della Cisgiordania: lo hanno preso di mira con bombe molotov, bruciandone in più occasioni la sede.

Nonostante tutte le sedi delle Nazioni Unite nei territori palestinesi abbiano fornito le loro coordinate GPS all'esercito israeliano, e abbiano scritto sopra i tetti, a caratteri cubitali, NAZIONI UNITE, Israele ha bombardato e distrutto dal 70% al 90% delle sedi ONU nel territorio, e attualmente utilizza una scuola ONU come base militare.

Il governo israeliano ha attaccato il segretario generale, e tutti i funzionari ONU e i suoi meccanismi definendoli «sostenitori del terrorismo», «un covo di antisemiti»: un tentativo esplicito di screditare e distruggere, per impedire una soluzione diplomatica politica e soprattutto per delegittimare le regole del diritto internazionale in base alle quali le più alte cariche di Israele sono state indagate per crimini contro l'umanità e crimini di guerra.

La strategia di Israele e degli Stati Uniti è esplicita anche nel caso di un altro pilastro del diritto internazionale, la Corte penale internazionale: il giorno dopo i mandati di cattura emessi dal procuratore generale Khan contro il premier israeliano Netanyahu, gli Stati Uniti e Israele hanno deciso di distruggere la Corte penale internazionale per proteggere sé stessi e Israele, per affermare la loro impunità e continuare il loro progetto di genocidio coloniale e pulizia etnica.

Le leggi anti-UNRWA non hanno altro scopo che quello di aggravare le sofferenze dei palestinesi – «migliorare la punizione collettiva» nelle parole del funzionario israeliano citato sopra – soprattutto a Gaza. Priveranno oltre seicentocinquantamila ragazze e ragazzi del diritto all'istruzione, mettendo a rischio un'intera generazione di bambini. Ma Israele non si è fermato qui: le ultime leggi approvate dalla Knesset (non ancora in via definitiva) rendono illegale fornire informazioni critiche sulle attività belliche di Israele alla Corte penale internazionale. Chi avesse fornito alla Corte materiale – per esempio anche cittadini israeliani che avessero inoltrato alla Corte i video girati dai soldati durante i combattimenti e i saccheggi – rischierà, se la legge passasse in via definitiva, fino a cinque anni di carcere.

Tra gli allarmi di carestia, il collasso del sistema sanitario e il massiccio sfollamento della popolazione palestinese, il lavoro dell'UNRWA durante gli ultimi mesi è stato più importante che mai. L'agenzia aiuta a coordinare la distribuzione degli aiuti, per quanto esigui, che arrivano ogni giorno nel sud di Gaza, e le sue scuole danno rifugio a più di un milione di palestinesi di Gaza. Secondo Philippe Lazzarini, dall'inizio dell'attacco israeliano l'UNRWA ha fornito due terzi di tutta l'assistenza alimentare, ha dato rifugio a più di un milione di sfollati palestinesi e ha vaccinato duecentocinquantamila bambini contro la polio.

Prima degli attacchi dell'ottobre 2023, a Gaza vivevano 2,3 milioni di palestinesi. Molti di loro sono quelli che chiamiamo profughi, persone finite a Gaza e provenienti da altre parti di quello che oggi è lo Stato di Israele. L'UNRWA ha fornito loro per decenni assistenza sanitaria di base, istruzione, assistenza sociale, alcuni aiuti commerciali. L'UNRWA è di gran lunga il più grande datore di lavoro di Gaza.

Che cosa rappresenta l'UNRWA per noi palestinesi

Per noi palestinesi l'UNRWA è molto di più di un'organizzazione dell'ONU. È uno strumento essenziale di salvezza e sopravvivenza e un ponte per un futuro dignitoso. Se oggi sono la donna che sono, lo devo anche all'UNRWA, e così come è vero per me, questo è vero anche per tanti miei amici e persone che ho conosciuto.

I servizi sanitari e scolastici che l'UNRWA garantisce sono stati la nostra prima ancora di salvezza. Sono i luoghi dove sono state curate le nostre malattie infantili, come la polmonite che quasi mi uccise quando ero una bambina; o come l'intossicazione alimentare che colpì tutte noi bambine dell'orfanotrofio dove sono cresciuta, dopo che avevamo mangiato un po' di formaggio regalatoci da qualcuno. Sono i luoghi dove abbiamo imparato a leggere e scrivere. Le cliniche e le scuole dell'UNRWA sono un pezzo della storia della resilienza e della resistenza del popolo palestinese sotto l'occupazione militare israeliana. Grazie all'UNRWA, il tasso di alfabetizzazione dei palestinesi è uno dei più alti al mondo: oltre il 90% delle persone legge e scrive.

La vera eredità che ogni genitore palestinese lascia ai suoi figli e figlie non sono case o terre, ma educazione, istruzione e speranza. Sono le armi più potenti per aspirare a un futuro più dignitoso; le armi che rappresentano una vera sfida al regime militare e di apartheid israeliano. Mio padre Othman venerava gli insegnanti, gli intellettuali e gli scrittori. Per lui erano eroi nazionali.

Nei campi profughi è solo l'UNRWA a garantire l'istruzione dei bambini. L'esperienza che feci in quel campo mi insegnò la lezione più importante della mia vita: le case costruite con fatica venivano spesso demolite dall'esercito israeliano, come punizione collettiva; se un bambino lanciava un sasso contro un carro armato, l'esercito si vendicava distruggendo case, distruggendo vite, costringendo le persone a vivere nelle tende. Il volto feroce e violento dell'occupazione militare israeliana si vede chiaramente nei campi profughi palestinesi e, una volta che lo si è visto, non lo si può più dimenticare.

L'educazione e l'istruzione, però, non ce le possono portare via. Sono sacre per il popolo palestinese, esattamente come gli olivi secolari della nostra terra. Le custodiamo e coltiviamo perché sono l'unica speranza per un futuro diverso, una speranza che continuiamo a tenere viva generazione dopo generazione, circondati da muri di ferro, carrarmati, e dall'indifferenza internazionale.

I libri di letteratura e di storia che l'UNRWA donava ai bambini palestinesi sono stati per me la prima finestra, il primo passaporto per viaggiare con la mente. Il mio viaggio in Italia iniziò ben prima del mio arrivo, attraverso i libri di autori italiani: Dante, Dario Fo, Primo Levi, Elena Ferrante, che lessi grazie ai libri donati dall'UNRWA.

Dopo il 1967, quando Israele firmò l'accordo con l'UNRWA chiedendo all'agenzia di continuare a prestare quei servizi fondamentali a milioni di palestinesi, gli inviati e i dipendenti hanno stretto una collaborazione con l'orfanotrofio di Dar al Tifel a Gerusalemme Est, dove sono cresciuta, che si prese carico di tanti orfani trovati nei Territori Occupati, e salvò loro la vita.

L'UNRWA si incaricava di finanziare e gestire centri culturali, teatri, corsi di educazione sentimentale, corsi per le giovani donne alle prese con lo sviluppo e le mestruazioni, corsi di preservazione e sostegno all'agricoltura, corsi di prevenzione sanitaria.

A quindici anni, con grande gioia di mio padre, l'orfanotrofio mi scelse, insieme a un gruppo di studentesse, per andare nei campi profughi in Cisgiordania occupata ad aiutare i bambini a imparare a leggere e a scrivere, dopo che l'esercito israeliano aveva chiuso le scuole gestite dall'UNRWA, durante la prima Intifada. Erano luoghi di disperazione, con una rete fognaria a cielo aperto, continue incursioni dei coloni che terrorizzavano i contadini per cacciarli dalla terra – spesso bruciando gli olivi, specialmente durante il periodo della raccolta –, e condizioni di povertà assoluta. Le persone vivevano una sopra l'altra, perché l'esercito israeliano vietava di costruire case, e quelle abusive venivano demolite sistematicamente.

In uno di quei campi profughi, incontrai Ali. Aveva otto anni ed era seduto sulle macerie della sua casa appena distrutta, con in mano un quaderno e una penna. Erano l'unico bene che possedeva.

Non ho mai più dimenticato né lui, né quella scena. L'esercito israeliano gli aveva tolto tutto, incluse le quattro pareti che lo proteggevano. L'unico momento di gioia che vedevo nei suoi occhi era quando si univa, correndo, ad altri bambini nelle scuole dell'UNRWA. Imparare a leggere e scrivere lo aiutava a coltivare la speranza, era imparare a continuare a sopravvivere, nel mezzo della brutalità più cieca e indiscriminata.

Non so, a distanza di tanti anni, se Ali sia morto o vivo. Mi auguro sia diventato uno scrittore, un giornalista o un medico: sono le tre professioni che tutti i bambini che ho incontrato ammiravano di più.

Anche il mio amico e collega Muhammad Shehada dice di sé stesso: «Sono cresciuto a Gaza e devo all'UNRWA il fatto che mio padre, che camminava senza scarpe, sia potuto uscire dai campi profughi, e diventare quell'abile medico, rispettato da tutti, che tanto amavo e ammiravo. Quando l'ho perso, a dodici anni, è stata l'UNRWA a non avermi mai lasciato solo. Attorno a me c'era una rete di protezione, di salvezza, che mi ha consentito di sopravvivere, e di educarmi. Non ho ricevuto soltanto servizi, ma strumenti per trasformare la mia vita: grazie ai libri dell'UNRWA ho imparato cosa fosse stato l'Olocausto, ho conosciuto la storia degli ebrei». Alcuni studenti meritevoli, attraverso iniziative speciali, venivano anche portati in viaggio in Europa o negli Stati Uniti, per esempio al museo della casa di Anna Frank ad Amsterdam.

Shehada, che oggi vive ad Amsterdam, racconta anche di come l'UNRWA abbia aiutato generazioni intere di palestinesi a farsi carico del trauma, dovuto all'occupazione permanente e alle costanti guerre condotte da Israele. «Quando ce n'era la possibilità, l'UNRWA si faceva carico di campi estivi durante i quali i ragazzi potevano affrontare i problemi derivanti dallo stress post-traumatico attraverso il gioco, le attività, il lavoro, oltre che le terapie. In quei campi tutto proveniva da fonti del posto, erano iniziative importanti. Come altre iniziative erano volte a far sì che tutti potessero frequentare la scuola anche se in condizioni di massima povertà, attraverso micro-borse di studio, pasti gratuiti.

Se persone come Shehada, come me e come tanti altri bambini e bambine hanno preso coscienza del mondo, e quindi anche dei nostri diritti negati, è stato prima di tutto perché esisteva l'UNRWA. Non mi stupisce, dunque, che Israele voglia oggi smantellare completamente quel sistema. Ma la domanda da farsi è un'altra: che cosa diventeranno le centinaia di migliaia di bambini palestinesi a cui l'UNRWA ha dato una strada per immaginare un futuro, se quella strada non esistesse più? Che prospettive di futuro si possono avere, se nessuno si prende cura della tua educazione e della tua crescita?

La guerra contro il diritto al ritorno

Lo sforzo di cancellare i profughi palestinesi attraverso lo smantellamento dell'UNRWA non è una novità di questo ultimo anno e mezzo. L'UNRWA è uno strumento che Israele stesso ha accolto con favore per anni, pur inondandolo spesso di critiche. Ma negli ultimi decenni, con la leadership di Netanyahu e della destra israeliana, si è arrivati al punto di cercare di cancellare l'Agenzia, impedendole di continuare a operare, tanto a Gaza quanto nella Cisgiordania occupata e a Gerusalemme Est.

Già a partire dalla fine degli anni Novanta, voci reazionarie in Israele e negli Stati Uniti – spesso affiancate da compagni di viaggio al Congresso americano – hanno sostenuto che la «soluzione» alla questione dei rifugiati palestinesi non si sarebbe dovuta trovare con dei negoziati tra Israele e i palestinesi, ma attraverso un'azione unilaterale degli Stati Uniti per ridefinire i rifugiati palestinesi fuori dall'esistenza di UNRWA.

Negli ultimi vent'anni, nella destra israeliana, e non solo, si è fatto largo un pensiero politico preciso: l'unico modo per cancellare definitivamente la questione palestinese, per sradicare l'aspirazione palestinese ad avere un proprio Stato, è smantellare l'agenzia delle Nazioni Unite che ha mantenuto vivo, in tutti questi anni, il diritto dei rifugiati palestinesi al ritorno in quelle terre da cui furono cacciati via con la Nakba. La destra ha tratto legittimità anche dalle parole di un ex premier di sinistra, Ehud Barak, che a seguito dei falliti negoziati di pace del 2000 aveva detto, riferendosi ai palestinesi, che «non ci sono partner per la pace».

Quella dichiarazione fu il via libera all'articolazione di un piano la cui idea di fondo sussiste da settantacinque anni: eliminare i palestinesi per eliminare la Palestina. Secondo le parole dell'ex ministro della difesa israeliano,

Moshe Dayan: «Continuerete a vivere come cani e chi vuole può andarsene. E vedremo dove porterà questo processo... Tra cinque anni potremmo avere duecentomila persone in meno. E questa è una questione di enorme importanza».

Il diritto al ritorno, in particolare il diritto di tornare nel proprio Paese, è sancito dalle convenzioni internazionali sui diritti umani. È presente in modo preponderante nella Dichiarazione universale dei diritti umani e nel Patto internazionale sui diritti civili e politici. Non sarebbe dunque cancellato neanche se l'UNRWA scomparisse; il diritto al ritorno non è condizionale, non dipende dall'esistenza o meno di un'agenzia dell'ONU. Tuttavia, colpire l'UNRWA è un modo efficace anche di colpire il diritto al ritorno, perché è l'UNRWA che conferisce ai palestinesi la documentazione che attesta il loro status di rifugiati, e dunque certifica i loro diritti in base alla risoluzione 194/1948.

Gli attacchi di Israele contro l'UNRWA si sono intensificati dopo la seconda Intifada, quando Israele per un periodo era sembrata aperta a un potenziale compromesso sui territori, sugli insediamenti dei coloni e sulla sicurezza, mantenendo tuttavia un rifiuto categorico sulla questione del diritto al ritorno, che riguarda circa sei milioni di persone palestinesi in tutto il mondo. Un numero tale da compromettere la superiorità demografica su cui Israele fonda tanta parte della sua idea puramente etnica e suprematista di sicurezza. Ecco uno dei motivi per cui, per i politici israeliani, la questione dei rifugiati è una «minaccia esistenziale». L'altro motivo è che i rifugiati ricordano a tutto il mondo, e a Israele per primo, il *peccato originale* che ne ha suggellato la nascita: la Nakba, la pulizia etnica originaria che ha plasmato la realtà in cui viviamo oggi. Israele credeva, nel 1948, che espellere i palestinesi avrebbe garantito la sicurezza del neonato Stato al proprio interno. A distanza di settantasette anni di guerra ininterrotta, sappiamo che non è mai stato così.

Cancellare i palestinesi dalla Storia

La guerra dei politici israeliani contro l'UNRWA ha raggiunto l'apice dopo la vittoria di Trump alle elezioni del 2016: anche alcuni politici della sinistra israeliana hanno approfittato del suo arrivo per sferrare i loro colpi. Einat Wilf, ex parlamentare israeliana di sinistra, nel libro *The War of Return* (La guerra del ritorno) scritto a quattro mani con Adi Schwartz, ha sostenuto che, istituzionalizzando lo status di rifugiato palestinese, l'UNRWA perpetuava il conflitto israelo-palestinese. «L'UNRWA è la spina dorsale ideologica della visione palestinese del *ritorno* violento... Ha dato vita a tutte le organizzazioni terroristiche, da Settembre Nero ad Hamas.» «La questione dei rifugiati non è un problema umanitario: è un'arma politica.» Per Wilf e Schwartz, la guerra d'indipendenza di Israele non è mai finita, poiché i funzionari dell'Autorità Palestinese sostengono che masse di rifugiati presto torneranno alle loro case a Jaffa e Haifa distruggendo, in ultima analisi, lo Stato ebraico.

«Finché i palestinesi non rinunceranno al "diritto al ritorno", ponendo fine al loro statuto di rifugiati, la pace rimarrà irraggiungibile. Questo è il cuore del conflitto» secondo Wilf. A fine febbraio 2025, mentre gli Stati arabi si univano in Arabia Saudita per concordare una proposta al crudele e folle piano di pulizia etnica di Trump per Gaza, Wilf, significativamente, scriveva questo: «Qualunque sia il piano arabo proposto per Gaza, esso dovrebbe soddisfare tre requisiti minimi: tutti i residenti di Gaza vengono cancellati dai registri dell'UNRWA come "rifugiati palestinesi"; gli Stati arabi dichiarano che non esiste un "diritto al ritorno" in Israele; i residenti di Gaza devono sottoporsi a una formazione di de-radicalizzazione in cui accettano di non essere rifugiati e che non c'è alcun "ritorno"». La cancellazione dell'identità palestinese. «In caso contrario, non dovrebbe entrare nemmeno un dollaro o un sacco di cemento, perché è garantito che serviranno all'obiettivo del "ritorno" violento (e non ce ne sono altri).»

The War of Return è stato originariamente scritto in ebraico e solo successivamente tradotto in inglese, ma il suo principale destinatario sono i diplomatici stranieri. La posizione di lunga data della comunità internazionale sulla questione dei rifugiati – compreso il sostegno all'UNRWA – è una delle ragioni principali per cui i palestinesi continuano a promuovere la questione del diritto del ritorno, secondo Wilf. La quale ha attaccato i vari governi israeliani e la comunità internazionale per aver fallito, secondo lei, nello smantellare l'organizzazione dell'ONU. «Quando i governi occidentali finanziano un'agenzia delle Nazioni Unite con più di un miliardo di dollari ogni anno, alimentano l'illusione del ritorno, non c'è bisogno di dirlo.»

Wilf crede che i palestinesi interpretino il sostegno dell'Occidente all'UNRWA come un sostegno al diritto al ritorno: «Quando il 70% delle persone che vivono a Gaza credono di essere rifugiati, e sono registrati dalle Nazioni Unite come tali, non si può dare loro torto se pensano che il loro diritto al ritorno sia sancito a livello internazionale».

La contrapposizione fra Israele e il diritto internazionale è dunque radicale e tocca l'esistenza stessa di Israele: la risoluzione 194 (III) dell'Assemblea Generale delle Nazioni Unite afferma che «i rifugiati che desiderano tornare alle loro case e vivere in pace con i loro vicini dovrebbero essere autorizzati a farlo alla prima data possibile». In tutti questi anni, Israele non ha soltanto posticipato *ad libitum* la concretizzazione di questo diritto, senza neanche fornire le compensazioni previste dalla risoluzione. Ha puntato a minarne le fondamenta stesse.

Quando Donald J. Trump, dopo il cessate il fuoco di gennaio 2025, ha proposto il suo piano di pulizia etnica «Riviera di Gaza», alcuni sondaggi hanno rivelato che il 71% degli israeliani lo sosteneva. Una maggioranza schiacciante si è detta d'accordo ai trasferimenti forzati di milioni di palestinesi da Gaza. Il ministro delle Finanze di Israele Bezalel Smotrich, uno dei leader più estremisti della destra israeliana, ne ha approfittato per ribadire: «Desidero uno Stato ebraico che includa Giordania, Libano e territori dell'Egitto, della Siria, dell'Iraq e dell'Arabia Saudita». Durante tutte le settimane in cui è stato in vigore il cessate il fuoco su Gaza, Israele ha rivolto le sue energie distruttive contro la Cisgiordania e, come ha chiarito il ministro della Difesa Israel Katz, la pulizia etnica dei palestinesi in Cisgiordania è direttamente proporzionale allo smantellamento dell'UNRWA. «Quarantamila palestinesi sfrattati, finora, dai campi profughi di Jenin, Tulkarem e Nur Shams, ora popolati. Le attività dell'UNRWA nei campi sono cessate. Ho ordinato alle forze di difesa israeliane di rimanere nei campi sgomberati per il prossimo anno, e di impedire agli abitanti di tornare (...)»

La logica adoperata da tanti israeliani è illusoria, e nasce proprio dalla volontà di non fare i conti con l'aporia, con la situazione irrisolvibile creata dalla Nakba: non basta certamente abolire un'agenzia come l'UNRWA perché i milioni di palestinesi discendenti di coloro che furono cacciati nel 1948 e nel 1967 smettano di essere rifugiati o smettano di essere, e di sentirsi, palestinesi. E, d'altra parte, la loro situazione non è unica a livello mondiale. Anche le centinaia di migliaia di bambini Rohingya nei campi profughi possiedono lo status automatico di rifugiati, in base alle regole del diritto internazionale. Ma, quel che è più importante, questo status vale per un gruppo significativo di ebrei, quegli ebrei che furono cacciati o fuggirono dai Paesi arabi – Libia, Tunisia, Iraq, Yemen, Siria – durante il Ventesimo secolo, soprattutto in relazione alla nascita dello Stato di Israele. Molti di questi israeliani e dei loro discendenti, nonostante siano cittadini di Israele, degli Stati Uniti o di vari altri Paesi, si identificano e sono riconosciuti ancora oggi come rifugiati. Come i palestinesi che hanno perso la casa in quello che oggi è lo Stato di Israele, questi ebrei, che pure hanno trovato uno Stato pronto ad accoglierli, non perderanno né rinunceranno alla propria identità in base alle vicissitudini di un'agenzia o un'altra; mantengono il diritto ad avanzare le loro rivendicazioni sugli espropri subiti (che, come quelli palestinesi, sono ben documentati) o per chiedere riconoscimento e risarcimento.

Francesca Albanese ha mantenuto una voce cristallina, durante un intero anno e mezzo, sulle violazioni radicali di Israele nei confronti dell'ONU e sulla necessità di sottrarre a Israele il diritto di voto alle Nazioni Unite come forma di difesa delle Nazioni Unite stesse dall'attacco israeliano al diritto internazionale. «Senza una reazione adeguata alla minaccia che subiscono da Israele e dal complesso di Stati che lo sostiene a spada tratta, le Nazioni Unite faranno la fine della Lega delle Nazioni: conteranno sempre di meno e sono già completamente esautorate» racconta. «Ma quella del diritto internazionale è una piattaforma fondamentale per tutti gli Stati per prevenire e risolvere i conflitti. Nel momento in cui non c'è più quella, si torna alla diplomazia degli Stati e all'uso della forza. Ne pagheremo le conseguenze soprattutto noi occidentali, perché siamo stati soprattutto noi occidentali ad averne beneficiato.»

L'articolo 49 della Quarta Convenzione di Ginevra vieta in modo assoluto i trasferimenti forzati individuali o di massa, indipendentemente dal loro motivo. Quando la Convenzione fu negoziata e conclusa all'indomani della Seconda guerra mondiale, la delegazione israeliana era ben consapevole delle sofferenze causate dalle espulsioni forzate e dalla pulizia etnica. Settantasei anni dopo, Israele non è più semplicemente consapevole: ormai si vanta di aver inflitto questa disumanità criminale ai palestinesi.

6

L'attacco al diritto internazionale

Pochi anni dopo il mio arrivo negli Stati Uniti, ricevetti la richiesta di proiettare il mio film *Miral* in quella che è considerata la Mecca della politica estera negli Stati Uniti, il Council of foreign relations di New York. La direttrice della comunicazione, Lisa Shields, mi invitò a parlare del film ai componenti del consiglio, esperti di politica estera, analisti e giornalisti internazionali, ex diplomatici e ambasciatori.

Dopo l'evento, invitai Lisa e un gruppo di amici a cena in un ristorante italiano, il Bar Pitti. Lisa portò con sé un suo amico: così conobbi il primo procuratore capo della storia della Corte penale internazionale, Luis Moreno-Ocampo.

Avvocato, argentino, Moreno-Ocampo ha lasciato un segno indelebile nella giustizia globale grazie al suo lavoro pionieristico come primo procuratore della Corte penale internazionale, e al suo contributo alla transizione democratica dell'Argentina.

Luis mi raccontò di come la sua carriera era iniziata con procedimenti giudiziari durante il ritorno dell'Argentina alla democrazia, e dello storico processo alla giunta militare del 1985, in cui gli alti dirigenti militari furono chiamati a rispondere delle violazioni dei diritti umani e dei crimini di guerra commessi durante la dittatura. Il processo contro la giunta militare in Argentina non solo fu un tassello fondamentale della transizione alla democrazia per il Paese, ma ebbe un'influenza globale in quanto parte di una «cascata di giustizia» che era iniziata con Norimberga ed era culminata con la creazione della Corte penale internazionale.

Da Buenos Aires all'Aia, una vita per la giustizia

Il mandato di Moreno-Ocampo alla Corte penale internazionale, dal 2003 al 2012, ha impresso profonde trasformazioni. Luis è diventato il primo procuratore e ha avviato indagini su atrocità in sette nazioni. In particolare, ha portato avanti i capi di accusa contro il dittatore sudanese Omar al-Bashīr per genocidio e crimini di guerra, una decisione che ha suscitato il plauso della comunità internazionale.

Il suo lavoro ha portato a condanne in casi come quello di Thomas Lubanga, ex generale della Repubblica Democratica del Congo – colpevole del reclutamento di bambini-soldato – segnando un significativo progresso nel diritto internazionale.

Oltre ai suoi successi legali, Ocampo è stato *visiting professor* presso prestigiose istituzioni come Harvard e Stanford e consulente per l'ONU e la Banca Mondiale. È stato anche il primo procuratore della Corte penale internazionale ad avviare indagini preliminari sui crimini di guerra commessi da Israele durante la guerra del 2009, chiamata operazione *Piombo fuso*.

Il 22 gennaio 2009, dodici ore dopo l'annuncio del cessate il fuoco nell'operazione *Piombo fuso*, senza alcun preavviso, il ministro della Giustizia dell'Autorità Nazionale Palestinese, il professor Ali Khashan, si recò in visita alla Corte penale internazionale, presentò una dichiarazione ad hoc di accettazione della giurisdizione della Cpi ai sensi dello Statuto di Roma, e chiese a Louis Moreno-Ocampo di avviare un'indagine preliminare per i crimini di guerra commessi da Israele a Gaza.

Luis ebbe il dovere di chiarire all'Autorità Nazionale Palestinese che non poteva farlo senza il riconoscimento dell'esistenza di uno Stato palestinese da parte della comunità internazionale, e che il primo passo necessario era una risoluzione ONU che riconoscesse lo Stato di Palestina.

L'Autorità Nazionale Palestinese, in quel momento, era guidata da una serie di giuristi e tecnocrati i quali, consapevoli di non essere in grado di raggiungere un accordo che costringesse Israele a mettere fine all'occupazione militare, credevano fosse necessario utilizzare la giustizia internazionale per costringere Israele a interrompere le sue condotte criminali, e mettere pressione sulla comunità internazionale affinché i palestinesi potessero arrivare all'autodeterminazione.

Vari ministri della Giustizia palestinesi in quel tempo citavano le parole del presidente John F. Kennedy per spiegare la loro strategia politica: «Chi rende impossibile una rivoluzione pacifica, renderà inevitabile una rivoluzione violenta». Dopo il confronto con Moreno-Ocampo, l'Autorità Nazionale Palestinese fece immediatamente domanda per veder riconosciuto lo Stato di Palestina all'Assemblea Generale delle Nazioni Unite: tappa obbligatoria, come aveva spiegato il giudice, per poter accedere alla Corte penale internazionale e alla Corte internazionale di giustizia.

Nove mesi dopo la fine dell'operazione *Piombo fuso* a Gaza, il 25 settembre 2009, fu presentato il rapporto Goldstone, redatto dalla Missione conoscitiva delle Nazioni Unite sul conflitto di Gaza. Il rapporto condannava l'operazione militare israeliana, definendola «un attacco deliberatamente sproporzionato, progettato per punire, umiliare e terrorizzare una popolazione civile, minare radicalmente la sua capacità economica locale, sia di lavorare che di provvedere a sé stessa, e costringerla a un senso di dipendenza e vulnerabilità sempre maggiore».

Il rapporto Goldstone raccomandava al Consiglio di Sicurezza delle Nazioni Unite di deferire la situazione di Gaza alla Corte penale internazionale, a meno che entrambe le parti non acconsentissero indagini credibili e indipendenti su eventuali crimini commessi a Gaza, entro un periodo di sei mesi.

Appoggiando il rapporto, l'Alto Commissario per i diritti umani dell'ONU, Navi Pillay, affermò che «la responsabilità dei criminali di guerra e il rispetto dei diritti umani non sono ostacoli alla pace, ma piuttosto i prerequisiti su cui si basa la fiducia e, in ultima analisi, una pace duratura». Pillay ricordò inoltre che l'organizzazione non governativa Human Rights Watch aveva «chiesto al procuratore della Corte penale internazionale di prendere una rapida decisione legale sulla richiesta dell'Autorità Nazionale Palestinese, in coerenza con il mandato della Cpi di porre fine all'impunità dei crimini di guerra».

Nel febbraio 2010, secondo quanto riporta WikiLeaks, «l'avvocato militare dell'IDF Avichai Mandelblit ha avvertito che l'eventuale decisione dell'Autorità Nazionale Palestinese di perseguire Israele attraverso la Corte penale internazionale sarebbe stata ritenuta un atto di guerra da parte israeliana».

Il 29 novembre 2012, la risoluzione 67/19 dell'Assemblea Generale delle Nazioni Unite ha concesso alla Palestina lo status di Stato osservatore non membro. Il 17 dicembre 2012, il capo del protocollo delle Nazioni Unite Yoon Yeocheol ha deciso che il nome costituzionale «Stato di Palestina» sarebbe stato utilizzato dal segretariato in tutti i documenti ufficiali delle Nazioni Unite.

Dopo anni in cui l'Autorità Nazionale Palestinese aveva presentato esposti e denunce alla Corte penale internazionale, fornendo prove e testimonianze, e continuando a chiedere giustizia come unica alternativa e unica soluzione al conflitto con Israele, il requisito necessario perché queste prove portassero a una risoluzione di giustizia diventava, infine, realtà.

Nel 2009, dopo che era diventata pubblica la notizia che la Corte penale internazionale aveva ricevuto la prima denuncia ufficiale con richiesta di indagare sui crimini di guerra di Israele, Luis Moreno-Ocampo si trovava a New York per una serie di incontri con diplomatici e politici internazionali. Durante una cena di lavoro, mi raccontò che la Consigliera di sicurezza nazionale americana Susan Rice gli aveva chiesto di abbandonare ogni indagine contro il governo israeliano. «Mi ha chiesto di fermare l'esame preliminare sulla Palestina.» «Perché dovrei farlo?» aveva risposto Moreno-Ocampo. «Perché è quello che vogliono gli Stati Uniti.» Luis rispose che aveva preso nota delle sue opinioni: «Capisco che lei stia rappresentando il suo governo, ma esistono degli obblighi di legge che ho il dovere di rispettare». E andò avanti con il suo lavoro.

L'amore di Luis Moreno-Ocampo, la sua passione per la legalità internazionale, il suo incrollabile impegno per la giustizia, per dare voce alle vittime e per ridisegnare la responsabilità globale nei crimini contro l'umanità, sono le fondamenta e il collante della nostra amicizia, che dura da dieci anni.

Entrambi siamo cresciuti in Paesi in cui non vigeva il rispetto per le leggi né per lo Stato di diritto. Lui era cresciuto in Argentina durante una feroce dittatura militare; io sono cresciuta nella Gerusalemme Est sotto apartheid, dove vigeva e vige tuttora la feroce dittatura militare israeliana. Ci ha sempre uniti la passione per il diritto internazionale, ma soprattutto la convinzione che la giustizia sia l'unica risposta possibile alla violenza, come molti casi della storia confermano.

Ci vedevamo molto spesso, sia a New York sia a Gerusalemme; nel gennaio 2025, mentre guardavo la televisione per seguire la catastrofe degli incendi in California, mi sono ricordata che Luis si era trasferito a Malibu. Quando ho visto che tutto il quartiere dove abitava era bruciato, l'ho immediatamente chiamato per sapere se stesse bene, se era salvo. Sulla CNN guardavo in contemporanea Gaza e la California bruciare. Un mondo in fiamme da Occidente a Oriente. Luis non rispondeva al telefono; in ansia, ho cominciato a chiamare tutti i nostri amici comuni; finalmente, dopo ventiquattro ore mi ha chiamata e mi ha detto che era in viaggio in Uruguay, dove ha deciso di trasferirsi definitivamente.

La nostra fu una telefonata molto triste. Il mondo attorno a noi era in fiamme, dall'Ucraina alla Palestina alla California; il diritto internazionale era lì che bruciava anch'esso, tra le macerie. Entrambi eravamo consapevoli che attorno a noi stava emergendo e si stava affermando la legge della giungla, la legge del più forte. Dominava l'idea che prepotenti, dittatori, oligarchi, neonazisti stessero forgiando un'alleanza internazionale della forza bruta.

Era chiaro per entrambi che l'ordine giuridico mondiale stabilito dopo la Seconda guerra mondiale veniva minato; che la convenzione sul genocidio adottata nel 1948 stava per essere sostituita con una dottrina pericolosissima di bombardamenti e vendette come unica risposta a crimini di guerra; che la tattica in corso nella stragrande maggioranza dei Paesi era «non fare nulla, fare finta di nulla»; che la promessa del «mai più» era diventata vuota e retorica, non diversa dalla risposta della cancelleria tedesca che nel 1915 aveva ordinato all'ambasciatore tedesco a Istanbul di negare che fosse stato commesso un genocidio contro la popolazione armena. «Il nostro unico obiettivo è quello di mantenere la Turchia dalla nostra parte fino alla fine della guerra, indipendentemente dal fatto che gli armeni periscano o meno...»

A vent'anni dalla dichiarata «guerra al terrore», che ha destabilizzato il Medio Oriente e radicalizzato generazioni, l'Occidente dimostrava ancora una volta di aver tratto le lezioni sbagliate, e di non saper fare altro che ripetere e riciclare la sua politica fallimentare.

L'infausta dottrina della guerra al terrore

«La guerra produce vendetta; la giustizia evita la vendetta. La guerra obbliga a schierarsi a favore di Israele o della Palestina; la giustizia permette di schierarsi dalla parte delle vittime, israeliane e palestinesi» mi dice Luis al telefono. La giustizia è l'unica garanzia di salvezza per la democrazia.

Il governo israeliano avrebbe dovuto comprendere già dagli anni Settanta che uccidere sistematicamente i palestinesi non fa che radicalizzare altri palestinesi; che non c'è una soluzione militare alla questione palestinese, ma solo una soluzione politica.

«Il modello di esecuzione dei nemici si ripete. Nel 1982, Israele invase il Libano per espellere l'Organizzazione per la Liberazione della Palestina (OLP). Più di diciassettemila persone furono uccise, la barbarie culminò nel massacro di Sabra e Shatila, ma Israele non ha raggiunto nessun obiettivo. Come conseguenza di quell'intervento, si sviluppò un gruppo ancora più potente, Hezbollah. Da allora Israele e gli Stati Uniti hanno bombardato Libano, Iraq, Yemen, Siria, Iran e Somalia. Israele ha ucciso personale iraniano nella sua ambasciata, l'Iran ha inviato missili contro Israele e Israele ha risposto con i droni.

Quando la violenza è il metodo, la soluzione è altra violenza.

«La civiltà non sopravvivrà a queste guerre infinite, a questo approccio militarista fallimentare.» Non puoi sradicare un'idea con la violenza brutale, soprattutto quando quell'idea è nata dalla volontà di resistere a quella stessa violenza. Anche se uccidi tutti i leader, non potrai mai uccidere un ideale.

Persino il generale David Petraeus, ex direttore generale della CIA, lo dice a chiare lettere nel suo libro, *Conflict* (Conflitti): «Non si può uccidere per sconfiggere un'ideologia. Occorre risolvere la crisi di fondo che la alimenta e la nutre». Quando gli chiesi, durante la presentazione del libro al Metropolitan Club a New York, se ciò valesse anche per Israele, mi ha risposto che l'approccio militare, senza quello politico, è una porta aperta verso il fallimento. Uccidere settantamila civili nel corso di un anno e mezzo non fa che alimentare la radicalizzazione, rafforzare l'ideologia che darà forza a nuove generazioni di combattenti. Non è un caso che la stessa direzione dei servizi segreti americani confermi che Hamas e Hezbollah, nonostante l'eliminazione dei loro leader e anzi probabilmente anche a causa di questa, sono più popolari che mai presso le rispettive popolazioni.

L'Occidente democratico sta contribuendo a minare la legalità internazionale; questo ha spianato la strada all'ascesa delle destre estreme, sia negli Stati Uniti sia in Europa. La deriva autoritaria nei Paesi occidentali, che oggi stanno applicando la strategia repressiva israeliana, risale, secondo Moreno-Ocampo, agli anni dell'adozione di una nuova architettura giuridica che inizia nel 2001, quella della «guerra al terrore», lanciata da George W. Bush. Fino all'attacco dell'11 settembre 2001, occuparsi del terrorismo internazionale era un compito dei servizi segreti, dei pubblici ministeri e dei giudici. I sospetti terroristi venivano individuati, arrestati e avevano diritto a un giusto processo. In seguito, l'unica strategia divenne la guerra totale, e la normalizzazione delle uccisioni extragiudiziali. In quegli anni, su impulso di Bush figlio, il Congresso americano approvò quasi all'unanimità la legalizzazione delle esecuzioni extragiudiziali nei confronti di persone sospettate di terrorismo, in Paesi terzi, senza alcun tipo di processo. Centinaia di persone innocenti venivano uccise durante i matrimoni in Afghanistan e Pakistan, con l'intenzione di colpire e di uccidere anche un solo terrorista.

Dopo l'attacco dell'11 settembre, i presidenti americani che si sono susseguiti hanno usato più volte la forza letale contro i nemici e anche contro i loro cittadini, senza passare per un regolare processo. Harold Koh, considerato un prestigioso giurista, che è stato anche preside della Yale Law School e consulente legale del dipartimento di Stato durante l'amministrazione Obama, ha fornito loro la giustificazione giuridica per eliminare senza processo coloro che venivano dichiarati terroristi, sulla base della dottrina del *counter-terrorism*. È esattamente la stessa logica usata da Israele nel bombardare una palazzina intera colma di civili, accettando di far morire cento persone innocenti per eliminare un presunto terrorista.

Le politiche americane e quelle israeliane in questo senso hanno molti punti in contatto: si esportano e si importano a vicenda.

Il 3 ottobre 2015, l'equipaggio di un aereo militare statunitense AC-130 sparò 211 volte per mezz'ora contro un ospedale di Medici senza frontiere nella città di Kunduz, in Afghanistan. L'attacco distrusse gran parte dell'ospedale, uccidendo quarantadue persone e ferendo centinaia di civili. L'indagine del dipartimento della Difesa sul massacro coinvolse sedici membri delle forze armate e concluse che alcuni di loro avevano preso di mira «arbitrariamente» l'ospedale, che non avevano saputo distinguere «tra combattenti e civili» e che avevano effettuato un attacco «apparentemente sproporzionato».

Tuttavia, l'intera operazione era coperta da politiche autorizzate e quindi non furono mosse accuse penali contro nessuno, vennero applicate solo misure amministrative o disciplinari.

Uno dei promotori principali della guerra al terrore e dell'invasione americana dell'Iraq era stato proprio il premier Benjamin Netanyahu, un «falco» aggressivo già nei primi anni Duemila. Mesi prima dell'invasione Usa in Iraq aveva testimoniato davanti al congresso americano e sollecitato gli Stati Uniti a invadere e occupare l'Iraq. «Non c'è dubbio alcuno che Saddam stia avanzando verso lo sviluppo di armi nucleari» aveva detto Netanyahu in una testimonianza al Congresso nel 2002. «Una volta che Saddam Hussein avrà le armi nucleari, la rete del terrore avrà le armi nucleari.»

Netanyahu non solo si sbagliava (o forse semplicemente mentiva) sulla questione nucleare – Saddam Hussein non stava avviando alcun programma nucleare – ma aveva anche erroneamente previsto che la guerra avrebbe ispirato una rivolta democratica in Iran, che avrebbe rovesciato il regime teocratico. «Se si elimina il regime di Saddam, vi garantisco che questo avrà enormi riverberi positivi sulla regione» aveva affermato Netanyahu. «E penso alle persone sedute proprio accanto a noi in Iran.»

L'ex diplomatico ebreo americano ed esperto di politica internazionale Jeffrey Sachs ritiene che quasi tutta la politica estera americana in Medio Oriente e soprattutto le guerre degli ultimi vent'anni siano state condotte per conto di Israele. Sono trent'anni che il premier israeliano Netanyahu sollecita gli Stati Uniti a bombardare e invadere la Libia, l'Iraq e ora l'Iran.

Sia Moreno-Ocampo sia la studiosa e attivista per i diritti umani palestinese-americana Noura Erakat hanno più volte sottolineato che gli Stati Uniti stanno applicando il modello israeliano, appoggiandosi alle analisi di Steven Metz, direttore della ricerca presso l'Istituto di Studi Strategici dell'US Army War College. Nel 2017, Metz pubblicò un documento sulla nuova strategia antiterrorismo degli Stati Uniti, che prendeva a modello Israele. Spiegò che Israele aveva riconosciuto che non sarebbe mai stato in grado di conquistare «i cuori e le menti» della popolazione araba che lo circondava, ed era giunto alla «conclusione pragmatica di poter tollerare l'estremismo, ma non il terrorismo». Secondo Metz, il grande vantaggio di questo modello è che non dipende da come sono governati i Paesi vicini: «Se i nemici mobilitano forze sufficienti per minacciare direttamente Israele, Israele li attacca con la combinazione più efficace delle sue forze aeree e di terra. Dopo aver indebolito gli estremisti, Israele si ritira, sapendo che potrebbe dover ripetere l'attacco se la minaccia dovesse raggiungere limiti intollerabili». Metz suggerisce che il modello di Israele «è collaudato e in grado di fornire una strategia efficace e sostenibile agli Stati Uniti, che devono lasciar cadere l'idea che Paesi come l'Afghanistan, lo Yemen o la Libia possano essere stabili o avere una politica favorevole agli Stati Uniti»: la stessa logica politica estera di Israele negli ultimi trent'anni.

Gli obiettivi e la strategia si sono fusi fra loro in un'unica linea di pensiero, una filosofia politica: la risposta migliore sono attacchi punitivi e precauzionali ispirati a una strategia massimalista di pura vendetta preventiva, in una logica di deterrenza attraverso una violenza brutale contro tutti i civili.

Per Moreno-Ocampo «in effetti, questo è ciò che Israele e gli Stati Uniti hanno fatto in reazione all'attacco di Hamas del 7 ottobre 2023. Il primo ministro Benjamin Netanyahu ha voluto dare una lezione ai palestinesi, gli Stati Uniti hanno inviato parte della loro flotta e hanno condotto attacchi contro gruppi di insorti in Yemen, Iraq e Libano. In sostanza, il piano militare di Netanyahu a Gaza era in linea con la strategia di Israele e degli Stati Uniti. Queste azioni militari ignorano la principale strategia sviluppata a livello nazionale da procuratori e polizia per combattere i gruppi di criminalità organizzata: concentrare gli sforzi principali sullo smantellamento e sul congelamento delle loro risorse finanziarie». In effetti, la strategia più efficace e prioritaria per sconfiggere il terrorismo è un'altra: offrire speranze alle popolazioni locali. Questa è la conclusione cui sono giunti anche alcuni capi di Stato e vertici militari, americani e israeliani.

Moreno-Ocampo ricorda che «il leader politico di Hamas Ismail Haniyeh, ucciso in Iran nel luglio 2024 – durante la cerimonia di insediamento del presidente iraniano che ha vinto le elezioni promettendo pragmatismo e dialogo con l'Occidente –, era responsabile delle trattative per il cessate il fuoco e lo scambio di ostaggi, ed è nato in un campo di rifugiati palestinesi; suo fratello, suo nipote, i suoi tre figli e i suoi due nipoti sono stati uccisi dall'esercito israeliano».

All'indomani dell'attentato del 7 ottobre, il presidente americano Joe Biden, mentre esprimeva solidarietà agli israeliani, ha invitato Israele a non commettere gli stessi errori che erano stati commessi dagli americani durante la guerra al terrore.

Errori che, secondo il presidente americano Barack Obama, avevano destabilizzato il Medio Oriente e creato un terreno fertile sia per Al Qaeda in Iraq, sia per l'Isis in Iraq e Siria.

L'invito di Biden non è stato ascoltato da Israele, evidentemente. Ma allora, nei successivi sedici mesi l'ex presidente degli Stati Uniti avrebbe dovuto mettere pressione su Israele per evitare il ripetersi di quegli errori; invece, ha semplicemente continuato ad armare e sostenere il governo israeliano mentre commetteva un genocidio coloniale.

Gli Stati Uniti e il suo alleato principale, Israele, non hanno imparato nulla della cosiddetta «matematica dell'insurrezione» descritta dal generale McChrystal.

La lezione principale è che cicli di vendetta producono più violenza e più estremismo: se uccidi due persone, hai creato il doppio delle persone che vorranno vendicarsi per l'uccisione e la repressione subìta dai loro cari, sostiene il generale.

Il Partito democratico statunitense ha perso le elezioni dopo aver candidato una ex procuratrice dello stato della California, la vicepresidente Kamala Harris, la quale ha fallito nel dichiarare in maniera inequivocabile che avrebbe difeso il diritto internazionale e le stesse leggi americane, violate pubblicamente dall'amministrazione Biden nel difendere e appoggiare lo Stato di Israele. I vertici democratici hanno scelto chi finanzia il partito – numerosi *donor* legati al sionismo – e hanno scelto di proteggere Israele perdendo così la democrazia americana.

Harris, che lanciò una campagna elettorale posizionandosi come colei che avrebbe protetto la democrazia americana dal criminale e condannato Trump, ha sostenuto e continua a sostenere un altro criminale, Netanyahu, incriminato in Israele e su cui pende un mandato di arresto della Corte penale internazionale.

Harris, nelle sue posizioni, ha dimenticato la lezione dell'unica senatrice della California che votò contro le politiche repressive e autoritarie lanciate dal presidente George W. Bush: la senatrice Barbara Lee, che spiegò la sua preferenza per l'applicazione della giustizia al fine di evitare guerre infinite, dicendo: «Abbiamo dato al presidente un assegno in bianco per attaccare chiunque ritenessimo coinvolto negli eventi dell'11 settembre, ovunque e senza limiti di tempo. Dobbiamo rispondere all'attacco, ma il carattere di tale risposta determinerà per noi e per i nostri figli il mondo che erediteranno». La storia le ha dato ampiamente ragione.

La guerra degli Stati Uniti contro la giustizia internazionale è iniziata

Nel settembre 2020, l'amministrazione Trump ha imposto a Fatou Bensouda, il procuratore della Corte penale internazionale, sanzioni che si applicano solo a terroristi e trafficanti di droga, revocandole il visto d'ingresso negli Stati Uniti. Il motivo era che la donna stava cercando di indagare l'esercito americano per il coinvolgimento in atti di tortura in Afghanistan, un'attività riconosciuta come criminale dallo stesso Congresso degli Stati Uniti. Trump approva sfacciatamente le torture, e spesso sostiene la legittimità dell'uso di crimini di guerra. Come la pulizia etnica di due milioni di palestinesi a Gaza, e la tortura ampiamente utilizzata dall'esercito israeliano nei centri di tortura e nelle prigioni israeliane, allo scopo di umiliare, distruggere e punire il popolo palestinese.

Fatou Bensouda ha rivelato che, quando era in carica alla Corte penale, ha subito «atti teppistici», minacce e intimidazioni. Ha anche detto che, quando lavorava su alcuni dei casi politicamente più sensibili del tribunale, ha subito «minacce dirette alla mia persona e alla mia famiglia».

Un'inchiesta del *Guardian* ha rivelato, all'inizio del 2025, che l'ex capo del Mossad Yossi Cohen aveva minacciato Fatou Bensouda allo scopo di dissuaderla dall'indagare le accuse di crimini di guerra in Palestina. Un messaggio tipicamente mafioso fu recapitato alla giudice:

«Non vorrai entrare in questioni che potrebbero compromettere la tua sicurezza o quella della tua famiglia, vero?» È lo stesso Yossi Cohen che tre settimane prima del 7 ottobre fu inviato da Netanyahu in Qatar per sollecitare il ricco emiro del Golfo a finanziare Hamas. La stessa organizzazione che Israele definisce pubblicamente una minaccia esistenziale per sé.

Secondo Moreno-Ocampo «i leader nazionali usano la guerra perché non vogliono limitare il loro potere e si oppongono a una giustizia indipendente che indaghi sui crimini di aggressione e quelli commessi durante la guerra. L'agenda del Ventunesimo secolo, che comprende questioni globali come il controllo del cambiamento climatico, le guerre tra Stati sovrani, il terrorismo internazionale e le disuguaglianze di razza e di genere, richiede nuovi modelli istituzionali». Lo Statuto di Roma, che ha dato vita alla Corte penale internazionale, rappresenta un possibile modello. Nel corso del tempo è riuscito a mobilitare i Paesi dell'Unione Europea, che esportavano modelli di cooperazione, gran parte dell'America Latina, dell'Africa e dell'Asia. Eppure, oggi molti esponenti di queste democrazie occidentali, davanti all'indagine avviata dalla Corte penale internazionale e dalla Corte internazionale di giustizia nei confronti dei vertici israeliani, mostrano reazioni intrise di razzismo e di suprematismo. Dimostrano così di non aver mai creduto davvero che la legalità internazionale potesse avere un'applicazione imparziale e universale.

Nulla rappresenta questa mentalità coloniale e razzista meglio delle parole di quel senatore americano che, come ha raccontato lo stesso procuratore della Corte Karim Kahn, in una chiamata intimidatoria gli disse che quel tribunale «era stato creato per l'Africa e per teppisti come Putin, non per i Paesi occidentali e i suoi alleati».

Gli Stati firmatari dello Statuto di Roma avevano preso un impegno preciso e forte: si erano impegnati a «porre fine all'impunità degli autori del crimine di genocidio, dei crimini contro l'umanità e dei crimini di guerra, al fine di contribuire alla prevenzione di ulteriori crimini». L'obbligo dei governi firmatari dello Statuto di Roma è dunque, nel momento in cui i tribunali identificano il rischio che venga commesso un genocidio, quello di fermarlo e prevenirlo.

Lo Statuto di Roma è stato ratificato da centoventiquattro Paesi e la Corte penale internazionale è in funzione da più di vent'anni. Si sta affermando come l'autorità globale in grado di imporre determinati standard di giustizia internazionale; standard la cui assenza ha messo a nudo l'ipocrisia dell'Occidente.

Paesi occidentali come la Germania, la Francia, gli Stati Uniti e l'Italia, che hanno dichiarato che non rispetteranno il mandato di cattura della Corte penale internazionale emesso nei confronti di Benjamin Netanyahu, non solo minano e distruggono l'infrastruttura e l'architettura giuridica internazionale, ma minano la democrazia anche al loro interno.

Gli effetti boomerang sono evidenti ovunque in Occidente. Il governo Meloni è attualmente indagato dalla Corte penale internazionale per aver fatto fuggire a gennaio del 2025, con un volo di Stato, il capo della forza di polizia libica, Almasri, sul quale pende un mandato di arresto della Cpi per stupro di bambini e crimini di guerra contro rifugiati in Libia. Gli esponenti dello stesso governo hanno poi dichiarato che non avrebbero fatto arrestare il premier israeliano se si fosse recato in visita in Italia; idem per la Francia e per la Germania.

Sono gli stessi governi che hanno applaudito quando nel 2023 la Corte penale internazionale ha emesso un mandato di cattura contro l'autocrate russo Vladimir Putin; a distanza di due anni, ora quei Paesi per primi legittimano gli attacchi contro la Corte penale internazionale, e favoriscono la deriva autoritaria e fascista; già ora autocrati e dittatori dichiarano che, se i mandati di cattura non vengono rispettati nel caso d'Israele, allora non valgono per nessuno.

La strumentalizzazione politica della giustizia sta minando i principi della legalità internazionale che hanno protetto l'Occidente per circa ottant'anni. Abbiamo tutti visto i risultati delle elezioni del 2025 in Germania, con il partito di estrema destra Alternative für Deutschland (AfD) votato dal 20% di tedeschi circa, nonostante la sua affiliazione dichiaratamente neonazista. Pochi giorni prima delle elezioni, a Berlino un evento con la relatrice speciale Onu Francesca Albanese presso la Libera Università di Berlino è stato cancellato, dopo che il sindaco della capitale tedesca aveva definito la sua apparizione «una vergogna»; l'ambasciatore israeliano a Berlino avrebbe richiesto la cancellazione a causa dei commenti critici di Albanese su Israele. L'evento, riprogrammato al Junge Welt, è stato autorizzato solo con la presenza della polizia.

Il giornalista tedesco James Jackson, in proposito, ha scritto: «L'ossessione della Germania per la difesa di Israele e la criminalizzazione della parola hanno favorito l'ascesa dell'AfD... La destra ha spinto i confini di ciò che è accettabile, manipolando la cultura tedesca del fare i conti con il proprio passato e trasformandola in un impegno a difendere Israele a tutti i costi, indipendentemente dalle sue azioni estreme. Questo nazionalismo per procura è difeso da un'ampia alleanza tra destra, sinistra e centro. Quasi tutti i partiti politici tedeschi, i media, la polizia, le autorità cittadine e persino le università e le istituzioni culturali lavorano insieme per reprimere attivisti, studiosi e ora anche la relatrice speciale delle Nazioni Unite».

«Parlare delle violazioni israeliane dei diritti dei palestinesi è sempre stato un argomento delicato in Germania. Ma il problema si è aggravato fino a diventare davvero spaventoso» ha dichiarato Albanese alla stampa prima del suo intervento. Il sostegno della Germania a Israele, una *Staatsräson*, è diventato un'importante questione politica interna negli ultimi anni, soprattutto da quando il conflitto tra Israele e Gaza si è inasprito dopo l'attacco di Hamas del 7 ottobre 2023. Le leggi in vigore allo scopo di combattere i movimenti neonazisti sono state utilizzate per reprimere gli attivisti antisionisti. «C'è stato un giro di vite sulla libertà di espressione, sulla libertà di riunione» ha aggiunto Albanese.

Il neopresidente degli Stati Uniti, Trump, ha dato del «dittatore» al presidente ucraino Volodymyr Zelens'kyj e ha dichiarato che la Russia ha «tutte le carte in regola». Lo stesso Trump, una settimana prima, aveva proposto come soluzione per Gaza il trasferimento forzato e la pulizia etnica di due milioni di palestinesi, proprio mentre era seduto alla Casa Bianca di fianco al premier israeliano, un ricercato dalla Corte penale internazionale per crimini di guerra e contro l'umanità. In quella circostanza, tutti abbiamo assistito alla scena di Trump e Netanyahu che si facevano i complimenti, e professavano amicizia e sintonia politica e ideologica. Solo qualche settimana dopo, il mondo intero ha assistito a un incontro di tutt'altro tipo fra il presidente e il vicepresidente degli Stati Uniti e il presidente ucraino: un agguato in stile mafioso, architettato per umiliare il loro interlocutore.

La complicità dei democratici

La prima decisione di politica estera americana del presidente Donald Trump nel suo secondo mandato è quella di aver proposto un piano criminale: la pulizia etnica di una popolazione, un crimine di guerra e un crimine contro l'umanità. Che oggi diviene politica estera ufficiale degli

Stati Uniti. In politica interna, una delle prime azioni di Trump è stato liberare i millecinquecento eversori condannati per violenza durante l'insurrezione del 6 gennaio 2021.

Il secondo mandato di Donald Trump incarna il più grande fallimento dei progressisti e dei democratici; opportunisti e ipocriti, sono stati complici della distruzione del diritto umanitario internazionale in Palestina. Si illudevano che sostenere un genocidio coloniale non avrebbe avuto conseguenze globali, tali da distruggere anche le democrazie occidentali dall'interno.

Ta-Nehisi Coates è il più influente intellettuale e scrittore afroamericano. Il suo libro, *The message*, ha scalato tutte le classifiche. Ha scritto, a proposito della presidenza Trump e dell'assalto al cuore dello Stato che ha prodotto: «La gente si chiede perché il Partito democratico non riesca a difendere questo assalto alla democrazia... E io vorrei farvi notare che se non riuscite a porre un limite al genocidio in Palestina, probabilmente non riuscite a porre un limite all'attacco alla democrazia». Il genocidio coloniale a Gaza è stato perpetrato non solo da Israele ma anche dagli Stati Uniti. Con il Partito democratico al governo, nell'anno successivo al 7 ottobre 2023 l'amministrazione Biden ha inviato ventitré miliardi di dollari a Israele senza porre alcuna linea rossa: sostegno militare e politico incondizionato. Joe Biden ha posto il veto a quattro risoluzioni del Consiglio di Sicurezza dell'ONU che richiedevano un cessate il fuoco; il segretario di Stato Antony Blinken ha ignorato la presa di posizione dello stesso governo statunitense, sul fatto che Israele stava bloccando gli aiuti umanitari a Gaza, rilasciando su questo argomento una dichiarazione falsa sotto giuramento al Congresso, a maggio del 2024. Gli Stati Uniti hanno violato le proprie leggi, tra cui l'Arms Export Control Act, la sezione 620I del Foreign Assistance Act e il National Security Memorandum-20, che condizionano gli aiuti militari degli Stati Uniti agli Stati belligeranti. Queste leggi di guerra statunitensi e internazionali vietano ai governi di armare uno Stato che commette crimini di guerra e crimini contro l'umanità. In molte occasioni, l'amministrazione Biden ha consapevolmente violato queste leggi.

Gli Stati Uniti hanno inoltre attivamente minato l'autorità della Corte internazionale di giustizia e della Corte penale internazionale. Infatti, centosette membri del Congresso hanno inviato una lettera alle Nazioni Unite due settimane prima delle elezioni presidenziali americane, minacciando di ritirare i finanziamenti e il sostegno degli Stati Uniti all'ONU se le Nazioni Unite avessero permesso di sospendere Israele, come l'Assemblea Generale aveva fatto con il regime sudafricano dell'apartheid nel 1974: una misura che aveva avuto molto successo, e che insieme al boicottaggio economico e politico del regime dell'apartheid, aveva costretto il regime a riesaminare le proprie politiche razziste e criminali e a mettere fine alla segregazione razziale.

La cecità e complicità del Partito democratico americano hanno spianato la strada alla vittoria del primo presidente della storia americana su cui pende una sentenza di condanna, fomentatore di una destra golpista che ha più volte tentato di distruggere la democrazia americana.

La docente di diritto internazionale Noura Erakat ha esaminato nei suoi studi l'impatto e le conseguenze del colonialismo negli anni Cinquanta. In un articolo sulla rivista *Boston Review* ha citato lo scrittore martinicano Aimé Césaire che aveva parlato di *effetto boomerang*, e di come «la violenza nella periferia coloniale si manifesta nella metropoli coloniale. Il genocidio degli ebrei europei da parte di Hitler ha osservato [Césaire], è stato modellato sul dominio europeo sulle colonie africane e asiatiche: lo sterminio tedesco dei Nama e degli Herero in Namibia durante il periodo di dominazione coloniale tra il 1884 e il 1915, un periodo di barbarie che in Europa non viene mai ricordato». E la stessa Hannah Arendt aveva più volte sottolineato nei suoi studi sul totalitarismo europeo che la matrice dei massacri amministrativi perpetrati in Europa, ivi inclusa la Shoah, erano i massacri coloniali negli imperi coloniali. Nell'articolo, Erakat ha esaminato la complicità dei democratici nell'ascesa di Donald Trump. «A distanza di circa settantacinque anni, la tesi di Césaire sull'effetto boomerang è stata confermata più volte: non esiste una linea di demarcazione netta tra la geografia imperiale di una potenza coloniale e la sua metropoli.»

Per Erakat, «gli Stati Uniti, insieme a Israele, stanno collaborando a sventrare la Corte internazionale di giustizia, la Corte penale internazionale, le Nazioni Unite e un più ampio ordine globale costruito dopo la Seconda guerra mondiale». Tutto questo mentre il Consiglio di Sicurezza dell'ONU assiste passivamente, una circostanza che dovrebbe allarmare e risvegliare tutta la comunità internazionale, soprattutto gli europei.

Come ha avvertito il presidente colombiano Gustavo Petro nel dicembre 2023, «quello che stiamo vedendo a Gaza è una prova generale del nostro futuro [collettivo]. Il Partito democratico americano e l'Europa hanno fallito nel comprendere che non si possono combattere i nuovi neonazisti e fascisti in Occidente mentre si sostengono queste forze fasciste altrove».

Erakat ha evidenziato la somiglianza e la cooperazione tra il fascismo di destra e l'autoritarismo liberal, che durante la campagna elettorale presidenziale ha tentato di tenere distinte le questioni di politica estera dalla politica interna, allo scopo di criminalizzare e censurare qualsiasi voce critica della catastrofica politica internazionale democratica, chiamando le minoranze, – afroamericani, arabi e musulmani progressisti – «fiancheggiatori dei terroristi». Oggi stiamo subendo tutti, sia negli Stati Uniti, sia in Medio Oriente sia in Europa, l'effetto devastante del boomerang, che è tornato indietro a una velocità supersonica. Il genocidio coloniale in Palestina ha accelerato le derive autoritarie e ha ampliato gli autoritarismi ovunque. I complici del genocidio negli Stati Uniti hanno ignorato la volontà popolare dell'84% dei democratici, che voleva il cessate il fuoco, hanno censurato i media e violato la libertà accademica, incrementando gli interventi repressivi della polizia, con cecchini sui tetti delle università che puntano le armi contro manifestanti, studenti, attivisti e critici disarmati.

Per Noura Erakat, «questo avrebbe potuto essere un momento galvanizzante. L'intreccio tra violenza di Stato e militare avrebbe potuto rendere più evidente come il razzismo islamofobico e antipalestinese negli Stati Uniti alimenti una guerra infinita all'estero e come, a sua volta, questa guerra infinita continui a criminalizzare tutti i palestinesi, arabi e musulmani. Al contrario, gli abusi e i crimini di guerra contro i palestinesi sono stati normalizzati e si sono creati precedenti pericolosissimi che rendono meno sicure anche altre comunità vulnerabili».

Gli attacchi alla libertà di parola e di critica che prendono di mira palestinesi e filopalestinesi rafforzano l'agenda repressiva e autoritaria della destra contro tutti i discorsi e le iniziative politiche sulla giustizia razziale. Nell'autunno del 2023, Elise Stefanik, una leader repubblicana, si è autoproclamata paladina della lotta contro l'antisemitismo durante le udienze del Congresso che hanno messo sotto torchio i rettori delle università, per non aver fatto abbastanza per porre fine a quella che lei definiva la «minaccia di genocidio contro gli studenti ebrei», da parte degli studenti che protestavano contro un vero genocidio in corso, quello contro i palestinesi.

Alla fine, le udienze hanno costretto due rettori universitari a dimettersi, per il crimine di non aver punito gli studenti che protestavano con slogan come «Free Palestine», «Intifada», «Dal fiume al mare»: per Stefanik, quello era un incitamento al genocidio.

Durante l'udienza per la sua conferma come ambasciatrice alle Nazioni Unite, Elise Stefanik si è rifiutata di dire se i palestinesi hanno diritto all'autodeterminazione, ma quando le è stato chiesto se fosse d'accordo con i due ministri israeliani Bezalel Smotrich e Itamar Ben-Gvir sul fatto che Israele abbia un diritto biblico sull'intera Cisgiordania occupata, ha risposto seccamente: «Sì».

Il sostegno dei democratici al genocidio coloniale ha spianato la strada alla seconda amministrazione Trump, che è già ben felice di intensificare e accelerare sia la pulizia etnica dei palestinesi in Palestina, sia la criminalizzazione dei palestinesi e dei sostenitori della legalità internazionale altrove.

Il sostegno all'apartheid e al genocidio in Israele viene accompagnato dall'espansione dello stato di polizia e dalla repressione governativa negli Stati Uniti.

Il consigliere per la sicurezza nazionale di Trump, Michael Waltz, ha espresso il suo allineamento con la politica omicida dell'amministrazione Biden in Medio Oriente, ha descritto l'attacco ai cercapersone in Libano (un atto di terrorismo secondo l'ex capo della CIA ed ex segretario della difesa americano Leon Panetta) come «degno di un film» e ha inquadrato le proteste universitarie – che Biden aveva condannato e criminalizzato in ogni occasione – come vento nelle vele per Hamas: «Ogni volta che [Hamas] riceveva la notizia di queste proteste antisemite nei nostri campus universitari, e che Hezbollah vedeva appelli per un cambio di regime contro il governo israeliano democraticamente eletto, pensavano di aver vinto e di poter continuare a sacrificare il proprio popolo per mettere l'opinione pubblica mondiale contro gli israeliani».

Erakat sottolinea come il Congresso americano attuale sembra già essere in sintonia con questa nuova traiettoria. Settimane dopo la vittoria elettorale di Trump, la maggioranza della Camera – tra cui quindici deputati democratici – ha approvato l'HR 9495, un emendamento che autorizza il Congresso a revocare l'esenzione fiscale a qualsiasi organizzazione non profit accusata di avere affinità terroristiche, senza accesso alle prove né diritto a un giusto processo. Il forte sostegno al disegno di legge si basa sul suo scopo dichiarato di colpire le attività legate alla Palestina. Ma se verrà adottato dal Senato, sarà usato per reprimere anche ampie fasce della società civile, in particolare quelle che si oppongono a Trump. L'alleato del disegno di legge al di fuori del governo è il Progetto Esther, un'iniziativa della Heritage Foundation che dichiara di voler combattere l'antisemitismo prendendo di mira i gruppi che identifica come parte di una «rete di sostegno ad Hamas», tra cui organizzazioni pacifiste ebraiche americane come Jewish Voice for Peace e Students for Justice in Palestine. L'iniziativa si basa sulla definizione di antisemitismo dell'Alleanza Internazionale per la Memoria dell'Olocausto (IHRA), che, a differenza della definizione di antisemitismo della Jerusalem Declaration, sottoscritta anche da studiosi e intellettuali ebrei e israeliani, include fra gli atti di antisemitismo la protesta contro la politica israeliana, nel suo pieno e più pericoloso potenziale. Il regista ebreo britannico Jonathan Glazer, ricevendo l'Oscar per il suo film *La zona d'interesse* nel febbraio 2024, ha detto: «L'Olocausto e la sicurezza degli ebrei vengono usati per giustificare i massacri e la pulizia etnica a Gaza».

L'estrema destra americana al potere e i suoi alleati stanno usando la Palestina come cavallo di Troia, appoggiandosi su leggi approvate durante i vent'anni dalla guerra al terrore scatenata dal presidente Bush. Tutto con la complicità e in partnership con il cosiddetto establishment liberale. Per Erakat, «la feroce cultura del razzismo antipalestinese che [i democratici] hanno contribuito a normalizzare rafforza l'insidiosa narrativa di Trump sui migranti come minacce terroristiche, il tutto nell'ambito di una massiccia spinta a facilitare le deportazioni, ad aumentare la sorveglianza e a militarizzare ulteriormente il confine. Tra la raffica di ordini esecutivi firmati il giorno dell'inaugurazione, ce n'è uno che promette di deportare i cittadini stranieri che "forniscono aiuto, sostegno o supporto a terroristi stranieri"».

Appena due giorni dopo quegli ordini esecutivi, un gruppo pro-Israele ha presentato all'amministrazione Trump un elenco di cento studenti e venti docenti con visto negli Stati Uniti, chiedendo la loro deportazione. Intanto il gruppo WhatsApp della Columbia University «Students for Israel», che conta più di mille iscritti fra studenti, genitori, donatori e professori della Columbia, si sta mobilitando per far arrestare ed espellere gli studenti che hanno protestato in favore della vita e dei diritti dei palestinesi.

L'amministrazione Trump ha sollecitato l'espulsione degli studenti e dei docenti stranieri che hanno protestato contro il genocidio. Ha emesso un altro ordine esecutivo che incoraggia docenti, studenti e amministratori a sorvegliarsi e spiarsi a vicenda e a denunciare gli studenti che partecipano a proteste propalestinesi, minacciando di deportare i manifestanti che si trovano negli Stati Uniti con un visto. Un brutto segno, che riporta la memoria all'era di Joseph McCarthy.

Intanto la società di difesa nazionale e cyber intelligence con sede a New York Stellar Technologies si è impegnata a usare la sua tecnologia AI per aiutare a identificare i manifestanti mascherati: uno sforzo che chiama operazione *Ira di Sion*.

Altri lobbisti e finanziatori del Partito democratico e leader della comunità ebraica democratica americana hanno cominciato ad attaccare e delegittimare il primo senatore ebreo dello Stato della Georgia, Jon Ossoff. Trentasei anni, Ossoff ha spiegato con chiarezza perché l'amministrazione Biden avrebbe dovuto insistere affinché Israele proteggesse i civili a Gaza. La sua non era una posizione radicale: era favorevole agli aiuti a Israele, ma si è opposto all'uccisione di massa dei civili. «Un disastro umanitario senza limiti a Gaza» ha detto «è un fallimento morale e mina la sicurezza nazionale americana.» Gli stessi finanziatori israeliani che hanno fatto perdere le elezioni a Kamala Harris e ai democratici hanno attaccato Ossoff, e promesso di finanziare candidati repubblicani legati a Trump, solo per punire il senatore ebreo per essersi opposto ai crimini di guerra di Israele e per aver condannato la violazione delle leggi internazionali e delle leggi americane.

Secondo un sondaggio di YouGov, il 29% dell'elettorato democratico americano che non ha votato per Kamala Harris nelle elezioni presidenziali si è astenuta per la sua incapacità di articolare una visione di politica estera che mettesse al centro la protezione dei civili e la difesa della legalità internazionale e della legalità americana. Harris si è sempre rifiutata di dire che Israele dovrebbe rispettare il diritto americano. Anzi, ha affermato che avrebbe proseguito la stessa politica estera – catastrofica, fallimentare e criminale – di Joe Biden.

Anche tanti Paesi europei sono stati colpiti da quello che l'analista politico tedesco Hans Kundnani chiama «maccartismo sionista»: cancellazione di eventi, finanziamenti, arresti, censure e brutalità della polizia, criminalizzazione di coloro che criticano l'occupazione israeliana della Palestina e il genocidio a Gaza.

Anche importanti gruppi per i diritti umani e alti esponenti del governo europeo hanno messo in guardia da questa repressione. «La libertà di parola è in pericolo in Germania» ha dichiarato Petra De Sutter, vice primo ministro belga.

Amnesty International ha condannato la repressione violenta di una protesta a Berlino a causa di quello che la polizia ha definito un «rischio per la sicurezza pubblica» derivante dal fatto che si parlava e si cantava in lingue straniere, in particolare in arabo.

Questo maccartismo trasversale allo spettro politico è stato accelerato e strumentalizzato dall'estrema destra intollerante e repressiva, che ha usato l'accusa di antisemitismo come arma politica, per disumanizzare e incitare contro il multiculturalismo e raggiungere l'obiettivo politico di demonizzare musulmani e arabi. È paradossale che soggetti come Elon Musk, l'oligarca sudafricano-americano che fa il saluto fascista e nazista durante l'inaugurazione presidenziale, tengano un comizio elettorale a favore della destra tedesca invitando quest'ultima a non vergognarsi più del suo passato, dei crimini dei loro avi. Era come se parlasse a sé stesso: i suoi nonni materni erano scritti al partito nazista in Canada, e si trasferirono nel 1948 in Sudafrica per sostenere il regime dell'apartheid. Musk, famoso per le sue battute contro gli ebrei, è stato difeso da Netanyahu dopo le sue dichiarazioni; la sua foto è appesa nel parlamento israeliano.

Dal direttore del Museo ebraico di Berlino alla giornalista palestinese tedesca Nemi El-Hassan, in Germania tanti sono stati costretti a dimettersi e a molti altri sono stati negati finanziamenti, premi o spazi per esibirsi. Ebrei progressisti, americani e israeliani, sul quotidiano *Haaretz* hanno lanciato un'accusa molto grave: «Sotto il patrocinio di Musk e Trump il governo israeliano sta addestrando i nuovi nazisti in Germania», e ha sostenuto che «il silenzio israeliano di fronte alla protezione [dell'AfD] e di Musk è una pietra miliare critica sulla strada della loro piena legittimità in Germania».

Lo «status eccezionale» conferito a Israele è più evidente in Germania che altrove: il Paese, co-fondatore e principale finanziatore della Corte penale internazionale, ha tradito non solo il proprio mandato, ma anche la propria storia, dimostrando di non aver imparato nulla da essa. All'indomani della sua vittoria elettorale, il leader del partito di maggioranza dei cristiano-democratici (Cdu) tedeschi Friedrich Merz ha dichiarato che non avrebbe eseguito alcun mandato di cattura contro Netanyahu. Il neocancelliere tedesco ha rassicurato il primo ministro d'Israele che sarà libero di visitare la Germania nonostante il mandato di arresto del leader israeliano da parte della Corte penale internazionale.

Non è soltanto il centro-destra che giustifica e sostiene i crimini israeliani; la ministra degli Esteri Annalena Baerbock, del partito dei Verdi, ha dichiarato, in spregio alla più elementare verità, che bombardare scuole e infrastrutture civili era legittimo durante la lotta al terrorismo. «I luoghi civili possono anche perdere il loro statuto di protezione» ha affermato in un discorso all'ONU. «È chiaro che i terroristi non devono essere solo combattuti ma devono essere distrutti, e se Hamas si nasconde dietro ai civili, allora diventa difficile, ma non ci sottrarremo; i civili perderanno il loro statuto di civili, questa è la posizione della Germania.» Questa è soprattutto una violazione della Convenzione di Ginevra, e un chiaro sostegno a crimini di guerra.

Le parole della ministra tedesca hanno fatto il giro del mondo, soprattutto in Medio Oriente, e sono state interpretate come una giustificazione agli attacchi indiscriminati contro obiettivi civili.

Anche il premier britannico Keir Starmer, avvocato difensore dei diritti umani, dopo l'attentato del 7 ottobre ha giustificato l'uso della fame e l'assedio totale contro i palestinesi, la negazione di acqua, cibo e medicinali come arma di guerra. Ha detto che Israele ha il diritto di usare l'assedio come strumento di guerra.

Per Noura Erakat, «il secondo mandato di Trump non può essere compreso senza volgere lo sguardo verso l'esterno, verso una più ampia geografia della violenza negli Stati Uniti». Riferendosi alle violenze contro i palestinesi e alla conferenza stampa dei bambini palestinesi del novembre 2023, la giurista si è chiesta: «Dovremmo sorprenderci che, dopo che sono stati commessi crimini così orrendi in nostro nome, il fascismo abbia trovato terreno fertile qui a casa nostra? Per quindici mesi, i palestinesi e i loro alleati hanno protestato senza sosta e a volte in modo eroico, non solo per fermare un genocidio, ma anche per salvare e preservare i principi umanitari fondamentali che regolano la vita negli Stati Uniti, insistendo sul fatto che il genocidio è un suicidio».

Molti giuristi internazionali e americani hanno puntato il dito contro l'ex presidente Joe Biden e l'amministrazione Biden-Harris, che ha criticato senza ritegno la Corte penale internazionale dopo i mandati di cattura contro i leader israeliani, e ha attaccato e cercato di delegittimare e sanzionare sia la Corte penale internazionale sia la Corte di giustizia internazionale.

L'amministrazione americana era a conoscenza del fatto che Israele usa sistematicamente la fame come arma di guerra. Per questo ha cercato di costruire un molo artificiale sul litorale di Gaza per bypassare quell'assedio e fornire aiuti umanitari ai palestinesi. Quel ponte era la conferma che Israele stava usando la fame e l'assedio come arma di guerra. Un molo che è costato duecento milioni di dollari, e dopo essere stato usato pochissimo è stato smantellato e regalato a Israele. Luis Moreno-Ocampo riassume così: «Il presidente Biden è consapevole che Israele usa la fame come arma, è per questo che ha fatto costruire un molo per fornire cibo e acqua a Gaza. Quindi, assistenza umanitaria. Per i pubblici ministeri, invece, si tratta di un crimine di guerra per fame. È semplice. Per il procuratore della Corte penale internazionale Karim Kahn, il premier israeliano e il ministro della Difesa hanno usato la fame come arma di guerra; si tratta di un crimine di guerra, ed è questa la motivazione per i mandati di cattura contro di loro». E ha aggiunto: «Siamo in un mondo dove i leader politici occidentali si indignano non perché Israele usa la fame come arma di guerra, ma perché i giudici e i magistrati li stanno indagando e vogliono processarli; ecco come muore e come si distrugge la legalità internazionale, quando i crimini vengono normalizzati e legittimati».

Questi leader si illudono che non ci saranno conseguenze politiche, anche interne.

I governi e gli Stati che stanno sanzionando e attaccando la Corte penale internazionale devono comprendere che il procuratore si è consultato con molti giudici internazionali. Il primo ministro Benjamin Netanyahu e il presidente israeliano Isaac Herzog hanno ingiuriato il procuratore della Corte penale internazionale, accusando la Corte di essere «antisemita» e di «diffamazione violenta contro gli ebrei». Ma uno dei membri della Corte che ha esaminato e approvato le accuse e la richiesta di mandato d'arresto è Theodor Meron, un giurista molto rispettato, sopravvissuto all'Olocausto; consulente legale del governo israeliano, ed ex diplomatico israeliano.

Per Moreno-Ocampo, «l'assedio totale a Gaza è un atto di genocidio e va considerato come tale, e va processato come tale; ogni bombardamento va esaminato individualmente e processato. L'unica speranza per gli israeliani, per i palestinesi e per la comunità internazionale è quella della giustizia internazionale, esattamente come è stato per il Ruanda e la Bosnia».

La fine di una civiltà

Il trumpismo rappresenta fascismo, corruzione, e illegalità. Significa «per i miei amici tutto e per i nemici la legge»: un legalismo autocratico che richiede la fine dell'indipendenza della magistratura. È razzismo, suprematismo, affarismo, neocolonialismo e neoimperialismo, ma soprattutto è odio verso il multiculturalismo, verso la pacifica coesistenza fra provenienze diverse, ed etnie diverse. È la stessa visione e ideologia politica dominante in Israele, rappresentata dagli eredi di Kahane, come Benjamin Netanyahu e Itamar Ben-Gvir.

Luis mi dice al telefono: «Da settembre, il consulente delle Nazioni Unite sui genocidi ha segnalato cinque genocidi in corso in due mesi. Oggi il problema sono gli Stati; sono i governi che hanno l'obbligo di prevenire i genocidi e che non rispettano gli ordini dei tribunali di arrestare i leader implicati in genocidio, o gli ordini di mettere fine alle occupazioni militari. Di fatto non ci sono meccanismi sovranazionali e nazionali di rinforzo per questi ordini, non esistono meccanismi di applicazione; quando non si rispettano i confini del diritto internazionale, questo non solo produce l'uccisione di massa delle persone, ma uccide anche una civiltà. Stiamo assistendo alla fine di una civiltà che era nata come risposta agli orrori della Seconda guerra mondiale. Non stiamo uccidendo solo individui, i civili a Gaza e in Palestina, in Cisgiordania o in Armenia. Stiamo uccidendo la civiltà, ed è per questo che non si tratta solo di israeliani o di armeni o del popolo del Darfur o Rohingya in Myanmar. Si tratta di civiltà umana. Stiamo andando incontro a una catastrofe. È quindi tempo di cambiare le carte in tavola, e abbiamo bisogno di leader coraggiosi che difendano e proteggano la legalità internazionale. La custodia di questa legalità non va lasciata solo ai giuristi e ai giudici, deve essere nelle mani di tutti noi».

Avevo cercato Luis Moreno-Ocampo al telefono nel febbraio del 2024, due settimane dopo la presentazione da parte del Sudafrica del suo caso contro Israele per violazione della Convenzione sul genocidio, davanti alla Corte internazionale di giustizia.

Dopo che la Corte ha emesso una sentenza preliminare, gli ho chiesto che significato avesse per Israele e per i suoi alleati. Non aveva dubbi: era un messaggio chiaro. «I giudici sono stati molto duri con Israele, hanno affermato che vi è un grave rischio di genocidio per tutta la popolazione di Gaza e sono stati molto chiari e forti, ma in qualche modo hanno dato a Israele il tempo di correggere il tiro e di fermarsi, di mettere fine all'assedio e far entrare aiuti umanitari, cibo, acqua per la popolazione locale. Hanno ordinato anche a Israele di mettere fine all'incitamento al genocidio.» Si è trattato quindi di un compromesso politico, a dimostrazione che i quindici giudici che compongono la maggioranza della Corte hanno dovuto fare compromessi tra loro, in particolare con il giudice statunitense, che proviene da un'esperienza al dipartimento di Stato. Il fatto che abbia votato con la maggioranza, dicendo che c'è un rischio reale di genocidio, è un avvertimento molto chiaro a Israele.

Da parte mia, ho risposto che l'ordine della Corte internazionale di giustizia fosse piuttosto lontano da ciò che il Sudafrica aveva effettivamente richiesto, ovvero la cessazione delle operazioni israeliane a Gaza. Ma Luis era molto più ottimista, e ha dato una lettura diversa.

«Credo che il Sudafrica meriti riconoscimento e gratitudine, perché il Sudafrica è solo uno dei 153 Paesi, tra cui la Germania, che aderiscono alla Convenzione sul genocidio. Tutti hanno un obbligo, legale e politico, di prevenire un genocidio in corso. Il tribunale ha riconosciuto che c'è un rischio di genocidio a Gaza, e perciò tutti gli Stati parte della Convenzione hanno l'obbligo di impedire ad altri di commettere crimini.»

«È straordinario che un Paese con una storia unica come il Sudafrica abbia innescato un meccanismo che dà una dimensione diversa a questa guerra genocida, che permette di trasformarla in una storia di giustizia. Il Sudafrica ci sta insegnando che le atrocità non si risolvono commettendo altre atrocità, ma mettendo al centro della politica internazionale l'unica arma potente per risolvere i conflitti, la giustizia e la legalità.»

Questa è la tesi di fondo del libro che Moreno-Ocampo ha scritto, *Guerra o justicia* (Guerra e giustizia nel XX secolo). L'obiettivo del libro era spiegare all'opinione pubblica mondiale come funziona il sistema giuridico internazionale. Per Moreno-Ocampo, la Convenzione sul genocidio non riguarda soltanto chi commette il genocidio ma coinvolge anche i corresponsabili, i complici, quindi tutti i Paesi, le persone e gli Stati che sostengono, appoggiano, armano e giustificano quel genocidio.

L'ordine della Corte di giustizia internazionale, perciò, era un messaggio chiaro anche al presidente americano Joe Biden. Quest'ultimo, che si dichiara sionista convinto, ha sostenuto con ventitré miliardi di dollari gli armamenti a Israele e ha posto il veto su quattro risoluzioni ONU per il cessate il fuoco. Tutte prove di complicità nel genocidio, secondo Moreno-Ocampo.

La maggior parte dei giuristi internazionali con cui ho parlato durante tutti questi mesi di genocidio coloniale, oltre a esperti come Daniel Levy, Francesca Albanese, Lara Friedman, sono concordi: il sostegno incondizionato degli Stati Uniti e dell'Occidente ha fomentato il senso di impunità di Israele e ha contribuito alla devastazione totale di Gaza. Per Noura Erakat, questo genocidio è israeliano-americano: è scritto e firmato dalla complicità e dal sostegno degli Stati Uniti, un'amministrazione democratica americana.

Per Luis Moreno-Ocampo, «il messaggio più importante della Corte di giustizia internazionale era indirizzato verso gli alleati di Israele: Germania e Stati Uniti avrebbero dovuto interpretare l'ordine come un invito a mettere pressione su Israele, per fermarsi. Israele ha un governo di estrema destra. Netanyahu sta combattendo anche contro la Corte suprema del suo Paese, e ora anche contro la giustizia internazionale. Non sta combattendo per gli israeliani ma per la sua sopravvivenza politica, e questo dovrebbe pesare, e far riflettere i politici occidentali che sostengono Israele».

La guerra di Netanyahu contro la giustizia israeliana non ha nulla a che fare con il trattamento verso i palestinesi, si lega invece ad accuse di corruzione e abuso d'ufficio che riguardano in prima persona lui e sua moglie, per aver ricevuto gioielli costosi e altri beni di lusso – sigari, champagne – per un valore di centinaia di migliaia di dollari, in cambio di favori politici. La Corte suprema israeliana, per i palestinesi come me, è uno dei bracci armati dello Stato coloniale: un tribunale che ha autorizzato l'uso della tortura contro i detenuti palestinesi, giustificandolo con il fatto che le torture – illegali in tutto il mondo – sarebbero potute servire a ottenere informazioni per disinnescare bombe o salvare vite umane. Due giudici della Corte suprema vivono nei territori occupati palestinesi, in Cisgiordania, in un insediamento illegale, in violazione del diritto umanitario internazionale.

La Corte penale internazionale esercita giurisdizione su Gaza, Cisgiordania occupata e Gerusalemme Est. Per Moreno-Ocampo, «oltre che sul genocidio a Gaza, bisogna che i tribunali indaghino anche sullo strisciante genocidio nella Cisgiordania occupata, che sta accadendo ora sotto i nostri occhi». Dopo il cessate il fuoco a Gaza, circa quarantamila palestinesi sono stati sfollati e cacciati dai campi profughi di Jenin, Nablus e Tulkarem, sotto le bombe. I ministri israeliani hanno promesso di fare della Cisgiordania occupata una nuova Gaza. «Sono scioccato dal fatto che Itamar Ben-Gvir sia ministro della Sicurezza. Le forze armate israeliane lo hanno respinto come soldato perché era un estremista, condannato per favoreggiamento del terrorismo e per razzismo e odio razziale; eppure, questo individuo ha fornito diecimila fucili da guerra ai coloni estremisti e fanatici che stanno terrorizzando i civili palestinesi nella Cisgiordania occupata. È il ministro che gestisce la sicurezza ed è responsabile dei centri di tortura, delle prigioni e del sistema carcerario israeliano, dove centinaia di palestinesi vengono torturati, e decine sono stati uccisi». Per Moreno-Ocampo, gli eventi in corso a Gaza e in Cisgiordania sono fra loro collegati, e non bisogna separarli. È la stessa politica, estesa contro i palestinesi ovunque.

Israele è l'unico Paese al mondo che possiede tribunali militari in cui vengono giudicati e processati dei bambini. Bambini palestinesi, ovviamente: i coloni che vivono nei territori occupati illegalmente vengono processati in tribunali civili, mentre i palestinesi, che vivono a pochi passi da loro, sono processati in tribunali militari. Questa diversità nel regime giudiziario conferma che Israele è uno Stato di apartheid, come viene chiamato dalla maggior parte delle organizzazioni umanitarie internazionali, israeliane e dalle Nazioni Unite. Una definizione confermata anche in una sentenza della Corte internazionale di giustizia del luglio 2024, in cui si dichiara che Israele viola l'articolo 3 della Convenzione contro la discriminazione razziale e l'apartheid, e si ordina a Israele di mettere fine sia alla colonizzazione sia all'occupazione. Una sentenza storica, che però Israele e suoi alleati e sostenitori hanno completamente ignorato.

Israele è anche l'unico Paese al mondo dove il tasso di condanna per i soldati è inferiore all'1%. Quasi nessun soldato israeliano ha mai pagato per gli atti di tortura, violenza, discriminazione e abuso commessi sui prigionieri palestinesi. Di contro, i palestinesi vengono condannati dai tribunali amministrativi israeliani in percentuali intorno al 90-95%, dopo udienze della durata di pochi minuti.

La normalizzazione degli assassini extragiudiziali

Il 23 giugno 2020, un soldato israeliano ha ucciso Ahmad Erakat, il cugino ventisettenne di Noura Erakat, a un posto di blocco militare. Era alla guida di una Hyundai, noleggiata per il matrimonio della sorella. Era appena andato a prendere sua madre da un salone di parrucchiere e stava guidando nella periferia di Gerusalemme Est, tagliato fuori dalla metropoli dalla barriera di separazione israeliana verso Betlemme, un'altra città palestinese. A dividere le due aree palestinesi c'è un famigerato checkpoint noto come «Container», uno dei settecentocinque ostacoli stradali presenti in tutta la Cisgiordania.

Il checkpoint Container separa due aree palestinesi, limitando fortemente il movimento dei palestinesi e minando il loro potenziale sviluppo economico, sociale e politico.

Mentre il soldato israeliano faceva cenno ad Ahmad di avvicinarsi al chiosco, la sua auto andò, sembra, fuori controllo. Le riprese video rilasciate mostrano l'auto che dapprima si muove lentamente e poi sobbalza in avanti verso il chiosco, dove si trovavano quattro soldati israeliani armati.

L'impatto della collisione fece cadere a terra una soldatessa, ma non provocò ferite gravi; la soldatessa saltò di nuovo in piedi in tempo per vedere il suo collega sparare diversi colpi sul corpo disarmato di Ahmad. Apparentemente terrorizzato dall'incidente, Ahmad aveva tentato di uscire dall'auto e di alzare le braccia sopra la testa. Il soldato gli aveva sparato prima che i suoi gomiti avessero raggiunto le orecchie. Ahmad si era poi accasciato sull'asfalto dove si era contorto per il dolore e aveva perso sangue per oltre un'ora. Un'ambulanza israeliana era arrivata sul posto dopo dieci minuti per curare il soldato israeliano, ma si era rifiutata di assistere medicalmente Ahmad. I soldati avevano anche rifiutato l'accesso a un'ambulanza palestinese. Il padre di Ahmad, Mustafa, arrivò sulla scena e pregò di potersi avvicinare al figlio, ma gli ufficiali israeliani costrinsero Mustafa a guardare il figlio morire dissanguato.

Il portavoce dell'esercito israeliano ha immediatamente dichiarato Ahmad un «terrorista», l'incidente un tentativo di speronamento e l'uccisione di Ahmad un uso giustificato della forza. Israele si è rifiutato di condurre un'indagine o di permetterne una internazionale. Si è rifiutato di condurre un'autopsia. Si è rifiutato di ispezionare l'auto per verificare eventuali malfunzionamenti o di prendere in considerazione i rapporti di Consumer Reports che riportano numerosi reclami di veicoli Hyundai che perdono il controllo dal 2012.

Inoltre, lo Stato israeliano si è rifiutato di interrogare i testimoni palestinesi. Si è anche rifiutato di considerare che Ahmad, che si sarebbe dovuto sposare quell'estate e che si stava preparando per il matrimonio della sorella quel giorno, aveva tutte le ragioni per voler vivere.

Otto mesi dopo l'incidente mortale, Forensic Architecture, insieme ad Al Haq, un'agenzia di ricerca che studia le violazioni dei diritti umani, e a un'organizzazione palestinese per i diritti umani, completarono un'indagine indipendente sull'incidente. Utilizzando video di sicurezza, immagini e testimonianze, le organizzazioni conclusero che due soldati avevano sparato ad Ahmad sei volte sopra la vita in due secondi, che Ahmad stava probabilmente rallentando e tentando di correggere la rotta allontanandosi dalla cabina del checkpoint. L'indagine confermò tutte le accuse nei confronti dello Stato e mise in evidenza l'intransigente rifiuto di consentire un'indagine più approfondita da parte delle autorità. Significativamente, rifletteva anche un contesto più ampio di mancanza di responsabilità generali: ad esempio, mancata indagine sugli incidenti, negazione delle autopsie, rifiuto di rilasciare i corpi per la sepoltura. Inoltre, come forma di punizione collettiva, Israele continuava a tenere il corpo di Ahmad in ostaggio presso il Greenberg Forensic Institute, un'affiliata dell'Università di Tel Aviv, negando alla famiglia la dignità di seppellire il loro amato figlio e di iniziare a curare ciò che non può essere guarito.

Sono anni che Israele tiene i cadaveri di seicento palestinesi e rifiuta di restituirli alle famiglie per una dignitosa sepoltura.

Dopo la diffusione della storia di Ahmad, Noura Erakat ha ricevuto decine di chiamate e messaggi che la incoraggiavano a fare un parallelo tra l'omicidio a freddo di Ahmad e l'uccisione sistematica e impunita dei neri negli Stati Uniti: «L'hanno lasciato fuori a sanguinare con i genitori che guardavano, come hanno fatto con Mike Brown». «Lo hanno incolpato della sua morte come hanno fatto con Freddie Gray.» «Non c'è responsabilità per la sua uccisione come non c'è stata per Breonna Taylor [o Tony McDade o Sandra Bland o Philando Castile...]» «Dite loro che le vite palestinesi contano».

Ahmad fu ucciso durante una delle rivolte più significative in corso nella storia degli Stati Uniti: le dimostrazioni di Black Lives Matter, una risposta della società alle grottesche uccisioni di persone di colore la cui epitome fu l'omicidio di George Floyd, soffocato per molti minuti dal ginocchio di un poliziotto americano bianco che gli premeva addosso senza lasciarlo respirare.

«Sparare per uccidere»: i palestinesi come i neri americani

Oggi Israele difende le uccisioni di massa e rivendica il diritto di usare di nuovo la forza in modo simile, perché tutti i palestinesi per Israele sono «già colpevoli». La politica israeliana di «sparare per uccidere» sancisce l'esecuzione extragiudiziale di palestinesi percepiti come minacce. Si tratta di un uso incontrollato e illegale della forza, ma Israele ha tentato di giustificarlo come diritto anche dei coloni illegali.

Nel settembre 2015, il governo israeliano ha modificato le regole di ingaggio che regolano le forze di polizia e ha ulteriormente ristretto i diritti dei civili palestinesi. Gli emendamenti hanno consentito agli agenti di usare la forza letale come misura di prima istanza contro i palestinesi per «prevenire il pericolo». Un palestinese che «sta per lanciare una bomba incendiaria» o «sta per sparare fuochi d'artificio» o «lancia pietre» sono tutti bersagli legittimi.

Adalah, il Centro legale per i diritti delle minoranze arabe, ha dimostrato che l'Unità investigativa di polizia del ministero della Giustizia israeliano si è rifiutata di indagare su quasi tutte le denunce contro la polizia.

Nel maggio 2016, il Comitato delle Nazioni Unite contro la tortura ha condannato le regole di ingaggio rivedute di Israele, in quanto incoerenti con la Convenzione contro la tortura e altri standard internazionali.

Nel 2017, il Consiglio per i diritti umani ha confermato che Israele ha spesso usato la forza letale contro i palestinesi «per mero sospetto o come misura precauzionale». Tuttavia, secondo Human Rights Watch, gli alti funzionari israeliani non solo hanno condonato questa orrenda pratica, ma addirittura «hanno incoraggiato i soldati e la polizia israeliani a uccidere i palestinesi sospettati di aver attaccato gli israeliani, anche quando non rappresentano più una minaccia».

Nel 2018, l'Alta Corte di giustizia israeliana ha avuto la possibilità di rivedere la politica israeliana di «sparare per uccidere» mentre veniva utilizzata per reprimere le proteste popolari e pacifiche nella Striscia di Gaza, note come «Grande Marcia del Ritorno». Mentre il bilancio delle vittime aumentava e indicava l'uso diffuso di forza letale indiscriminata da parte dei cecchini – oltre il 95% delle vittime sono state colpite sopra la vita, anche alla schiena mentre fuggivano –, l'Alta Corte ha accettato le argomentazioni del governo secondo cui le proteste erano organizzate da Hamas e costituivano una «nuova tattica nella lotta contro Israele». Ha ritenuto che i paradigmi dell'applicazione della legge e delle ostilità fossero intercambiabili e che l'uso appropriato della forza fosse soggetto alla discrezione degli ufficiali militari. L'accertamento di una minaccia alla sicurezza di Israele era in gran parte una pura illazione, basata sulla possibilità che emergesse una minaccia, consentendo così l'uso letale della forza come misura preventiva. L'accettazione da parte della Corte dell'argomentazione dello Stato secondo cui Hamas avrebbe guidato le proteste ha sovradeterminato le sue conclusioni e precluso la possibilità di proteste di civili palestinesi. La verità è invece che Hamas si era opposta alle proteste pacifiche vicino alla frontiera.

La Corte ha ammesso che alle proteste avevano partecipato civili palestinesi, ma solo in via eccezionale. In effetti, la Corte ha ristretto ulteriormente la definizione di civile, rendendo così ammissibile nel linguaggio del diritto un uso della forza altrimenti sproporzionato ed eccessivo. Tra marzo e ottobre 2018, Israele ha ferito 22.897 persone e ucciso 217 palestinesi, tra cui quaranta bambini; i palestinesi hanno ucciso un soldato israeliano. L'infermiera palestinese Razan al-Najjar, 21 anni, fu uccisa da un cecchino israeliano mentre prestava cure ai feriti dall'attacco su Gaza. Soltanto un soldato israeliano è stato condannato per aver ucciso un ragazzo palestinese disarmato, e ha scontato un solo mese di prigione militare.

Vari ministri israeliani e politici usano lo stesso linguaggio che negli Stati Uniti è utilizzato dalla supremazia bianca contro immigrati e rifugiati, chiamati «invasori, cancro, bestie». Come spiegò James Baldwin nel 1966, «la polizia è semplicemente il nemico stipendiato di questa popolazione». Ecco il motivo dell'uso sistematico e sproporzionato della forza contro i manifestanti neri. «Il territorio occupato è territorio occupato» scriveva «ed è assiomatico, in un territorio occupato, che a qualsiasi atto di resistenza, anche se eseguito da un bambino, si risponda subito e con tutto il peso delle forze di occupazione.» In effetti, la protesta dei neri negli Stati Uniti è stata storicamente trattata come un'insurrezione, e questo paradigma riflette la costante militarizzazione della polizia nel Ventesimo secolo.

Il nazionalismo statunitense è nato nel crogiolo dell'«aggressione statale» contro gli schiavi ribelli e le nazioni indigene, e l'ampia accettazione dei regimi carcerari punitivi di oggi ha forgiato un'identità nazionale americana che affonda le sue radici in una cultura militarista. L'espansione imperiale è iniziata all'interno dei propri confini, e ha plasmato in modo significativo l'identità nazionale e la formazione dello Stato americano.

Forse il fatto più significativo è che gli ufficiali israeliani stanno addestrando le forze di polizia statunitensi, responsabili dell'ordine in tempo di pace, ai metodi che

Israele applica contro i palestinesi, che considera una popolazione straniera e nemica. Questa ironia non è sfuggita agli attivisti neri, vittime delle forze dell'ordine militarizzate, esplicitamente definiti «terroristi» dal presidente Donald Trump.

Le dichiarazioni di Trump sono un esempio di come la protesta dei neri venga considerata un'insurrezione nazionale – sia che si tratti di un ordine sociale suprematista bianco, sia che si tratti di un canale per minacce esterne come il comunismo – giustificando così la violenza dello Stato per sedarla.

Nel 2020 Trump chiese al suo ministro della Difesa Mark Esper di sparare e uccidere chi protestava nelle manifestazioni di Black Lives Matters, scoppiate a seguito dell'uccisione di George Floyd.

La razzializzazione delle comunità nere come minaccia alla sicurezza nazionale è radicata nella storia della militarizzazione della polizia. Julian Go sottolinea come la razzializzazione dei soggetti colonizzati abbia plasmato la percezione dei veterani militari che – divenuti capi e ufficiali di polizia al loro ritorno negli Stati Uniti – hanno importato e applicato questo quadro razziale alle colonie interne, spazi caratterizzati da «un numero elevato o crescente di minoranze».

Fanatismo senza più freni

Per l'ex direttore di Human Rights Watch Ken Roth, che ha guidato l'organizzazione per trent'anni, e il cui padre ebreo tedesco fuggì dalla Germania nazista, la proposta di Trump di espellere due milioni di palestinesi da Gaza è «palesemente un crimine di guerra e un crimine contro l'umanità». L'articolo 49 della Quarta Convenzione di Ginevra vieta in modo assoluto i trasferimenti forzati individuali o di massa, indipendentemente dal loro motivo. «Quando la Convenzione fu negoziata e conclusa all'indomani della Seconda guerra mondiale, la delegazione israeliana era ben consapevole delle sofferenze causate dalle espulsioni forzate e dalla pulizia etnica. Settantasei anni dopo, Israele invoca la disumanità e il crimine contro i palestinesi. E questa è esattamente la sintesi della proposta di Trump, l'ultimo esempio di una tendenza a normalizzare e legittimare la distruzione del diritto internazionale, che spiana la strada all'ascesa dell'estrema destra neofascista.»

Roth sostiene che Trump ha legittimato e appoggiato il piano fanatico dell'estrema destra israeliana, un piano di pulizia etnica, come unica soluzione per risolvere il problema palestinese e sbarazzarsi di cinque milioni di palestinesi. «Non c'è da stupirsi che Netanyahu, seduto accanto a Trump durante la conferenza stampa alla Casa Bianca, riuscisse a malapena a contenere la gioia.» Secondo Roth, «Gaza è solo il primo passo. Se la pulizia etnica divenisse realtà, la Cisgiordania occupata e Gerusalemme Est occupata seguirebbero sicuramente. Milioni di palestinesi potrebbero essere espulsi dai territori dominati da Israele tra il fiume Giordano e il mare; una Palestina senza i palestinesi. Israele potrebbe raggiungere il suo obiettivo di essere uno Stato esclusivamente ebraico».

«L'espulsione forzata di massa dalla propria patria di milioni di persone è un crimine di guerra e un crimine contro l'umanità. La Corte di giustizia internazionale che ha emesso la sentenza a luglio, affermando il diritto palestinese all'autodeterminazione, insieme alla Corte penale internazionale, potrebbero immediatamente aprire una nuova indagine e una nuova causa contro i leader israeliani e anche contro il presidente degli Stati Uniti.»

Poche settimane dopo aver annunciato il piano di pulizia etnica, Trump ha pubblicato dal suo account ufficiale un video realizzato con l'intelligenza artificiale, che immagina una Gaza distopica trasformata in una specie di Las Vegas dorata; il video ha scatenato la reazione di leader palestinesi e internazionali, che hanno sottolineato come il suo piano violi il diritto internazionale e la convenzione di Ginevra.

Per Roth «la soluzione ai crimini di guerra commessi da Israele con l'aiuto degli Stati Uniti a Gaza non può essere costituita da altri crimini di guerra; è la giustizia, è il rispetto della sentenza della Corte internazionale di giustizia che ha affermato il diritto dei palestinesi all'autodeterminazione, e ha ordinato di mettere fine e di smantellare l'occupazione militare».

Trump invece propone e prevede un'espulsione forzata permanente dei palestinesi: una seconda Nakba. Il segretario di Stato, Marco Rubio, ha cercato di fare marcia indietro, definendo il piano di Trump «molto generoso» e suggerendo che intendesse uno sfollamento solo temporaneo, ma non è questo ciò che Trump ha detto. Al contrario, egli immagina di costruire la «riviera del Medio Oriente» e poi di ripopolare Gaza con i «cittadini del mondo», specificando che i palestinesi non avranno nessun diritto al ritorno; una riviera per tutti, tranne che per i palestinesi.

Secondo Ken Roth: «È come se qualcuno riducesse in macerie la residenza di Trump a Mar-a-Lago e poi si offrisse "generosamente" di ricostruirla, a condizione che Trump non vi faccia più ritorno».

Il piano di Trump, sostiene Roth, è pericoloso perché legittima la pulizia etnica; è organico a una dottrina neoimperialista e neocolonialista, per la quale i palestinesi, così come gli ucraini, sono sacrificabili; vige soltanto un ordine, basato sulla forza, un ordine che rafforza le dittature sanguinarie e mina completamente l'architettura giuridica costruita dopo la Seconda guerra mondiale.

Roth aggiunge: «Il piano di Trump solleva la domanda:

perché non Israele? Più dell'80% dei palestinesi di Gaza sono rifugiati le cui famiglie sono state costrette a fuggire; espulse forzatamente in quello che oggi è Israele durante la guerra di indipendenza del 1948. Perché dovrebbero essere costretti a trasferirsi in Paesi stranieri invece di poter tornare alle loro case? In effetti, Israele non permette alla maggior parte dei residenti di Gaza di trasferirsi nemmeno in Cisgiordania o a Gerusalemme Est; questo è un elemento chiave dell'apartheid che mantiene nei Territori Occupati».

Durante il suo primo mandato da presidente, Trump dichiarò «legali» tutti gli insediamenti israeliani nei Territori Occupati, che sono invece illegali secondo il diritto internazionale. È l'unico presidente americano della storia ad avere una colonia israeliana a lui dedicata, che porta il suo nome. Durante la campagna elettorale presidenziale del 2024, Trump ha ricevuto un finanziamento da cento milioni di dollari dalla miliardaria conservatrice, fervente sionista, Miriam Adelson, che gli ha chiesto in cambio di consentire l'annessione totale dei territori palestinesi in Cisgiordania da parte di Israele.

Per Roth: «Se davvero giocasse un ruolo in operazioni di espulsione forzata, Trump si esporrebbe all'accusa di favoreggiamento di crimini di guerra. In altre situazioni la Corte penale internazionale ha stabilito che l'uso della guerra per ottenere deportazioni ed espulsioni forzate, per esempio ciò che hanno fatto i militari quando hanno cacciato dal Myanmar settecentomila musulmani Rohingya, o le forze serbe in Bosnia sempre con i musulmani, è un crimine di guerra e, nel caso del Myanmar, di genocidio. Oggi Trump propone la stessa cosa per Gaza».

Trump, gli Stati Uniti e Israele dovrebbero comprendere che nessuna pulizia etnica, nessun'apartheid, nessuna occupazione o dittatura militare, nessun piano criminale potrà mai garantire la sicurezza di Israele. «L'unica sicurezza, l'unica soluzione è mettere fine all'occupazione israeliana e alla colonizzazione.»

Non a caso sono le stesse parole usate dal Movimento per la pace e per il cessate il fuoco del Partito democratico negli Usa, e dal movimento dei Non committed che hanno protestato per le posizioni ufficiali dei Dem durante il periodo di campagna presidenziale. E hanno usato la famosa frase dell'attivista afroamericana Fannie Lou Hamer, che negli anni Cinquanta sfidò il Partito democratico sulla sua ambiguità e sul sostegno alla segregazione razziale. «Nessuno di noi sarà mai libero o sicuro finché non saremo tutti liberi e sicuri.» La sua frase viene oggi ripresa da tutti i movimenti di solidarietà con i palestinesi negli Stati Uniti. Questi movimenti hanno fatto pressione sul Partito democratico, lanciando un allarme per una coalizione unitaria antifascista, per proteggere le democrazie americane e i valori occidentali, ricordando che tutto ciò passa necessariamente per la protezione e la difesa dell'universalità del diritto umanitario internazionale e della legalità internazionale.

Hanno insistito sull'importanza di rispettare la sentenza storica della Corte internazionale di giustizia, che ha certificato l'illegittimità e illegalità dell'occupazione e dell'apartheid israeliano. E che il Partito democratico dovrebbe fare pressione su Israele affinché rispetti il diritto internazionale.

Il sacco della mia città, Gerusalemme

Daniel Seidemann indica come tutta l'amministrazione Trump sia composta da fanatici religiosi, come il segretario alla Difesa Pete Hegseth, che invocò la distruzione della moschea di Al Aqsa, il terzo luogo più sacro per l'Islam a Gerusalemme Est, per ricostruire un tempio ebraico al suo posto. Itamar Ben-Gvir da anni parla della necessità di cancellare i luoghi sacri per l'Islam, fomentando violenza e provocazioni contro i palestinesi e parlando apertamente di «dominio ebraico sui luoghi santi cristiani e musulmani».

La stragrande maggioranza della leadership politica israeliana persegue da decenni la pratica quotidiana della pulizia etnica in Palestina anche colpendo i luoghi sacri.

Per Seidemann «questa amministrazione sta giocando col fuoco, gettando benzina sul fuoco del fanatismo, che produrrà solo violenza per tutti».

L'ambasciatore scelto da Trump in Israele, Mike Huckabee, è un vero fanatico religioso, un evangelico fondamentalista che nega l'esistenza dei palestinesi e crede che Israele possieda un diritto divino di annettere la Cisgiordania occupata, che chiama «Giudea e Samaria». Alcuni senatori repubblicani hanno presentato progetti di legge negli Usa affinché la locuzione «Giudea e Samaria», che cancella il nome di Cisgiordania, venga utilizzata in tutti i documenti ufficiali statunitensi.

Abbiamo parlato già nei capitoli precedenti della visione kahanista dell'attuale governo di Israele. *Haaretz* la descrive come una visione tale per cui «la violenza e la vendetta sono imperativi religiosi ebraici, e Israele non è degno di esistere a meno che non cacci i non ebrei dal suo territorio, e i suoi ebrei si impegnino a vivere vite osservanti della Torah [...] Kahane vedeva la creazione di Israele come una forma di vendetta da parte di Dio contro i gentili», cioè contro i non ebrei. Secondo Seidemann, il governo israeliano sta accerchiando la Città Vecchia di Gerusalemme con insediamenti e progetti di insediamento di ispirazione biblica, sentieri pseudo-biblici, parchi pseudo-biblici, nonostante tutta una ricerca archeologica seria, anche israeliana, abbia negato l'esistenza di insediamenti o addirittura di regni ebraici nel passato biblico. E stanno accelerando e intensificando le demolizioni dei quartieri palestinesi, distruggendo interi quartieri per creare nuovi insediamenti. «L'ago della bilancia si è spostato su tutta la linea. Non si tratta solo di un elenco di cose negative, di politiche sbagliate. Si tratta di un cambiamento radicale del carattere di Gerusalemme Est, che frammenta il collettivo palestinese, ed emargina sia i musulmani sia i cristiani, mettendo sotto attacco anche le chiese. Israele sta confiscando proprietà appartenenti per secoli agli armeni. Il Parco nazionale degli ulivi è sponsorizzato dal governo e sarà gestito dai coloni israeliani, non dai cristiani. Con tutta l'attenzione concentrata su Gaza, questi predatori fanatici portano avanti i loro piani di pulizia etnica anche su Gerusalemme e sulla Cisgiordania. E agiscono con maggiore impunità.

È impossibile che un cambiamento così radicale del carattere di Gerusalemme passi inosservato, e ne pagheremo noi tutti le conseguenze in termini di destabilizzazione, non solo nel mondo arabo e in Medio Oriente. La destabilizzazione di Gerusalemme si proietta anche sull'Europa, con l'ascesa dei piromani religiosi, non importa se ebrei, cristiani o musulmani; l'epicentro di tutto ciò è la volontà di occupazione e distruzione della moschea di Al Aqsa.»

Seidemann continua: «La mentalità comune in Israele oggi è che Gerusalemme è esclusivamente ebraica. Che i quattrocentomila palestinesi di Gerusalemme sono sudditi, che non hanno diritti collettivi e devono vivere in uno stato permanente di vulnerabilità.» Interi quartieri e case vengono demolite. Anche i cimiteri, come al Bustan, al Yousifieh e al Rahma, vengono vandalizzati: ufficiali fanatici israeliani hanno usato un bulldozer per distruggere tutte le tombe del cimitero di al Yousifieh, situato accanto al muro di cinta della Città Vecchia, vicino alla moschea di Al Aqsa. È uno dei più antichi cimiteri musulmani della

Gerusalemme occupata, vi riposano anche persone della mia famiglia. I bulldozer hanno disperso le ossa dei cadaveri. Tra le tombe demolite ci sono quelle di musulmani uccisi fra il 1948 e il 1967. Non hanno trovato pace da vivi, non li lasciano in pace neanche ora che sono morti.

La demolizione di al Yousifieh fa parte di un piano delle autorità di occupazione israeliane che punta a costruire un «giardino biblico» all'interno del cimitero. Anche la demolizione dei cimiteri di al Bustan e al Rahma punta alla costruzione di un «parco biblico».

Centinaia di persone vengono cacciate via dai loro quartieri. «La cosa ancora più grave è che lo status quo dei luoghi sacri è crollato. Integralisti ebrei pregano dentro la moschea di Al Aqsa. Vi svolgono la preghiera ebraica, e non c'è dubbio che questo sia una violazione dello status quo, come definito da secoli e riconosciuto nel passato da Netanyahu: i musulmani pregano, ma i non musulmani possono solo visitare. Ora stiamo assistendo a un trionfalismo degli ultranazionalisti sul Monte della Moschea e anche alla volontà di umiliare e provocare l'ira dei musulmani.»

Secondo il direttore del Museo di Al Aqsa, centinaia di israeliani, compresi ebrei religiosi, per anni e anni si sono recati quotidianamente al museo e in moschea. Non c'era bisogno di polizia, né di guardie esterne che li accompagnassero. Perché? Perché si presentavano come ospiti del luogo sacro dei musulmani. Si comportavano, di conseguenza, con rispetto, e con rispetto venivano accolti. Oggi si recano dicendo – lo sostiene apertamente Ben-Gvir – che sono i padroni di casa, i proprietari; sono qui per riscuotere l'affitto, e voi palestinesi fareste meglio a prepararvi a un procedimento di sfratto. L'umiliazione e il dominio sono parte integrante della strategia politica della destra radicale.

Dieci anni fa, al Aqsa, dove sono cresciuta giocando da

bambina tra gli alberi di olivo nel parco attorno alla moschea, e dove ha lavorato mio padre Othman per quarant'anni, era il luogo meno occupato di Gerusalemme Est. Oggi, il luogo che più di ogni altro rappresenta l'identità collettiva storica palestinese è quello più occupato di Gerusalemme.

Daniel Seidemann mi telefona da Gerusalemme per dirmi che «Israele si sta rapidamente trasformando in uno Stato totalitario; il parlamento israeliano sta approvando una valanga di misure repressive tipiche dei regimi dittatoriali, esaminano leggi che prevedono fino a cinque anni di carcere per chi collabora con la Corte penale internazionale, per chi documenta o indaga i crimini commessi dall'IDF. Altri disegni di legge prevedono una tassazione dell'80% per le Ong israeliane... Israele sta diventando autocratico e totalitario, seguendo le orme dell'Ungheria».

Daniel, come ha fatto in Italia la storica Anna Foa, parla del suicidio di Israele; in seguito alla legge del 2024 che ha decretato improponibile la creazione di uno Stato palestinese, mettendo una pietra tombale sopra la soluzione politica dei due Stati, e dopo la legge che ha messo al bando l'UNRWA, la libertà di parola è sotto attacco in tutto Israele. Cittadini israeliani e palestinesi vengono arrestati per quello che dicono e quello che scrivono. E naturalmente, quando c'è un attacco alle libertà fondamentali, è inevitabile che i palestinesi lo subiscano in modo ancora più violento. Parliamo del raid di stampo nazista effettuato nella nota libreria di Gerusalemme Est «Educational Bookshop». Due dei librai, Mahmoud e Ahmad Muna, nostri amici, sono stati tenuti in stato di arresto per giorni e picchiati, quindi posti agli arresti domiciliari. La polizia ha sostenuto che i libri in vendita, molti dei quali di autori ebrei americani e israeliani, rappresentano una forma di «istigazione». Quando la polizia ha fatto irruzione, ha usato Google Translator per tradurre i titoli dei libri in inglese e comprendere che tipi di volumi fossero e il loro contenuto. Hanno sequestrato *1984* di George Orwell, hanno preso di mira opere con simboli e titoli palestinesi, fra cui un libro da colorare per bambini, intitolato *Dal fiume al mare*, e il meraviglioso libro di Banksy con i graffiti lasciati in Palestina sul muro dell'apartheid, vicino a Betlemme.

Non sfugge il ricordo che Israele ha iniziato il genocidio coloniale su Gaza a ottobre 2023 bombardando scuole, distruggendo librerie e università, sterminando intellettuali, giornalisti, insegnanti. Sedici mesi dopo, arriva a Gerusalemme un ordine di chiara ispirazione nazista, che incrimina palestinesi ed ebrei accusati di promuovere la cultura palestinese. L'Educational Bookshop è un'istituzione culturale palestinese che da oltre quarant'anni, a Gerusalemme, offre una ampia gamma di libri in arabo e in inglese, comprese opere di autori da tutto il mondo, con un'ampia produzione scientifica, letteraria e politica sull'intero Medio Oriente e soprattutto sulla storia e la cultura della Palestina. È un luogo frequentato da ricercatori, giornalisti, diplomatici.

Ho avuto l'onore di presentare il mio primo libro *Miral* nel grande giardino dell'albergo American Colony, di fianco all'Educational Bookshop, un centro di dialogo, incontri e scambi culturali. Era lì che incontravo Daniel Seidemann durante le mie visite a Gerusalemme; prendevamo un caffè col cardamomo, ci facevamo consigliare da Mahmoud Muna i nuovi libri da leggere e parlavamo della nostra amatissima città, Gerusalemme.

L'American Colony è diventato una sede diplomatica internazionale, dove negli anni Ottanta si incontravano palestinesi, israeliani e diplomatici occidentali, in segreto, per cercare di rilanciare il piano di pace; un luogo magico, che rappresentava la storia millenaria della Gerusalemme multietnica, multiculturale e multireligiosa che il governo israeliano ora sta cercando di sradicare.

Daniel mi racconta che i suoi articoli sono stati pubblicati su un quotidiano saudita; per lui, la speranza di un futuro migliore non è negli Stati Uniti guidati da Trump, che propone pulizia etnica, né nell'Europa completamente appiattita e indifferente al genocidio coloniale; per lui la speranza è una potenziale soluzione derivante dalla proposta di pace avanzata dai Paesi arabi. Parla con entusiasmo della proposta avanzata da cinquantasette Paesi arabi e musulmani nel settembre 2024, la cui dichiarazione è stata letta dal ministro degli esteri giordano, Ayman Safadi, che davanti alle Nazioni Unite ha dichiarato: «Netanyahu afferma [mentendo] che Israele è circondata da chi ne vuole la distruzione. Noi, cinquantasette Paesi arabi e musulmani, siamo pronti a garantire la sicurezza di Israele, a patto che ponga fine all'occupazione militare e accetti uno Stato palestinese indipendente».

È la quarta volta che i Paesi arabi offrono un piano di pace e normalizzazione dei rapporti con Israele. Era già accaduto nel 2002, nel 2007 nel 2017. Nel 2025 il piano dell'anno precedente è stato ulteriormente rilanciato, come controproposta al piano di pulizia etnica di Trump. I Paesi arabi hanno anche proposto di pagare per la ricostruzione di Gaza, in cambio della fine dell'occupazione militare israeliana dei territori palestinesi. Israele ha sempre rifiutato la proposta di pace e normalizzazione con l'intero mondo arabo.

L'ex negoziatore israeliano Daniel Levy, consigliere dell'ex primo ministro israeliano Ehud Barak, figlio di Lord Levy che fu consigliere di Tony Blair, spiega che Israele si è rifiutato, per molti anni, di aderire al diritto internazionale e che d'altro canto non è mai stato chiamato a rispondere per aver violato il diritto internazionale.

Levy ha condannato senza mezzi termini il piano di Trump e sostiene che Israele sta commettendo un genocidio in Palestina; è stato spesso invitato dall'ambasciata palestinese presso le Nazioni Unite, e ha sottolineato che il genero di Trump, Jared Kushner, aveva parlato già in passato di Gaza in questi termini da Riviera. La stampa israeliana le descrive come idee care a Netanyahu e al suo governo fanatico di estrema destra. «Il campo degli estremisti messianici ora è in fibrillazione. Questi fanatici credono che l'apartheid non sia sufficiente, come che non sia sufficiente mantenere i palestinesi in condizioni divise e diseguali. La segregazione razziale e l'occupazione militare non sono più sufficienti, perché i palestinesi sono ancora fisicamente in Palestina. Il piano di pulizia etnica di Trump è stato clamorosamente fatto proprio e celebrato dai fanatici israeliani, che ora ormai dicono: "Sì, possiamo andare fino in fondo". Quindi, anche se l'America non lo farà, in Israele ci sarà un'importante schiera di persone che diranno: "Ora è *kosher* – la parola ebraica per 'è consentito' – cacciare via tutti i palestinesi".»

Per Daniel Levy: «Abbiamo visto che Israele non è riuscito a ottenere una vittoria totale ma, se ci provasse, non finirebbe con Gaza. La Cisgiordania è il fiore all'occhiello dei disegni della destra al governo». L'attacco di Israele in Cisgiordania occupata è arrivato pochi giorni dopo l'inizio del cessate il fuoco a Gaza.

Il ministro delle Finanze israeliano Bezalel Smotrich ha annunciato: «Tulkarem e Jenin assomiglieranno a Jabalia e Shuja'iyya. Nablus e Ramallah assomiglieranno a Rafah e Khan Younis. Saranno anch'esse trasformate in rovine inabitabili e i loro abitanti saranno costretti a migrare e a cercare una nuova vita in altri Paesi».

A Tulkarem, Netanyahu ha pubblicato una foto di sé stesso seduto nella casa di una famiglia palestinese. Sulle pareti di quella casa, l'esercito israeliano ha affisso la bandiera israeliana e l'unità militare ha preso possesso della casa. Netanyahu e i suoi generali dell'esercito si sono seduti nel salotto di una famiglia palestinese, che era stata espulsa con la violenza.

Netanyahu ha annunciato, dall'esterno della casa che ha occupato: «Poco prima dell'inizio dello Shabbat, sono arrivato qui, al campo profughi di Tulkarem, per stare con i nostri eroici soldati. Stanno facendo un lavoro straordinario». Non ha mancato di aggiungere che stanno «radendo al suolo intere strade» e distruggendo case. Il giorno dopo, i carri armati israeliani sono entrati a Jenin e Tulkarem, e l'esercito israeliano ha spianato con noncuranza tutto ciò che incontrava.

Gli assalti di Israele hanno ucciso almeno un centinaio di palestinesi dal 21 gennaio 2025 e costretto più di quarantamila palestinesi a fuggire dalle loro case; il più grande sfollamento singolo in Cisgiordania da quando Israele ha occupato il territorio nel 1967. A Jenin, l'esercito israeliano ha distrutto 498 case, dopo aver sfollato con la violenza oltre venticinquemila abitanti.

Il passo successivo alla distruzione dei campi profughi in Cisgiordania occupata saranno i bombardamenti delle infrastrutture civili, ospedali, scuole e università, col presidente americano Trump che offrirà come soluzione la deportazione forzata di tutti i palestinesi: pulizia etnica per evitare lo sterminio. La gazificazione della Cisgiordania è già iniziata: una seconda Nakba, per finire la prima Nakba.

Per la studiosa femminista Nadera Shalhoub-Kevorkian, la pulizia etnica si riassume in una semplice ingiunzione: o lasci la tua terra senza farvi più ritorno, o sarai sterminato insieme a tutta la tua famiglia. Se le vittime rifiutano la prima «alternativa», allora essa si trasforma in genocidio, che Shalhoub-Kevorkian descrive come cataclisma di smembramento nella sua forma più letterale:

corpi smembrati, geografie smembrate, comunità smembrata, e una politica dello smembramento dai corpi e dalla terra. Israele ha sfruttato il temporaneo cessate il fuoco di Gaza per incrementare l'espulsione forzata e la colonizzazione permanente in Cisgiordania occupata e Gerusalemme Est. Una continuazione della Nakba, e un preludio all'annessione totale dell'attuale territorio palestinese. Il ministro della Difesa israeliano Katz ha dichiarato che non sarà permesso agli abitanti palestinesi di tornare alle loro abitazioni, sancendo l'inizio dell'operazione di pulizia etnica in Cisgiordania occupata e a Gerusalemme Est. Nissim Vaturi, vicepresidente del parlamento israeliano e deputato del partito Likud di Netanyahu, ha dichiarato all'emittente radio ultraortodossa Kol BaRama: «Chi è innocente a Gaza? I civili sono usciti e hanno massacrato la gente a sangue freddo... Dobbiamo separare i bambini e le donne e uccidere gli adulti a Gaza, siamo troppo premurosi». Bisogna «uccidere tutti gli uomini a Gaza», ha dichiarato. Ha descritto i civili di Gaza come «feccia e subumani, nessuno al mondo li vuole. I bambini e le donne vanno separati, e gli adulti eliminati...» affermando che «nessuno al mondo vuole i civili di Gaza. Presto trasformeremo Jenin in Gaza», aggiungendo che i prigionieri palestinesi rilasciati nell'ambito dell'accordo per il cessate il fuoco a Gaza dovrebbero essere inviati lì per essere «eliminati» dalle forze israeliane. «Eliminate Jenin. Non iniziate a cercare i terroristi... se c'è un terrorista in una casa, va distrutta, vanno tutti eliminati.»

Jenin è attualmente sotto un brutale assedio israeliano, con i carri armati che sono entrati in città.

David Azoulai, capo del Consiglio di Metulla, nel nord di Israele, ha dichiarato durante un programma radiofonico israeliano che 2,2 milioni di palestinesi di Gaza dovrebbero essere trasportati dalla marina israeliana e buttati sulle coste del Libano, dove secondo lui ci sono già campi profughi a sufficienza per accoglierli. «L'intera Striscia di Gaza dovrebbe essere svuotata e rasa al suolo, proprio come ad Auschwitz». E ha aggiunto: «Che sia un museo per tutto il mondo per vedere cosa può fare Israele. Che nessuno risieda nella Striscia di Gaza perché tutto il mondo lo veda, perché il 7 ottobre è stato in un certo senso un secondo Olocausto».

Daniel Levy è emerso come una delle voci della legalità internazionale e ha sempre condannato tutte le atrocità, indipendentemente dall'identità della vittima o del carnefice. Al Consiglio di Sicurezza Onu, a febbraio 2025, ha tenuto questo discorso potente ed empatico verso tutte le vittime, pronunciato di fronte a un ex ostaggio di Hamas, Noa Argamani: «Un minuto di silenzio per ognuno dei bambini Bibas [rapiti il 7 ottobre] sarebbe appropriato, così come un minuto di silenzio per ognuno degli oltre diciottomila bambini palestinesi uccisi nella devastazione di Gaza da parte di Israele. Quel silenzio durerebbe oltre trecento ore. [...] Quando un ambasciatore di uno Stato sale sul palco delle Nazioni Unite con un tritacarte e fa a pezzi la Carta delle Nazioni Unite, è una trovata pubblicitaria. Ma quando uno stato come Israele si comporta in modi che rendono la Carta priva di significato e ne violano le convenzioni – incluso il genocidio –, le norme e le leggi che questo organismo tiene in alta considerazione, allora questa è una sfida che non può essere ignorata. È il tipo di affronto che, decenni fa, portò alla sospensione del Sudafrica dell'apartheid dalla partecipazione attiva all'ONU. [...] Uno degli sviluppi più pericolosi di cui questo organismo deve occuparsi è la deriva verso un pensiero a somma zero, forse potremmo chiamarlo il campo de "l'apartheid non è abbastanza", per cui la stessa presenza fisica dei palestinesi è qualcosa che una parte della politica israeliana non può più tollerare. Niente può essere più pericoloso per entrambi i popoli dell'idea che uno dei due verrà rimosso dalla sua terra. Conosciamo le circostanze in cui molti ebrei sono arrivati in quest'area, e sappiamo che in passato sono stati fatti tentativi per rimuovere i palestinesi. Nessuno dei due popoli dovrà essere sottoposto a pulizia etnica o a violenza genocida. Il principio fondante dovrebbe essere che entrambi i popoli abbiano una casa permanente in questa terra».

L'intellettuale ebreo americano Peter Beinart, autore del libro *Being Jewish After the Destruction of Gaza* (Essere ebrei dopo la distruzione di Gaza), ha commentato la decisione israeliana di inizio marzo 2025 di bloccare l'ingresso del cibo a Gaza, interrompendo il cessate il fuoco temporaneo. «Ora i politici americani e i leader ebrei che in passato hanno negato con indignazione che Israele stesse bloccando gli aiuti umanitari a Gaza difenderanno il blocco totale degli aiuti imposto da Israele. Ecco cosa significa non avere linee rosse morali, e trattare uno Stato come un dio.»

Conclusioni

«L'ingiustizia che si verifica in un luogo
minaccia la giustizia ovunque. Siamo presi in una rete
di reciprocità alla quale non si può sfuggire,
avvolti da un'unica trama del destino.
Tutto ciò che colpisce uno direttamente
colpisce tutti indirettamente.»

MARTIN LUTHER KING

La violenza cieca di Israele trascina tutti con sé

Mentre lavoravo alle ultime pagine del libro, Israele ha interrotto il cessate il fuoco su Gaza e ha scatenato una potenza di fuoco di violenza inaudita che ha ucciso in pochi giorni circa un migliaio di persone, oltre la metà di queste bambini. La situazione non fa che peggiorare giorno dopo giorno, e la mia disperazione cresce. Siamo evidentemente alle soglie della soluzione finale per il mio popolo palestinese.

Israele ha addotto come pretesto per la ripresa della sua ferocia il rifiuto di Hamas di continuare i negoziati. Ma non è che l'ennesima menzogna di un governo che ha sempre privilegiato la violenza assoluta. Nelle settimane precedenti alla rottura del cessate il fuoco, dal cielo erano piovuti – come nel 1948 – volantini scritti in arabo in cui si leggevano esplicite minacce genocidarie. Fra le altre, questa frase: «La mappa del mondo non cambierà se tutti gli abitanti di Gaza smetteranno di esistere. Gli Usa e l'Europa sono nostri alleati. Ci forniscono armi, finanziamenti. A voi mandano solo sudari».

Anche il ministro della Difesa israeliano Katz, in un video, ha lanciato un ultimo avvertimento spietato alla popolazione di Gaza: «Andatevene o vi distruggeremo». Katz ha minacciato: «Se cacciate via Hamas e rilasciate gli ostaggi, potete trasferirvi in altri posti nel mondo. L'alternativa è la distruzione e devastazione totale».

È la messa in atto del piano criminale già annunciato da Trump e Netanyahu.

Israele è tornato a usare la fame come arma, durante il mese sacro del Ramadan. Lo ha fatto con il pieno appoggio della Corte Suprema israeliana, che a fine marzo 2025 ha respinto all'unanimità una petizione per l'ingresso del cibo nel territorio di Gaza. La Corte ha dichiarato che lo Stato di Israele è esente dagli obblighi di potenza occupante ai sensi del diritto internazionale in tutti i casi relativi alla Striscia di Gaza, sfidando così apertamente, oltre alle norme giuridiche internazionali, anche il parere consultivo della Corte internazionale di giustizia del 2024. In questo parere, la Corte internazionale di giustizia afferma che, anche a seguito del disimpegno da Gaza, Israele ha mantenuto il controllo del territorio, perciò deve rispettare quanto meno gli obblighi di potenza occupante, commensurati al grado di controllo mantenuto.

Israele ha attraversato il Rubicone del genocidio coloniale in Palestina, che consumerà in primis noi palestinesi, e sta producendo ramificazioni catastrofiche sia in Israele stesso che negli Stati Uniti.

L'amministrazione di Trump ha scatenato la caccia alle streghe, ha arrestato e vuole deportare i critici di Israele, incluso un residente permanente degli Stati Uniti, lo studente palestinese Mahmoud Khalil. Un vero e proprio assalto al primo emendamento della costituzione americana, che tutela le libertà di espressione e di opinione. Jason Stanley, professore di filosofia all'Università di Yale, autore di *How Fascism Works*, e la cui nonna fuggì da Berlino con il padre nel 1939, ha deciso di lasciare gli Stati Uniti per trasferirsi in Canada. Jason sostiene che tutto ciò che l'amministrazione Trump sta facendo in nome della lotta all'antisemitismo stia in realtà rafforzando l'antisemitismo stesso e tutti i suoi luoghi comuni. Ma la sua denuncia va oltre: la minaccia non sono gli studenti che protestano contro il genocidio a Gaza, molti dei quali sono ebrei americani; è, al contrario, il sostegno a Israele il grimaldello per distruggere la democrazia americana.

Con questo attacco di Trump alla libertà di critica, gli Stati Uniti potrebbero diventare una dittatura fascista. Israele sta diventando la leva della repressione del dissenso in Occidente.

Da questa consapevolezza cresce la mia angoscia di palestinese e di occidentale, per il suicidio morale e politico dell'Occidente democratico, se non sapremo opporci. Pagheremo tutti le conseguenze del fallimento nel prevenire e fermare questo genocidio coloniale.

L'Olocausto è plurale

«Quello che sta accadendo a Gaza non è l'Olocausto. Non c'è Auschwitz né Treblinka. Tuttavia, si tratta di un crimine della stessa famiglia: un crimine di genocidio» hanno denunciato i professori israeliani Daniel Blatman e Amos Goldberg, storici dell'Olocausto e studiosi di genocidi presso l'Università Ebraica di Gerusalemme.

Pankaj Mishra, nel suo ultimo libro, *Il mondo dopo Gaza*, sostiene che l'ordine globale postbellico è stato plasmato in risposta all'Olocausto nazista in Occidente. La Shoah è stata il punto di riferimento per l'atrocità, il genocidio paradigmatico, la cui memoria è stata tuttavia utilizzata per giustificare lo stato coloniale di apartheid di Israele e santificare gli ebrei come uniche vittime.

Ma ci sono stati, osserva Mishra, altri olocausti: il massacro tedesco degli Herero, il genocidio armeno, insieme allo sganciamento di bombe nucleari sugli obiettivi civili di Hiroshima e Nagasaki, che un premio Nobel, Thomas Schelling, ha definito «l'atto terroristico chimicamente puro». Il genocidio e lo sterminio di massa non sono dominio esclusivo della Germania nazista; le milioni di vittime dei progetti imperiali coloniali e razzisti in Paesi come India, Congo, Kenya e Vietnam, in diversi Paesi dell'America Latina, così come su afroamericani e nativi americani: anche loro hanno subito l'Olocausto, ma tutto ciò viene minimizzato, misconosciuto, negato.

Aimé Césaire, scrive Mishra, nel suo famoso discorso sul colonialismo afferma che l'Olocausto è apparso eccezionalmente crudele solo perché ha comportato l'umiliazione dell'uomo bianco da parte dell'uomo bianco. Ma i regimi fascista e nazista, scrive, hanno semplicemente applicato le procedure del colonialismo, che fino ad allora erano state riservate esclusivamente agli arabi dell'Algeria, agli indiani e ai neri d'Africa, al di fuori dell'Occidente.

La storia dominante in gran parte del mondo è quella della decolonizzazione violenta e dei crimini feroci dei colonizzatori occidentali.

Questa divergenza di esperienze e di punti di vista, scrive Mishra, spiega perché ci sono state reazioni così disperate al genocidio di Gaza, perché gli abitanti del Sud globale e le minoranze in occidente, afroamericani in primis, hanno compreso immediatamente la sofferenza e l'oppressione brutale a cui sono soggetti i palestinesi, perché vedono con chiarezza gli israeliani come forza occupante e i palestinesi come vittime, perché capiscono come in Occidente il mondo sia nettamente diviso in vittime degne e indegne, razze inferiori sacrificabili e razze superiori protette dall'Occidente anche quando commettono genocidio in mondovisione, anche quando soldati israeliani filmano e pubblicano video in cui celebrano un morto palestinese che viene mangiato dai cani randagi a Gaza, e altri soldati postano fotografie mentre giocano a calcetto con il teschio di un cadavere palestinese, e anche quando il primo ministro Netanyahu pubblica una foto, seduto insieme all'esercito israeliano, sul divano di casa di una famiglia palestinese in Cisgiordania occupata, famiglia espulsa con la violenza dalla sua casa.

Primo Levi si rifiutava di accontentarsi di una semplice narrazione da vittima. Avrebbe potuto rivendicarla facilmente. Era stato internato ad Auschwitz. Avrebbe potuto diventare il protomartire italiano dell'Olocausto e continuare a parlare all'infinito di quell'esperienza e di come questa lo avesse impegnato nella difesa, eterna difesa, dello Stato di Israele. Invece lui e altri, come Hannah Arendt e tanti ebrei europei o americani, volevano essere considerati e trattati da cittadini europei o americani in primis.

Ponendo domande più ampie sulle complicità nei sistemi di violenza e di espropriazione, Levi, Arendt e altri intellettuali esaminarono in dettaglio il comportamento dei nazisti durante la Seconda guerra mondiale, per capire quanto fossero motivati non tanto dall'ideologia o dall'antisemitismo, ma da cose molto semplici come l'avanzamento di carriera, l'opportunismo, la possibilità di ottenere miglioramenti materiali o essere accettati socialmente. Hannah Arendt individua nello Stato burocratico moderno l'ossatura del totalitarismo. Omer Bartov ha scritto che l'Olocausto non sarebbe stato possibile senza la creazione del moderno Stato burocratico, che essenzialmente frammenta i ruoli in atti di malvagità e barbarie per poi giustificarli e assolverli.

Hannah Arendt fa risalire la costruzione di questa sorta di moderna burocrazia per l'uccisione di massa al Diciannovesimo secolo, e la connette alle pratiche imperialiste. Secondo la sua visione, la violenza subìta dalla popolazione ebraica in Europa è stata tecnicamente e ideologicamente preparata dagli atti di violenza mostruosa commessi contro asiatici e africani nel Diciannovesimo secolo. Questo è per lei il potenziale genocida innato dello Stato burocratico moderno.

Oggi, i governi e la stragrande maggioranza della stampa occidentale sono direttamente responsabili dell'impunità diffusa e della criminalità diffusa in Israele. Una criminalità che viene esportata e celebrata dall'America di Trump come la nuova dottrina americana. Dopo aver presentato il suo piano osceno di pulizia etnica a Gaza, il presidente degli Stati Uniti è passato all'intimidazione, minaccia e umiliazione in mondovisione del presidente ucraino, rappresentante di un popolo ingiustamente aggredito.

L'impunità totale è la politica ufficiale in Israele

La comunità internazionale si sta avviando verso un'era in cui il diritto internazionale, i diritti umani e civili rischiano di diventare completamente irrilevanti, favorendo l'ascesa della destra radicale nazista. La decisione del neocancelliere tedesco Friedrich Merz di invitare in Germania il premier israeliano in violazione del mandato di cattura della Corte penale internazionale è il più grande dono, la più grande vittoria per tutti i dittatori sanguinari come Putin, e mina la democrazia e lo Stato di diritto. Il Commissario federale tedesco per l'antisemitismo, Felix Klein, ha elogiato il piano di pulizia etnica di Trump per Gaza: «Non credo sia sbagliato pensare in modo radicale e completamente nuovo». Secondo Klein, la proposta di Trump di espellere i palestinesi negli Stati arabi e di trasformare Gaza in un resort colonizzato da Stati Uniti e Israele è stata fraintesa. L'iniziativa, ha spiegato, avrebbe semplicemente lo scopo di facilitare il reinsediamento mentre la Striscia di Gaza viene ricostruita. Trump ha sempre precisato che nel suo piano i palestinesi non torneranno mai più a Gaza.

Molti Paesi che si sono opposti all'assalto del fascismo ora stanno attivamente spianando la strada per l'avanzata dell'autoritarismo, come conseguenza dei doppi standard continuamente applicati. Violare un mandato di arresto del tribunale penale internazionale – come ha fatto il governo Meloni in Italia con il criminale libico Almasri – rappresenta un grande trionfo per Putin.

Una conferma e una vittoria schiacciante per tutti i dittatori sanguinari, per i criminali e i signori della guerra. L'ex primo ministro olandese e oggi segretario generale della NATO, Mark Rutte, si è fatto sfuggire una frase in una conversazione riportata dai giornali: «Cosa possiamo dire per far sembrare che Israele non abbia commesso crimini di guerra?» Blocco dopo blocco, i governi occidentali stanno demolendo il diritto internazionale per proteggere una potenza occupante. La Svizzera si è unita a questo progetto criminoso, bloccando la Conferenza sul Medio Oriente a Ginevra richiesta da centoventiquattro Paesi per discutere le violazioni di Israele della Convenzione di Ginevra e come far sì che Israele risponda dei propri crimini.

L'Occidente democratico è disposto a distruggere la legalità internazionale, e questo rende inquietante osservare le movenze di capi di Stato o dell'Unione Europea mentre invocano l'ordine «basato sulle regole» per l'Ucraina quando nello stesso momento approvano persino la chiusura degli ingressi agli aiuti da parte di Israele, giustificando in questo modo uno dei più efferati crimini genocidari, ovvero l'affamamento come strumento di sterminio. Si illudevano che distruggere il diritto internazionale e sostenere un genocidio coloniale non avrebbe avuto conseguenze?

L'Occidentale democratico in questo anno e mezzo ha criminalizzato qualsiasi tipo di dissenso nei confronti del genocidio, ha punito i giovani studenti nei campus universitari e perseguitato i professori e gli studenti che protestavano a favore della legalità internazionale, per mettere fine alla carneficina e alle barbarie di cui erano testimoni involontari.

Come i caporedattori del *New York Times* che, in una nota interna, hanno dato istruzioni ai loro dipendenti di evitare di usare espressioni come «campo profughi», «territorio occupato» e «pulizia etnica», in un momento in cui il presidente degli Stati Uniti Donald Trump propone un piano di pulizia etnica a Gaza.

Assistiamo a una normalizzazione costante della retorica più violenta, estrema e criminale. E la stampa occidentale ne è complice. Dopo aver creato uno scudo protettivo, un *iron dome* mediatico contro ogni voce critica della politica israeliana, il *New York Times* ha infine accettato di pubblicare a pagamento – per una somma ingente – un appello di trecentocinquanta rabbini ebrei americani, contro il piano di pulizia etnica a Gaza.

C'è un impulso tribale a rimanere solidali con lo Stato di Israele, indipendentemente dalle atrocità che esso commette; un impulso che si manifesta esplicitamente negli attacchi, di violenza smisurata e volgarità inaudita, negli insulti e minacce e nel linciaggio da parte di esponenti della comunità ebraica americana e romana, come l'ex presidente Riccardo Pacifici che ha usato parole volgari e violente – «mi ci pulisco il sedere» – contro l'appello, prudente e moderato, sottoscritto da duecento ebrei italiani tra cui Gad Lerner, Anna Foa e Widad Tamimi, contro la pulizia etnica a Gaza. Pacifici è stato premiato nel 2018 come commendatore al merito della repubblica dal presidente Sergio Mattarella: la sua reazione violenta fa comprendere che siamo in tempi in cui la violenza estremista razzista e sionista colpisce tutti, anche i critici all'interno della comunità ebraica. La barbarie è completamente sdoganata e sono stati i doppi standard praticati di continuo in Occidente a farlo: il diritto internazionale è stato smantellato e ridotto a diritto degli amici contro i nemici, e questo sta disintegrando anche i diritti civili, in primis la libertà di espressione.

Anche i democratici statunitensi hanno scelto di praticare un maccartismo perverso. La governatrice dello Stato di New York, Kathy Hochul, ha ordinato all'Hunter College di rimuovere un annuncio per una cattedra di «Studi Palestinesi», che recitava: «Cerchiamo uno studioso che applichi una lente critica alle questioni relative alla Palestina, tra cui, a titolo esemplificativo ma non esaustivo: colonialismo di insediamento, genocidio, diritti umani, apartheid, migrazione, devastazione climatica e delle infrastrutture, salute, razza, genere e sessualità». Parole del tutto banali, per qualunque studioso che conosca quella materia. Ma alcuni gruppi di vigilanza ebraici hanno gridato all'antisemitismo e alla demonizzazione di Israele. E hanno ottenuto che iniziasse un'indagine nei confronti dell'istituzione pubblica, accusata di diffondere «parole d'odio» e «teorie antisemite». Una repressione della cultura, dell'umanesimo e della libertà di espressione, opinione e accademica, perfettamente in linea con la censura di Trump.

L'Occidente ha tradito la lezione principale dell'Olocausto, traendo conclusioni sbagliate e pericolose, che si sono spinte fino al sostegno incondizionato alla politica criminale del governo israeliano. Le commemorazioni della Shoah usate per rivendicare un sostegno imperituro a Israele hanno permesso ai leader israeliani di sfuggire alla responsabilità per le atrocità che Israele continua a infliggere ai palestinesi, creando così un sistema di complicità, cinismo politico e cecità politica dell'Occidente democratico.

I leader occidentali sono costretti a difendere l'indifendibile e a giustificare crimini di guerra, e hanno scelto di legittimare un primo ministro che ha sempre plasmato le sue politiche su una criminale indifferenza alla sorte non solo dei palestinesi, ma anche degli stessi israeliani, come ha mostrato anche l'atteggiamento tenuto nei confronti degli ostaggi del 7 ottobre fino a oggi. La famiglia Bibas, rapita da Hamas durante l'assalto – furono portati via i piccoli Ariel e Kfir e la madre, Shiri, in seguito uccisi a Gaza – non ha voluto membri del governo ai funerali. I corpi dei bambini e della madre sono stati restituiti da Hamas durante la prima fase del cessate il fuoco; Hamas si era offerta di farlo già oltre un anno fa, ma Israele ha sempre rifiutato. I Bibas sono stati costretti a inviare una lettera di diffida, minacciando di querelare Netanyahu e altri uffici governativi israeliani, per aver sfruttato la morte dei loro familiari a fini propagandistici, e hanno chiesto invano a Netanyahu di non pubblicare più i dettagli della morte di Shiri, Ariel e Kfir Bibas, accusando il governo israeliano di abbandonare e tradire gli ostaggi e di strumentalizzare la loro tragedia. «Avrebbero potuto salvarli, ma hanno preferito vendicarsi.» Nel dicembre 2023, il governo israeliano ha informato le famiglie di Nik Beizer, Ron Sherman ed Elia Toledano che Hamas aveva ucciso i tre ostaggi. La madre di Ron Sherman ha continuato a indagare e ha scoperto che l'IDF ha mentito e ha ucciso suo figlio e gli altri due per «asfissia» quando ha «gasato» il tunnel in cui erano detenuti. A settembre 2024, l'IDF ha finalmente ammesso di aver ucciso i tre in un attacco aereo e di aver mentito al riguardo. Ciò che ha fatto insospettire la madre era che una TAC non aveva rilevato «né ferite da arma da fuoco, né da taglio, né schegge, né fratture, né ferite esterne, né segni di strangolamento», per cui la narrazione dell'IDF secondo cui Hamas li avrebbe uccisi «a mani nude» non poteva funzionare. Il magazine israeliano *+972* ha rivelato che Israele bombardava indiscriminatamente aree di Gaza con razzi pesanti per «inondare» le zone prese di mira «con fumi letali» che uccidono l'obiettivo per asfissia.

La madre del sergente dell'IDF Ron Sherman ha voluto una lapide sulla sua tomba che diceva: «Rapito, abbandonato e sacrificato a Gaza dal governo israeliano nel disastro del 7 ottobre 2023». L'IDF ha portato via quella lapide.

Netanyahu e i leader israeliani e americani, incluso presidenti Usa come Trump, Biden e Clinton, insistono sul fatto che nessun ebreo al mondo è al sicuro se Israele non è al sicuro, collegando costantemente il destino di milioni di ebrei che vivono al di fuori di Israele, cittadini del mondo, al destino e alla politica dello Stato di Israele.

Naomi Klein e Peter Beinart considerano questa retorica una forma di antisemitismo, perché accetta l'idea assurda che gli ebrei non abbiano diritto a essere considerati persone come tutte le altre se non hanno uno Stato a rappresentarle. Lo confermano le dichiarazioni dello stratega di Trump, Steve Bannon, che, dopo aver fatto il saluto nazista durante la conferenza dei conservatori americani, ha dichiarato che gli ebrei americani sono i più grandi nemici dello Stato di Israele nella misura in cui non sostengono la politica israeliana e non votano per Trump. L'80% degli ebrei americani non votano per Trump. Bannon, dopo aver fatto il saluto nazista, ha dichiarato guerra alla stragrande maggioranza degli ebrei americani.

Fra le molte maschere che il genocidio coloniale a Gaza ha fatto cadere vi è anche questa: lo spartiacque politico rilevante non è più quello fra destra e sinistra, visto il sostegno incondizionato e bipartisan a Israele. La divisione vera è tra coloro che credono nei diritti umani e nella legalità internazionale e coloro che sono disposti a distruggere la legalità internazionale per difendere i crimini di Israele.

Israele ha ampliato il suo arsenale di armi e tecnologie militari e carcerarie al servizio dell'eliminazione dei nativi e del consolidamento territoriale. Gli Stati Uniti, colonia di conquistatori bianchi, si sono fondati con mezzi analoghi di eliminazione dei nativi e con un'economia di schiavitù durata cento anni. Razzismo e suprematismo sono sempre rimasti sottotraccia, pronti a riaffiorare in qualsiasi momento, e oggi sono un'arma politica esplicita dell'attuale amministrazione americana.

Il progetto espansionistico di Israele e degli stessi Stati Uniti è sostenuto da ingenti aiuti diplomatici, militari e finanziari. Quello statunitense è l'esercito più importante del mondo, con oltre settecentocinquanta basi militari e un budget militare di circa ottocento miliardi di dollari l'anno. Una grossa fetta dell'economia americana trae vantaggio dalle guerre continue, oltre allo sfruttamento delle risorse naturali; l'amministrazione Trump sta accelerando il processo di accaparramento delle risorse, ricattando Paesi come l'Ucraina, la cui difesa e sopravvivenza politica dipendono dagli Stati Uniti.

Mishra nel suo libro ricorda la carestia del Bengala del 1943, quando il primo ministro britannico Winston Churchill liquidò la morte di tre milioni di indiani per via della carestia definendoli «un popolo bestiale con una religione bestiale». Lo stesso Winston Churchill nel 1937 disse, a proposito dei palestinesi: «Non sono d'accordo sul fatto che il cane in una mangiatoia abbia il diritto finale alla mangiatoia, anche se può esser giaciuto lì per molto tempo. Non ammetto questo diritto. Non ammetto, ad esempio, che sia stato fatto un grande torto ai pellerossa d'America o ai neri d'Australia. Non ammetto che sia stato fatto un torto a queste persone per il fatto che una razza più forte, una razza di grado superiore, la razza più saggia del mondo, per dirla tutta, sia arrivata e abbia preso il loro posto». La complicità dell'Occidente ha rafforzato e alimentato l'ideologia sionista, che per milioni di palestinesi rappresenta un'ideologia esplicitamente fascista, base del progetto esplicitamente coloniale dello Stato israeliano, di cui siamo testimoni nella fase finale dello stermino del mio popolo.

L'incitamento al genocidio in Israele oggi è normalizzato, è considerato socialmente accettabile. L'insegnante israeliano di educazione civica Eli Ranmalik in un post rivolto ai leader israeliani, ora cancellato, sosteneva l'uccisione di detenuti palestinesi allo scopo di rubare i loro organi. «Scusate, chiedo solo: perché lo Stato di Israele non prende la decisione necessaria di prelevare gli organi dai detenuti del 7 ottobre? Ci sono così tanti pazienti in attesa di un miracolo. Perché non prendere questi subumani e costringerli a fare qualcosa di utile per l'umanità?» Ricordare le atrocità del passato non è una garanzia contro il loro possibile ripetersi nel presente. Lo dimostra la politica della Germania e dell'Italia, che continuano ad armare Israele, tanto consapevoli quanto indifferenti al fatto di essere complici nel genocidio coloniale israeliano. Lo diceva l'eroe di resistenza Marek Edelman, leader della rivolta nel ghetto di Varsavia e dirigente del Partito socialista ebraico del Bund, che si era sempre opposto al sionismo e all'idea dello Stato di Israele: «La vittima finisce per assomigliare al suo carnefice». Il nazismo ha registrato, in questo senso, una vittoria storica: «Il disprezzo per la vita e la dignità umana [...] non è altro che la vittoria postuma di Hitler».

La strada della giustizia

Per rimanere umani la giustizia rimane l'unica arma, l'arma più potente per prevenire il ripetersi di altri genocidi. È per questo che Omer Shatz, avvocato franco-israeliano e professore a Sciences Po, in Francia, ha sottoposto un'importante istanza alla Corte penale internazionale accusando otto funzionari israeliani, tra cui il primo ministro Netanyahu, di incitamento al genocidio contro i palestinesi di Gaza.

Il professor Shatz ha presentato il caso per conto di una vittima franco-palestinese del genocidio di Gaza. Il caso si basa sulle conclusioni della Corte internazionale di giustizia, che a febbraio del 2024 aveva stabilito un rischio plausibile di genocidio e aveva ordinato a Israele di indagare e punire l'incitamento al genocidio, direttiva che Israele continua a ignorare.

Il documento di Shatz, lungo centosettanta pagine, sostiene che la Corte penale internazionale deve agire a causa del mancato rispetto degli obblighi legali internazionali da parte di Israele. Il caso evidenzia le dichiarazioni di otto funzionari israeliani: Yoav Gallant, ex ministro della Difesa; Isaac Herzog, presidente di Israele; Israel Katz, ministro della Difesa; Benjamin Netanyahu, primo ministro; Bezalel Smotrich, ministro delle Finanze; Itamar Ben-Gvir, ministro della Sicurezza nazionale; Zvi Yehezkeli, giornalista televisivo; Giora Eiland, ex maggiore generale delle Forze di Difesa israeliane e consigliere del ministro della Difesa, autore del piano dei generali per la pulizia etnica del nord di Gaza.

Le centosettanta pagine dell'istanza mettono in evidenza le dichiarazioni di tutti costoro, che in più occasioni hanno incitato ad azioni genocide. Per esempio, Eiland ha descritto Gaza come simile alla Germania nazista e ha ipotizzato che i suoi residenti «moriranno». In un articolo del novembre 2023 intitolato *Non lasciamoci intimidire dal mondo*, pubblicato sul quotidiano ebraico *Yedioth Ahronoth*, Eiland ha sostenuto che l'intera popolazione di Gaza, e non solo Hamas, è un obiettivo militare legittimo. Ha suggerito che lo scatenamento a tavolino di gravi epidemie e crisi umanitarie a Gaza potrebbe aiutare a raggiungere gli obiettivi militari di Israele, affermando che tali misure «avvicinerebbero la vittoria» e ridurrebbero le vittime israeliane.

Itamar Ben-Gvir ha chiesto all'esercito israeliano di sparare a donne e bambini palestinesi che si avvicinano al confine, sostenendo che potrebbero essere terroristi sotto copertura. Ha sostenuto politiche di pulizia etnica e ha invocato fucilazioni e uccisioni di massa dei detenuti palestinesi come soluzione al problema del sovraffollamento delle carceri. Dopo che Israele ha deciso di interrompere il cessate il fuoco e impedire l'ingresso degli alimenti a Gaza, Ben-Gvir ha detto: «Il governo deve bombardare le scorte di aiuti e interrompere elettricità e acqua. Dobbiamo farli morire di fame prima di tornare a combattere, per poterli poi schiacciare facilmente». Una frase che ricorda quella di un suo predecessore. Nel 1983, durante una commissione del parlamento israeliano, il generale Rafael Eitan, capo di Stato maggiore, si vantò dei suoi trionfi in Cisgiordania occupata dicendo: «Tutto ciò che gli arabi potranno fare è muoversi come scarafaggi drogati in una bottiglia». C'è un tunnel che porta il nome del generale Eitan, per ricordare ai palestinesi il destino che Israele ha in serbo per noi. I nazisti chiamavano gli ebrei «topi». Gli hutu coinvolti nel genocidio del Ruanda chiamavano i tutsi «scarafaggi».

L'istanza di Shatz include ampie prove di incitamento al genocidio, oltre a politiche che creano condizioni di invivibilità a Gaza, volte a distruggere parte della popolazione civile.

L'istigazione al genocidio e il genocidio sono due crimini distinti secondo lo Statuto di Roma, la convenzione che stabilisce le competenze e i poteri della Corte penale internazionale. L'incitamento al genocidio deve essere indagato e perseguito in modo indipendente. Nella causa intentata dal Sudafrica contro Israele, la Corte internazionale di giustizia ha ritenuto plausibile che siano stati commessi atti di genocidio, compreso l'incitamento al genocidio contro i palestinesi della Striscia di Gaza durante l'operazione militare israeliana, lanciata come rappresaglia per gli attacchi del 7 ottobre 2023 di Hamas.

L'ordine della Corte di giustizia internazionale richiedeva che lo Stato israeliano «prendesse tutte le misure in suo potere per prevenire e punire l'incitamento diretto e pubblico a commettere genocidio nei confronti dei membri del gruppo palestinese nella Striscia di Gaza». Tuttavia, come si legge nel documento presentato alla Corte penale internazionale, «il consigliere legale israeliano del governo ha informato la Corte suprema israeliana della sua decisione di non aprire una sola indagine penale sulla questione, in spregio all'ordine della Corte internazionale di giustizia».

Raggiunto al telefono, il professor Omer Shatz ha detto di essere «obbligato, come ebreo, a portare avanti questa causa» e di essere «consumato, come israeliano» dai crimini e dall'impunità diffusa di Israele. Ha aggiunto: «I procuratori israeliani si sono rifiutati di perseguire ciascuno di questi otto accusati, nonostante le conclusioni della Corte internazionale di giustizia, delle Nazioni Unite e altri organismi», secondo cui Israele sta commettendo un genocidio o sta plausibilmente commettendo un genocidio. Per questo Shatz invoca il principio di complementarità, previsto dalla Convenzione sul genocidio, che attribuisce la giurisdizione alla Corte penale internazionale se l'ordinamento giuridico nazionale di un accusato non interviene. Shatz fa notare che il 24 novembre «il consulente legale del governo [israeliano] ha informato la Corte suprema della sua intenzione di non portare avanti nessuna indagine penale, in spregio all'ordine della Corte internazionale di giustizia», facendo chiaramente entrare in gioco la disposizione sulla complementarità. «Vedo che tutti gli avvocati israeliani hanno così tanta paura di parlare di Gaza, che mi sento obbligato, come ebreo, a farlo. Penso di dover avere questo ruolo anche in Europa.»

Shatz ha vissuto in Israele fino al 2014. Nel 2010, partecipando a un procedimento davanti alla Corte suprema israeliana per conto dell'Ong Yesh-Gvul, chiese alla Corte di revocare la nomina di Yoav Gallant a capo di Stato maggiore dell'esercito israeliano, sulla base di presunti crimini di guerra avvenuti durante l'operazione *Piombo fuso* del 2009. In questo e in altri casi simili, Shatz e la sua squadra avvertirono la Corte: senza giudicare per tempo adeguatamente in Israele i crimini commessi, gli omicidi mirati, le torture, in dieci anni i responsabili dei vertici israeliani sarebbero potuti finire al tribunale dell'Aia. Nessuno lo ha ascoltato.

Immediatamente dopo il 7 ottobre, in un video ampiamente diffuso, il giornalista israeliano Zvi Yehezkeli ha dichiarato sul Canale 13 che Israele avrebbe dovuto uccidere centomila palestinesi all'inizio del conflitto di Gaza, suggerendo che tali azioni sarebbero state più efficaci per raggiungere obiettivi militari e politici.

La causa di Shatz sottolinea come tale incitamento diretto abbia promosso la violenza estrema e la disumanizzazione dei civili palestinesi. «La nostra comprensione storica è che non c'è genocidio, a meno che non proceda o sia accompagnato da una fase di incitamento. La disumanizzazione della popolazione bersaglio crea la legittimazione e normalizzazione degli atti di violenza. L'incitamento è tipico dei tutti i genocidi, lo abbiamo visto in Ruanda, in Bosnia.» Storici ed esperti, come Raz Segal, hanno evidenziato le dichiarazioni di Yehezkeli come parte di un più ampio schema di retorica genocida esplicita nei media e nel discorso pubblico israeliano dall'ottobre 2023. Questa retorica ha incluso inviti a «radere al suolo

Gaza» e a sradicare la sua popolazione, facendo paragoni con l'incitamento visto durante il genocidio del Ruanda. Questo linguaggio normalizza la violenza e viola le leggi internazionali che vietano l'incitamento al genocidio. Chi guarda e consuma i media israeliani scopre il livello allarmante dell'incitamento al genocidio: è il prodotto di cinquantotto anni di occupazione militare, di apartheid, di assedio a Gaza, che richiede un alto livello di violenza sistematica, e direttamente proporzionale alla disumanizzazione completa.

L'Occidente schiacciato dai suoi doppi standard

Non c'è solo Israele sotto processo davanti ai tribunali più importanti del mondo. Questi processi mettono sul banco degli imputati anche l'Occidente democratico, sfidandone la pretesa superiorità morale.

Il genocidio coloniale a Gaza ha accentuato la spaccatura politica e morale tra l'Occidente e il Sud globale, scatenando un boomerang e allargando la polarizzazione e l'alienazione anche all'interno delle società democratiche.

La frattura non è tra maggioranza e minoranza, non è tra destra e sinistra, ma tra umanisti e neoimperialisti. Milioni di cittadini occidentali sono scesi nelle piazze protestando contro la complicità dei loro governi, che hanno continuato ad armare Israele mentre bombardava indiscriminatamente i civili e distruggeva ospedali e scuole. Si sono scatenate una serie di azioni legali in Occidente, da parte di avvocati e giuristi che si sono trovati di fronte, per la prima volta nella storia, a centinaia e centinaia di prove di crimini di guerra testimoniati dai soldati israeliani stessi, che si facevano filmare mentre li stavano commettendo.

Una di queste organizzazioni si è data il nome di una vittima: la fondazione Hind Rajab, e ha fatto causa a molti soldati israeliani all'estero, in Brasile, Belgio, in Europa e in Asia. È diventata un incubo per i soldati israeliani che viaggiano all'estero, per tutti coloro che hanno usato TikTok per glorificare e promuovere i loro crimini contro i civili. Archivisti palestinesi, operatori dei media, storici e altri hanno lottato diligentemente non solo per conservare prove vitali, ma anche per preservare la memoria. E lo fanno mentre sono intrappolati in una gabbia di morte.

Lila Hassan, una giornalista indipendente, ha scritto per la testata *DropSite News* le storie dei palestinesi di Gaza che hanno rischiato la vita impegnati in missioni per documentare in modo esauriente gli orrori e le vaste distruzioni scatenate da Israele negli ultimi diciassette mesi. Anche gli archivisti all'estero che sono intervenuti per preservare il loro lavoro rischiano arresti e intimidazioni. «Dal 7 ottobre 2023, Soliman Hijjy, un videogiornalista freelance di 37 anni, trascorre regolarmente ore di cammino attraverso il paesaggio bombardato della Striscia di Gaza, portando con sé una cassaforte nera di hard disk. Le unità contengono filmati di droni, fotografie, video e registrazioni vocali che catturano l'orrore scatenato da Israele nella sua nativa Palestina. La documentazione che ha raccolto, comprese le prove di possibili crimini di guerra, è ampia. Le foto aeree, scattate con il suo drone, mostrano la distruzione sistematica di ospedali, moschee e piazze. Video e foto mostrano persone scalze che, nel freddo invernale, lottano per salvare le tende che stanno crollando sotto l'acqua piovana.»

Le azioni legali intraprese dalla fondazione Hind Rajab hanno costretto il governo israeliano a intervenire per aiutare e organizzare la fuga dei soldati indagati, prima che venissero arrestati all'estero. Per proteggerli, il governo israeliano ha ordinato ai soldati di non farsi fotografare più mentre commettono i crimini di guerra. Intanto si stanno approvando una serie di leggi per criminalizzare giuristi, testimoni, giornalisti e attivisti che raccolgono prove di crimini di guerra o pubblicano notizie su crimini che implicano soldati israeliani e l'esercito israeliano. Qualsiasi collaborazione con la Corte penale internazionale e la Corte di giustizia internazionale è stata vietata dalla legge.

Israele ha dichiarato guerra non soltanto ai palestinesi, ma alle istituzioni internazionali, alle Nazioni Unite, all'ordine mondiale basato sulle regole e alle Corti di giustizia internazionali.

La complicità dei governi occidentali va nella direzione diametralmente opposta alla solidarietà che le loro società civili, nonostante la censura e la criminalizzazione, hanno continuato a esprimere. I governi occidentali hanno completamente ignorato la rabbia dell'opinione pubblica che per sedici mesi ha chiesto un cessate il fuoco, e che ha condannato senza se e senza ma la carneficina in Palestina. Un'opinione pubblica la cui stragrande maggioranza crede ancora nella legalità internazionale, ed è disposta a difendere i diritti umani, la Convenzione di Ginevra e lo Statuto di Roma.

In questo momento storico, lo sterminio in Palestina rappresenta una vera sfida a un ordine internazionale, violato e ignorato dalle democrazie occidentali, che continuano ad armare una forza occupante, e a sanzionare la Corte penale internazionale, mentre il Paese icona della devastazione del colonialismo suprematista, il Sudafrica, sta emergendo come una guida morale, appoggiato interamente dal Sud globale e dalla maggior parte dell'opinione pubblica occidentale. Il caso giudiziario portato alla Corte di giustizia internazionale è emblematico del declino dell'Occidente, disposto a distruggere le istituzioni da esso stesso create, confermando che, come ha detto un senatore americano al procuratore Karim Khan riguardo ai mandati di cattura e di arresto di un primo ministro israeliano, le leggi e tribunali internazionali sono stati «creati per gli africani e i teppisti come Putin», e secondo l'Occidente suprematista non si devono applicare all'Occidente stesso e ai suoi alleati. Ecco il messaggio per il resto del mondo.

Le corti internazionali sono state trasformate in teatri di guerra, una guerra diplomatica e politica che mette a nudo il marciume morale e la corruzione politica di una casta imperialista internazionale. Dopo secoli di razzismo e suprematismo, in cui i neri, gli arabi e i musulmani, l'intero Sud globale, venivano identificati come incivili, barbarici, estremisti e ignoranti, è straordinario che oggi siano loro, i popoli del Sud globale, a difendere il diritto internazionale, lottando per una soluzione che passi attraverso la giustizia e non la vendetta. Lo stesso mondo musulmano, per trent'anni identificato come estremista, radicalizzato e terrorista, attualmente sembra l'unico a proporre una soluzione rivoluzionaria politica e diplomatica, attraverso il riconoscimento collettivo di cinquantasette Paesi arabi e musulmani, che insieme propongono una normalizzazione dei rapporti con Israele e garantiscono anche la sicurezza nazionale dello Stato israeliano in cambio di uno Stato palestinese su quel 22% della Palestina storica, che ormai è tutto ciò che resta di essa.

L'Occidente democratico ha scelto di situarsi dalla parte sbagliata della storia, dalla parte opposta rispetto alle Nazioni Unite, alle organizzazioni umanitarie, al diritto internazionale e ai tribunali internazionali di cui i Paesi occidentali sono stati fondatori. In questo modo distrugge la democrazia, per esportare tecnologia di morte e difendere lo sterminio coloniale, preparando un futuro più doloroso e violento per tutti i suoi abitanti.

Poche settimane dopo che aveva vinto l'Oscar per il documentario *No Other Land*, i coloni israeliani hanno cercato di linciare uno dei due registi, il palestinese Hamdan

Ballal, aggredendolo e ferendolo alla testa. A questo orrore se n'è aggiunto un altro: mentre veniva trasportato in ospedale da un'ambulanza, Hamdan è stato arrestato senza alcuna ragione dall'esercito israeliano, che l'ha trattenuto in una base militare per una notte intera, picchiandolo e umiliandolo.

La protesta di artisti internazionali, e la denuncia di attori come Susan Sarandon, Mark Ruffalo e altri ha messo in un tale imbarazzo Israele che è stata costretto a rilasciarlo. Si è parlato di Hamdan perché ha vinto un Oscar, ma quanti palestinesi hanno subìto la sua stessa sorte mentre gli addetti ai lavori tacciono, e nel silenzio dei media? Quello che i coloni e l'IDF hanno fatto a Hamdan Ballal, lo fanno in Cisgiordania ogni notte, da anni. Il terrorismo sistematico dei coloni nella Cisgiordania occupata è identico alla violenza del Ku Klux Klan negli Usa degli anni Sessanta.

Coesistenza o colonizzazione

L'avvertimento dell'attivista afroamericana Fannie Lou Hammer, «nessuno di noi sarà libero o sicuro finché non saremo tutti liberi e sicuri» dovrebbe diventare una filosofia politica universale. Un «mai più» per tutti, lezione e principio fondanti dell'Occidente democratico. Lo ha detto anche il giornalista israeliano Yuval Abraham ricevendo l'Oscar proprio per *No Other Land*, a Hollywood, il 2 marzo 2025. Riferendosi all'amico e co-autore del film Basel Adra, palestinese, abitante della comunità di Masafer Yatta sottoposta alla pulizia etnica israeliana, ha ricordato: «Il mio popolo può vivere sicuro soltanto se il suo popolo vivrà libero».

Questa è la convinzione di Yuval Abraham, di Avraham Burg, ex presidente del parlamento israeliano, e di milioni di palestinesi, cittadini palestinesi israeliani, che nonostante le discriminazioni, il razzismo e la segregazione, hanno sempre convissuto pacificamente. Ci sono sette milioni di palestinesi e sette milioni di israeliani, fra cui settecentomila coloni che vivono nella Cisgiordania occupata. Nell'ora più buia, a farsi strada può essere la soluzione apparentemente più difficile, più complicata, ma in realtà più realistica: un destino comune può trovare concretizzazione in uno Stato binazionale democratico. Una vera alternativa allo scempio perpetrato ormai da decenni da Israele, un'alternativa concreta alla retorica, ormai vuota, dei «due popoli due Stati», una foglia di fico moralista per giustificare l'indifferenza ai massacri. Un unico Stato, nella terra della Palestina storica, in cui siamo tutti cittadini in senso pieno, indipendentemente da etnia e religione: insomma, uno Stato realmente democratico. Uno Stato che riprenda la tradizione multietnica, multiculturale e multireligiosa che è sempre esistita in quel fazzoletto di terra fra il fiume Giordano e il mar Mediterraneo. Furono gli stessi padri fondatori di Israele a indicare nella dichiarazione d'indipendenza la parità, democrazia e libertà per tutti i cittadini indipendentemente da razza e religione.

Il bivio di fronte al quale ci troviamo è estremo: da una parte la strada della colonizzazione, che passa per il genocidio e la pulizia etnica del popolo da sottomettere. Dall'altra la coesistenza, paritaria e democratica. Dopo quasi ottant'anni di fallimenti, politiche catastrofiche, un'occupazione militare feroce, c'è un unico sistema di convivenza che ha avuto successo ed è quello di due milioni di palestinesi cittadini israeliani, come me e la mia famiglia, come gli operatori sanitari al 40% di origine palestinese che oggi sorreggono la sanità israeliana. Altrimenti il nostro futuro sarà dominato dalla violenza del più forte sul più debole, con le sue guerre infinite.

Nessun impero va a picco in silenzio, e proprio per questo i tempi che ci attendono sono pericolosi: non solo per i palestinesi, non solo per gli ucraini ma per tutti i cittadini del pianeta. Ma in questi tempi pericolosi, di fronte all'orrore normalizzato di governi irresponsabili, continuano a esistere i giusti, donne e uomini a cui ho cercato di dare voce in questo libro; persone che hanno continuato a curare le vite, a cercare di raccontare la verità dei fatti, a far valere i principi del diritto internazionale. Tutti loro sono semi di una resistenza civica che passa per una convinzione collettiva: la convinzione che esistono princìpi universali e non negoziabili di umanità, libertà e giustizia. Princìpi di fronte ai quali siamo tutti palestinesi. La Palestina è infatti il canarino nella miniera di carbone dell'autoritarismo e della repressione. Le bombe e le armi usate in Palestina non rimarranno lì. Le leggi repressive che prendono di mira la Palestina non si fermeranno lì. Le tecnologie di morte e sorveglianza che sono state usate e sperimentate sui palestinesi vengono attualmente vendute per la cosiddetta «difesa» di Paesi democratici e regimi sanguinari.

Siamo tutti bersaglio in questa era di cleptocrazia, oligarchia, nuovo imperialismo portato avanti da vecchi e nuovi imperialisti. E ormai nessuno ha più scuse: tutto è chiaro, e nessuno potrà dire «io non sapevo».

Ringraziamenti

Dedico questo libro a tutti i sopravvissuti al genocidio in Palestina: la vostra esistenza è resistenza.

In particolare, ai giornalisti palestinesi, ai giuristi e giudici internazionali che lavorano senza sosta per raccogliere e preservare le prove di questo genocidio coloniale. Siete la guida per chiunque cerchi giustizia e libertà.

E, infine, alla mia brillante figlia Miral: sei la mia luce, la mia ispirazione e la forza che mi spinge a coltivare speranza.

Un ringraziamento speciale a Federica D'Alessio, Paolo Valentini, Federica Buongiorno e Massimo Amato.

Indice

Finito di stampare nel mese di maggio 2025
su carta holmen
con fibra vergine proveniente da foreste sostenibili holmen.com/paper
presso Grafica Veneta S.p.A.
Via Malcanton, 2 – Trebaseleghe (PD)
Printed in Italy

Certificato PEFC
Questo prodotto è realizzato con materia prima da foreste gestite in maniera sostenibile e da fonti controllate
PEFC/18-31-226
www.pefc.it

GRAFICA VENETA CARBON NEUTRAL

Questo libro è fabbricato da Grafica Veneta S.p.A.
con un processo di stampa e rilegatura certificato 100% carbon neutral
in accordo con PAS 2060 BSI